텔레비전 자막제작 규범

− 언어외적 문화지시어를 중심으로 −

번역학 총서 14

텔레비전 자막제작 규범
- 언어외적 문화지시어를 중심으로 -

Subtitling Norms for Television
An exploration focussing on extralinguistic cultural references

Jan Pedersen 지음

이성화, 권유진, 김세현, 김예은, 이지현, 최원선 옮김

도서출판 ▌동인

이 번역학 총서는 BK21Plus 사업에 의하여 지원되었음
(부산대 영상산업 번역전문인력 양성사업단 번역학 총서)

영상 번역, 그중에서도 특히 자막은 우리가 일상에서 흔히 접하는 번역물로서 텔레비전 채널을 돌리다 보면 어렵지 않게 마주친다. 자막번역은 일반적인 번역과는 달리 시공간적 제약 때문에 인물의 발화 내용을 충실히 옮기는 데 한계가 있다. 따라서 생략을 비롯한 압축된 텍스트가 빈번히 생산된다. 발화 내용을 압축된 문자로 옮기는 과정에서 기인하는 부족한 정보는 화면이나 소리 등 시청각적 정보로 보완할 수 있다. 이러한 특성이 잘 반영되는 영역이 언어외적 문화지시어(Extralinguistic Cultural References: ECR), 즉 특정 문화에 존재하는 특정 인물, 장소, 관습, 제도, 음식과 같은 것이다. 이 책에서는 텔레비전 방송 영상물을 자막제작 할 때 지켜야 할 규범이라는 광범위한 주제를 ECR 표현법에 초점을 두고 탐구한다. 저자 Pedersen은 원천 언어와 목표 언어 간의 문화적 차이와 시청자들의 지식수준에 따른 번역 전략의 차이를 객관적으로 살펴보기 위해서 스칸디나비아 자막 코퍼스를 사용하여 영어·스웨덴어, 영어·덴마크어 언어쌍에 나타난 ECR을 분석하였다. 저자는 코퍼스를 이용한 과학적 분석을 통해 자막제작 규범을 제시할 뿐 아니라, 그 결론에 이르기까지 필요한 요소를 논리적으로 전개해나간다. 따라서 이 책은 연구의 목표인 ECR 렌더링의 자막제작 규범을 알고자 하는 독자뿐 아니라 번역에 있어서 규범의 다양한 정의(2장) 및 번역 전략(3장)이라는 일반적인 주제에 관심을 갖는 독자에게도 도움이 될 것이다.

이 책의 번역을 시작할 때 역자들은 기계번역을 사용하는 문제를 진지하게 검토하였다. 이미 4차 산업 '혁명'이라는 말이 무색하리만큼 기계번역이 여러 영역에서 상용화되고 있는 시대에, 전문서적 번역에 있어서 기계번역의 효율성을 실험해보고 싶었기 때문이다. 우선 준비단계로, 역자들은 기계번역기의 성능을 알아보기 위해 파파고Papago, 구글 번역Google Translate, 카카오 아이 kakao i 번역 등 세 가지 기계번역 엔진을 사용하여 일정량을 번역하였다. 그 결과물에 대한 토론을 통해, 파파고와 카카오 아이번역을 각각 주 엔진과 보조 엔진으로 활용하기로 결정하였다. 필요한 경우 프리에디팅Pre-editing 기법을 사용하기로 하고 그에 대한 가이드라인을 제시하였다.

역자들이 경험한 기계번역에는 몇 가지 공통점이 있었다. 어휘 면에서는 실생활에서 사용빈도수가 높은 단어를 맥락에 맞게 선택하는 경향을 보였고, 중요한 부사와 접속사의 번역에 충실하였으며, 양태를 표현하는 조동사의 번역이 비교적 정확하였다. 반면에 전문용어의 번역에서 정확성은 전혀 기대할 수 없었고, 복잡한 문장이나 문장부호가 들어 있는 문장은 의외의 결과를 산출하였다. 한편, 괄호를 많이 사용하는 저자의 문체적 특성이 걸림돌이 되었는데 이럴 때는 문장을 재구성하는 프리에디팅이 도움이 되었다. 요약하면, 기계번역은 전문 서적에 비교적 용이하지만 손이 많이 가는 초벌 번역을 생산하였다. 결과적으로 기계번역을 통한 초벌 번역은 포스트에디팅Post-editing이 심도 있게 이루어져야 하기 때문에 번역사 개인의 성향에 따라 유용할 수도 있고 번거로워 사용을 꺼려할 수도 있다. 하지만 한 역자가 지적하였듯이 4개월 동안의 작업 기간 동안 기계번역 결과물이 점점 진화하는 것을 알 수 있었다. 이는 역자들의 작업을 통해 빅데이터가 계속해서 증강됨을 뜻한다. 그런 까닭에 일 년 후 기계번역을 사용해서 영상 번역에 관한 책을 번역한다면 그 결과물의 품질이 어디까지인지 알 수는 없으나, 확실히 향상되어 있을 것이다.

이 책을 번역하면서 고려했던 몇 가지 사항을 독자들에게 알려드려야 할 것 같다. 첫째는 'render/rendering'의 번역이다. '번역'은 포괄적으로 한 언어에서 다른 언어로 옮기는 작업 및 그 결과를 뜻한다. 그러나 저자는 translate와 render를 구별하고 있다. ECR을 '생략', '보존', '대체'에 해당하는 기법을 사용하여 옮기는 경우, 이를 번역(translation)으로 간주하지 않고 rendering이라고 규정한다. 따라서 이전까지 render를 '번역하다'로 옮겨왔던 역자들은 당황스러움을 피하기 힘들 것이다. 그래서 본 역자들은 숙고 끝에 두 동사를 구별하려는 저자의 의견을 존중하여, 동사 render는 맥락에 따라 '취급하다', '처리하다', '바꾸다' 등으로, rendering은 '표현'으로 또는 음차하여 '렌더링'으로 번역하였다. 둘째로, 번역 전반에 걸쳐 전문서적의 스코포스에 맞게 가독성보다는 충실성에 입각하여 번역하고자 하였다. 예를 들어, 괄호 없이 풀어쓰는 것이 가독성에 더 좋을 수 있는 문장도 괄호 사용이 빈번한 저자의 문체 특성을 존중하여 괄호나 하이픈을 사용하여 번역하였고, 다소 빈번하게 사용된 양태표현은 가능한 충실하게 번역하였다. 마지막으로 학술서 저자의 영문 이름에 대한 한글 표기인 〈인명 읽기〉를 이 글에 이어 제시하였다. 이는 이 책에서 인용하는 학술서 저자들의 대다수가 비영어권에 속하여 그 이름의 발음이 쉽지 않기 때문이다. 이 책을 읽고 발표나 토론에 활용하고자 하는 독자들에게 도움이 되었으면 하는 바람이다.

6인의 역자가 공동 작업을 함으로써 소홀해질 수 있는 어휘와 문체의 통일성을 기하기 위해 심혈을 기울였으나 부족함이 많다. 또한 어딘가에 숨어 있을 수 있는 오역을 생각하면 두렵고 부끄러운 마음을 감출 수 없다. 하지만 2010년에 출판된 이 책은 과학적인 분석 방법과 자막제작 규범에 대한 전문성으로 인하여, 현재에도 연구 및 관련 지식 학습을 원하는 학부생과 대학원생들에게는 물론이고 지식의 확장을 원하는 자막 번역사와 자막 번역에 관심이 있는 일반 독자들에게도 여전히 유용한 읽을거리가 될 것임을 확신한다. 숨어 있을 오류는 오롯이 역자들의 몫이며, 이제 독자 여러분의 따뜻한 관심을 기다린다.

| 인명 읽기 |

Agar	아가르	Göteborg	예테보니
Åkerberg	아커버그	Gottlieb	고틀리프
Amina Oassfi	아미나 오아스피	Grigaravičiūtė	그리가라비우치
Armstrong	암스트롱	Guardini	과르디니
Bartoll	바톨	Harder	하르더
Brunskog	브룬스코그	Heide Olsen	하이데 올센
Carp	카프	Hermans	헤르만스
Cathrine Højgaard	카트리네 호가드	Imhauser	엠하우제
Cattrysse	캐트리스	Ivarsson	이바르손
Chaume	숌	Jakobson	야콥슨
Chesterman	체스터만	Johan Norberg	요한 노르베지
Cronin	크로닌	Josélia Neves	조세리아 네베스
de Linde	드 린드	Kay	메이
Díaz Cintas	디아즈 신타스	Koolstra	쿨스트라
Dries	드리스	Kovačič	코바치치
Erik de Snerck	에릭 드 스네르크	Kumlien	쿰리엔
Estrup	에스트루프	Lambourne	램본
Fiederer	피더러	Leppihalme	레피할메
Florin	프로린	Lindberg	린드베리
Gambier	갬비어	Lomheim	롬하임
Genette	주네트	Lörscher	로르셔
Georgakopoulou	조르자코포울로	Lund	룬디

Luyken	라위켄	Sahlin	사린
Mathiasson	마티아슨	Salazar	살라자르
Mattsson	맷슨	Schleiermacher	슐라이어마허
Maud Kampmann	모드 캄프만	Séguinot	세귀노
Monica Scheer	모니카 시어	Sobchack	소벅
Mortensen	모르텐센	Sokoli	소콜리
Neale	닐	Søndergaard	손데르가르드
Nedergaard-Larsen	네데르가르드-라르센	Staiger	슈타이거
Neves	네베스	Thorsten Schröter	토르스텐 슈로터
Norberg	노르베지	TitelBild	티텔빌드
Nord	노르트	Toury	투리
Nordang	노르당	Tveit	트베이트
Nørgaard	노르가르드	Valentini	발렌티니
O'Brien	오브라이언	VanBesien	반 베시엔
O'Shea	오셰이	Vercauteren	베르코테렌
Paro	파로	Volk	볼크
Pelsmaekers	펠스매커스	Welsh	웰시
Pettit	페팃	Wierzbicka	위어즈비카
Pollard	폴라드	Wildblood	와일드블라드
Remael	라마엘	Zabalbeascoa	사발베아스코아
Romero Fresco	로메로 프레스코	Zilberdik	질버딕

차례

Chapter 1

영상 번역으로서의 자막제작

영상 번역audiovisual translation(AVT)의 기본 모드mode로 자막을 사용하는 비영어권 국가에 있다 보면 자막 영상을 많이 접하게 된다. 영어권 엔터테인먼트 산업이 전 세계적으로 우세하다는 점을 생각해 보면, 비영어권 국가의 영화관이나 TV에서 나오는 영상이 대부분 현지 언어 자막이 달린 영어권 영화 및 TV 프로그램이라는 뜻이므로, 비영어권 국민이 자막을 읽는 시간을 가볍게 취급할 수 없다. 스웨덴 국민의 하루 평균 TV 시청 시간은 2.5시간이며Mediamätning i Skandinavien, TV 프로그램의 상당수가 자막 방송이다. 이에 반해 책이나 신문을 읽는 시간은 20분에 불과하다(SOU 2002: 228).[1] 이

---

[1] 스웨덴 국민이 자막을 2.5시간 동안 읽는다는 뜻은 아니다. 뉴스나 퀴즈쇼 같은 인기 TV 프로그램은 대부분 현지 언어로 방송되고, 외국 프로그램이라 하더라도 다른 매체처럼 대사가 없거나 비언어적 요소가 등장하는 구간이 있으므로 자막이 끊임없이 나타나는 경우가 드물다. 그렇다 하더라도 대체로 자막은 다른 매체보다 많이 읽힌다.

통계에서 알 수 있듯이 자막은 일상생활에서 매우 중요한 요소이므로 학문적 가치가 높다고 할 수 있다. 자막 연구는 최근 몇 년 동안 여러 학자의 주목을 받았다. Sahlin(2001)과 Neves(2005)가 청각장애인을 위한 자막제작에 대한 논문을 발표했고, Schröter(2005), Georgakopoulou(2010), Mattsson (2009) 등이 언어 간interlingual 자막에 대한 연구를 진행했다. 이 연구의 선행 연구로 Gottlieb(1994, 1997)와 Ivarsson & Carroll(1998)의 자막의 특성에 대한 연구를 꼽을 수 있다. 필자는 본고가 자막 연구 분야에 학문적으로 이바지를 할 수 있기를 바란다. 지난 20년 동안 AVT 연구가 급증했지만, 자막 연구는 여전히 부족한 실정이다. 그중에서도 기술 규범technical norm과 문화 특정 항목culture-specific items에 대한 자막 규범을 기술적으로descriptively 탐구하려는 광범위한 연구는 시도되지 않았다.

본고에서는 자막 규범의 출현, 발달 및 복잡성을 설명할 수 있기를 희망한다. 이는 실제 자막을 경험적으로 탐구함으로써 이루어질 것이다. 기본 모드로 자막을 오랜 시간 사용해온 스칸디나비아의 데이터를 중심으로 하되 자막 규범에 대한 일반적인 관점을 제공하기 위해 다른 유럽국가의 데이터도 분석한다. 따라서 본고의 목표는 데이터에서 자막 규범을 밝혀내어 기술한 뒤, 현실과 맞지 않을 수도 있는 성문화된 규범과 비교하는 것이다. 필자의 논문(Pedersen 2007a)을 기반으로 한 본 연구는 자막제작의 가장 일반적인 유형, 즉 TV 자막에 중점을 둔다. 또한 모든 원천 자료는 영어인데 이는 비영어권 유럽 국가에서 언어 간 자막제작interlingual subtitling 시 가장 일반적인 원천 언어가 영어이기 때문이다. 나아가 선정 자료는 황금시간대에 편성되어 시청률이 높은 프로그램에서 추출되었다. 즉 본 연구는 주류 TV의 주류 AVT를 조사한다고 할 수 있다.

본고는 다음과 같이 구성된다. 1장에서는 자막의 특징을 개관하고 논의하여 자막의 특이점을 기술할 것이다. 본 연구는 데이터를 중심으로 하는 경험적 연구이므로 기술적 번역학descriptive translation study(DTS) 패러다임 내에서 다뤄질 것이다(Toury 1995 참조). 따라서 2장에서는 DTS 패러다임을 살펴볼 것이다. 또한 2장에서는 일반적인 규범의 특성, 특히 자막 규범의 특성에 대한 이론적 논의를 충분히 거친 뒤 이론적 틀을 제시할 것이다.

본고와 같은 연구가 타당성을 가지려면 많은 양의 데이터를 조사해야 한다. 이를 위해 영어권 영화와 TV 프로그램 100편, 그 영상의 스웨덴어 · 덴마크어 · 노르웨이어 자막을 분석하였다. 이 코퍼스는 스칸디나비아 자막 코퍼스Scandinavian Subtitles Corpus로, 규모가 방대해 자료를 양적으로 비교하기 좋다.[2] 하지만 모든 번역 선택을 하나씩 조사하기에는 코퍼스가 너무 방대하다. 〈텍스트 오브 매니 컬러Text of Many Colours〉 프로젝트는 이를 단적으로 보여준다. 이 프로젝트에는 필자를 포함한 16명의 연구자가 참여하여 45분 분량의 TV 프로그램인 〈웨스트 윙The West Wing〉(1999) 하나만 분석했는데, 프로젝트 보고서는 책 한 권 분량으로 수백 페이지에 달했다. 따라서 약 백만 단어로 구성된 코퍼스 전체를 분석하는 대신 텍스트에서 특정한 번역 특징을 골라 분석하는 것이 현실적일 것이다.

본고는 언어외적 문화지시어Extralinguistic Cultural References(ECR)를 연구 대상으로 삼았다. ECR은 인물, 장소, 관습, 제도, 음식 등 어떤 문화 내에 존재하는 특정한 지시어를 뜻한다. 어떤 사람이 그 문화에서 사용하는 언어는 알아도 ECR은 모를 수 있다. ECR을 연구 대상으로 삼은 이유는 문화지시어

---

2 스칸디나비아 자막 코퍼스는 본고의 예시 자료와 기술 규범을 끌어내기 위해서 사용되었고, 또한 본고에서 개발한 모델을 적용하는 데 활용된다. 이는 6.1에서 자세히 설명되어 있다.

가 반복된 증상의 번역 문제로 나타날 수 있기 때문이다. ECR이 자막에서 어떻게 표현되는지를 조사하면 전반적인 자막 규범을 알 수 있을 것이다. ECR 표현에는 자막가의 원천 문화source culture(SC)에 대한 태도와 목표 문화 target culture(TC) 독자층에 대한 추정이 드러난다. ECR은 이국화foreignization 와 자국화domestication에 대한 관점을 드러내기 때문에 자막가의 기본 규범 initial norm(Toury 1995: 56 참조)을 보여줄 수 있다. 따라서 해당 국가의 정책 등 거시적 차원의 결정을 분석하지 않고도 일반적인 자막 행태를 살펴 일반 적인 자막 규범의 지표를 발견할 수 있다. 문화지시어 번역을 분석하기 위해 개발된 모델은 3, 4, 5장에서 중점적으로 다루어진다. 6장에서는 이 모델을 코퍼스나 다른 자료에 적용한 사례를 제시한다. 또한 6장에서는 예상 읽기 속도, 자막 밀도, 압축률 등 자막의 기술 규범을 살펴볼 것이다.

　ECR 렌더링을 기술 및 설명하는 모델에 대해서는 세 부분으로 나눠 설 명하겠다. 첫 번째 부분에서는 ECR의 정의와 한계를 설명하고, 두 번째 부 분에서는 ECR 렌더링 전략의 포괄적 분류법을 제시한다. 세 번째 부분에서 는 번역 상황과 매체, ECR과 ST와 텍스트 외부세계 사이의 관계에 근거하 여 번역 전략 선택에 영향을 미치는 매개변수를 다룬다. 이 모델은 데이터 를 중심으로 하며 코퍼스를 분석하는 경험적 작업을 거쳐 만들어졌다. 따라 서 데이터를 기존 모델에 맞추기보다는 데이터에서 발견되는 패턴에 맞추 기 위해 모델을 생성·개발하였다. 따라서 본고는 이론적이면서도 경험에 기 반한다. 이를 자세히 설명하자면, 본고의 이론적인 부분은 ECR 렌더링을 분석하기 위한 모델을 중심으로 한다. 모델은 경험적 데이터를 분석해 만들 어지고 그 데이터를 분석하는 데 사용된다. 그러므로 이론적인 부분은 경험 적 데이터를 기반으로 한다. 이 모델은 유사한 데이터나 번역 데이터를 분석하기 위해 사용되거나 조정될 수 있다. 이 모델을 경험적 데이터에 적용한다는 것은 모델이 효과적이라는 사실을 증명할 뿐만 아니라 포괄적인 자막 규범을 끌어낼 수 있다는 것을 보여준다. 따라서 본고는 모델을 사용하여 번역을 분석하거나 경험적으로 신뢰할 수 있는 최신 자료에 기반한 자막 규범을 배우려는 사람이 관심을 가질 것으로 본다.

1.1 영상 선택Audiovisual choice

오늘날 다면적인 통신매체 덕분에 AVT를 선택하는 폭이 넓어졌다. 더빙dubbing, 보이스오버voice-over, 자막subtitle이 AVT의 기본 모드로 주로 사용된다.[3] 더빙 혹은 후 녹음post-synchronization은 SL 사운드트랙을 목표 언어targe language(TL) 사운드트랙으로 대체하는 방식이다. 보이스오버는 SL 사운드트랙을 유지하되 그 소리를 줄이고 TL 번역을 그 위에 덧입히는 방식이다. 배역마다 배우를 섭외하는 더빙과는 달리, 보이스오버는 보통 내레이터 한 명이 진행한다.[4] 자막은 SL의 사운드트랙을 유지하면서 그 번역을 영화나 TV 프로그램의 시각적 이미지로 입히는 방식이다.

국가별 AVT 선호도에 따라 자막 국가, 더빙 국가, 보이스오버 국가라고 지칭하는 경향이 있다. 전통적인 더빙 국가는 독일, 프랑스, 이탈리아, 스페인이다. 전통적인 보이스오버 국가는 지리적으로는 동유럽과 중유럽에 걸쳐있지만 냉전시대에 동유럽으로 분류되었던 국가이며, 자막 국가는 그 외

---

[3] 더빙, 보이스오버, 자막을 포함한 다른 AVT 형태에 대한 자세한 정보는 Pedersen(2010b)를 참조. 본고의 1.1과 1.2는 이에 기초하고 있다.

[4] 보이스오버에 대한 더 자세한 정보는 Pageon(2007)을 참조.

의 국가다. 하지만 2007 EU 보고서에서 미디어 컨설팅 그룹Media Consulting Group이 지적하듯이 이러한 분류 방식은 잘못된 단순화로서 실제 상황은 이보다 훨씬 복잡하다. 우선, 많은 국가에서 매체에 따라 각기 다른 AVT 정책을 시행하고 있다. 헝가리와 슬로바키아는 냉전시대에 동유럽 국가였으므로 보이스오버 국가로 분류되어야 하지만, 영화에는 더빙을 사용하고 TV 방송에는 자막을 사용한다(미디어 컨설팅 그룹 2007: 70f). DVD와 VOD의 경우, AVT 모드를 선택하는 주체는 국가가 아니라 시청자 개인으로 바뀌었다.

더빙 국가, 자막 국가, 보이스오버 국가 등의 단순 분류가 효과적이라고 할 수 없는 또 다른 이유는 통신매체의 역동성 때문이다. 최근 들어 더빙 국가라 하더라도 대도시를 중심으로 영화관에서 자막을 사용하는 경우가 늘어나고 있다. 하지만 TV에서는 이런 변화가 거의 나타나지 않는다(미디어 컨설팅 그룹 2007: 66ff). TV 시청자보다 영화 관람객이 AVT의 선호도를 바꾸는 데 더 개방적인 것으로 보인다.

또한 이런 분류법은 외국어 수입량과 관련하여 그 나라의 통신매체를 왜곡된 시각으로 보게 한다. 영국은 보통 자막 국가로 분류된다(미디어 컨설팅 그룹 2007: 68 참조). 영국에서는 외국어 프로그램을 거의 방송하지 않지만, 외국어 프로그램을 방송할 때는 보통 자막을 달기 때문에 영국을 자막 국가로 분류하는 게 어떤 의미에서는 옳을 것이다. 하지만 영국을 노르웨이나 그리스, 네덜란드와 같은 범주로 묶는 것은 규범을 분석하는 데 전혀 도움이 되지 않는다. 후자의 국가들은 대부분의 방송에 자막을 입혀 송출하지만, 영국에서는 외국어 프로그램 자체가 매우 드물기 때문이다. 영국과 비영어권 국가의 규범 패턴은 차이가 클 수밖에 없다.

AVT 모드를 선택할 때 영향을 미치는 요인은 다양하다. 첫 번째 요인은 언어 정책Language policy이다. 더빙과 보이스오버는 SL 사운드트랙을 제거하거나 숨기기 때문에 현지 언어를 활성화하는 효과가 있다. 자주 언급되는 또 다른 요인은 지극히 역사적인 것으로, 여러 국가의 AVT 시작시점에 주목한다. 예를 들어 1930년대 이탈리아의 파시즘 정부는 영화 산업에서 이탈리아어 이외의 언어 사용을 금지했기 때문에(Guardini 1998: 91) 이탈리아는 AVT 모드로 더빙을 선택할 수밖에 없었다. 민족주의는 1930년대에 유럽의 더빙 국가들이 더빙을 기본 모드로 사용하게 된 주요인으로 제기된다.

> 자국어를 보호하려는 민족주의적 성향을 강하게 보이는 국가에서는 더빙을 주로 사용했다. 민족주의 성향은 프랑스와 스페인에서 수 세기 동안 유지되었고 최근 통일된 독일과 이탈리아는 다른 국가들보다 더 강한 민족주의 성향을 보였다. 이탈리아와 스페인에서는 파시즘이 대두되고 독일에서는 한때 나치가 권력을 잡았기 때문에 더빙을 장려하고 자막을 금지하거나 제한하는 법안을 도입했다. 1930년대 프랑스에서는 영화관 4천 곳 중 열 곳에서만 자막 영화를 상영할 수 있었다. [. . .] 이 국가들은 오늘날까지도 더빙을 선호한다. (Ivarsson & Carroll 1998: 10-11)

더빙 영화의 출현, 그리고 유럽의 주요 더빙 국가 네 곳 중 세 곳에서 파시즘 또는 나치 정부가 등장하는 역사적 우연은 이 국가들이 왜 오늘날까지 더빙을 기본 모드로 사용하는지 설명해준다.[5] 하지만 전체주의 정부와 더빙을 동일시하는 것은 지나친 단순화이다. 프랑스는 주요 더빙 국가이지만 파시즘이 대두되지 않았고, 포르투갈은 전체주의 지도자인 살라자르Salazar가 정권을 잡았을 때부터 현재까지 자막 국가로 분류된다. 문해력도

---

5 더빙에 대한 자세한 내용은 Chaume(2004b) 또는 Zabalbeascoa(1996) 참조.

더빙을 기본 모드로 사용하게 만든 요인으로 언급된다. 시청자가 자막을 읽을 수 없다면 자막을 쓰는 의미가 없기 때문이다. 일부 국가에서 정치는 AVT 선택에 큰 영향을 미친다. 우크라이나 전前 정부는 러시아어 영화의 자막화를 장려한 반면, 더욱 친 러시아 성향인 현 정부는 2010년에 외국어 영화와 TV 프로그램의 번역을 요구하는 법안을 폐지했다.[6]

경제적 요인 또한 큰 영향을 미친다. 방송 업계는 AVT에 비용을 많이 들이기를 꺼린다. 미디어 컨설팅 그룹(2007: 42)의 발표에 따르면, TV 프로그램에서의 언어 번역은 "더빙 또는 자막 프로그램이 편성표의 절반을 차지하더라도 방송사 매출액의 0.6%밖에 되지 않는다." Luyken 등(1991: 105)은 더빙이 자막보다 약 15배로 비용이 높다는 경제적 단점이 있다고 밝혔다. Dries(1995: 14)는 Luyken 등의 결과가 유럽의 평균에 기초하고 있으며, 더빙 비용은 국가별로 차이가 크기 때문에 이 수치를 지나치게 강조해서는 안 된다고 주장했다. 게다가 Luyken 등의 연구가 유사 연구 중 가장 포괄적인 연구라고 하더라도 시대에 뒤떨어져 있다. Dries(1995: 30)는 더빙이 자막보다 10배의 비용이 발생한다고 밝히며 상대적으로 최신 연구 결과를 내놓았다. 미디어 컨설팅 그룹(2007: 38)은 Dries와 유사한 의견을 내놓았다. 미디어 컨설팅 그룹 역시 국가별로 더빙 비용의 차이가 있다고 지적하며 스칸디나비아와 같은 전통적인 자막 국가에서는 더빙 제작 비용이 더 많이 들고, 더빙 국가에서는 자막제작 비용이 더 많이 드는 패턴이 있다고 주장했다. 아이슬란드에서는 더빙 비용이 자막 비용의 두 배 정도밖에 되지 않기 때문에 이 패턴에도 변수가 많다는 점이 흥미롭다. 이렇게 비용 차이가 발생하

---

[6] AVT 상황에 대한 정보는 키이브 국립 언어 대학(Kyiv National Linguistic University)의 가나 크리벤코(Ganna Kryvenko) 박사가 제공했다.

는 이유는 스크립트 번역과 편집 담당자 외에도 등장하는 인물마다 성우를 섭외해야 하기 때문이다. 보이스오버는 한두 명 정도만으로도 녹음을 할 수 있기 때문에 일종의 저예산 더빙이라고 할 수 있다. Luyken 등의 결과에 따르면, 보이스오버에 드는 비용은 더빙의 약 7분의 1 정도라고 하지만 여전히 자막보다 가격이 두 배나 높다(1991: 105). 반면 보이스오버는 더빙보다는 자막처럼 원문이 들리기 때문에 내러티브 외적extra-diegetic 번역 형태라고 할 수 있다.

경제적 관점에서 봤을 때, 2500만 명 이상의 언어 공동체에서만 더빙이 이루어진다는 의견이 있다. 독일 및 오스트리아, 프랑스, 이탈리아, 스페인 같이 더빙을 기본 모드로 사용하는 서유럽 국가의 대부분이 여기에 해당한다. 따라서 주요 자막 국가는 스칸디나비아 국가-스웨덴, 덴마크, 노르웨이, 핀란드, 아이슬란드-, 네덜란드, 플라망어Flemish를 사용하는 벨기에, 아일랜드, 포르투갈, 그리스, 구 유고슬라비아 국가들이다. 이 분류법대로라면 영국이 더빙 국가가 되어야 하지만, 실상은 그렇지 않다. 영국은 외국어 프로그램을 거의 수입하지 않으며 수입한 프로그램에는 자막을 입힌다. 영국은 소수 언어인 켈트어 중 웨일스어와 게일어를 장려하기 위해 자막을 사용하기도 한다. 이는 아일랜드도 마찬가지다. 스위스도 다른 더빙 국가처럼 자막이 영화관에서 큰 인기를 얻고 있지만, 독일, 이탈리아, 프랑스에서 더빙을 수입하므로 더빙 국가로 분류된다.[7] 공식 언어가 두 개인 국가 중 일부는 영화관에서 언어마다 자막 한 줄을 할당하는 방식으로 이중 언어 자막을 만들기도 한다. 핀란드에서는 첫 번째 줄에 핀란드어를 쓰고 두 번째 줄에 스

---

7 스위스의 AVT 상황에 대한 정보는 취리히 응용과학 대학교(Zürcher Hochschule für Angewandte Wissenschaften)의 알렉산더 쿤즐리(Alexander Künzli) 박사가 제공했다.

웨덴어를 쓰는 방식을 택한다. 벨기에도 이중 언어 자막을 사용한다. 벨기에의 이중 언어 자막에서 프랑스어가 사용된다. 앞서 살펴봤듯이 프랑스어는 더빙과 더 밀접히 관련되어 있기 때문에 실제로도 벨기에 TV 프로그램 중 프랑스어 부분에서는 더빙이 사용된다. 영국과 아일랜드만이 경제적 분류법의 예외는 아니다. 체코, 슬로바키아, 헝가리는 인구가 2500만 명이 넘지 않는데도 TV 프로그램에 더빙을 사용한다(미디어 컨설팅 그룹 2007: 6).

장르 역시 AVT 선택에 영향을 미치는 요소이다. 아동 프로그램은 국가의 기본 AVT 모드와 관계없이 거의 모든 국가에서 더빙된다. 소규모 관객을 위한 틈새 영화niche film는 더빙 국가에서도 자막을 입혀 상영하는 경향이 있다. 게다가 "비국적non-national 다큐멘터리 영화는 보이스오버 또는 보이스오버와 자막이 혼합된 형태로 상영된다"(미디어 컨설팅 그룹 2007: 47).

오늘날 AVT 모드를 결정하는 요인 중 가장 영향력이 큰 것은 역사적 요인일 것이다. 언어 공동체에서 AVT 모드가 한번 결정되면, 적어도 TV 프로그램에서는 AVT 모드를 바꾸기가 매우 어렵다. 미디어 컨설팅 그룹(2007: 10)은 "더빙 국가에서 자막 프로그램을 방송하면 시청률이 30%가량 떨어질 수 있다"고 지적했다. 자막과 더빙 양측에서 격렬한 논쟁이 있어왔다 (Gottlieb 1997: 55ff; Díaz Cintas 1999; Koolstra et al. 2002; Tveit 2009 & Kilborn 1989, 1993 참조). 한번 자리 잡은 AVT 습관은 좀처럼 사라지지 않기 때문에, 결국에는 TV 시청자들에게 익숙한 모드를 기본 모드로 사용하게 될 것이다. 하지만 최근 독일에서는 자막 영화를 상영하는 영화관이 늘어나고 있다. 스칸디나비아에서 더빙은 다른 자막 국가처럼 미취학 아동용 영화와 TV 프로그램, 만화, 〈슈렉Shrek〉(2001)이나 〈토이 스토리Toy Story〉(1995)와 같은 컴퓨터 애니메이션 영화에서만 이루어졌다. 그러나 스칸디나비아에서

자막은 주로 이 두 개의 언어적 채널과 상호작용하며 편집·번역—언어 내 자막의 경우 편집·전사—된다. 그러나 언어 내 자막도 비언어 채널을 전사할 때가 있으며 모든 자막은 비언어적 시각 채널과 조화를 이루어야 한다. 이런 방식을 통해 자막은 다중기호 ST 전체와 조화를 이루며, 다중기호 자막 TT를 생성한다. 이때 다중기호 자막 TT는 다중기호 ST + 자막으로 정의할 수 있다. 위에 언급한 개별 채널과 마찬가지로 자막 자체는 단일기호 텍스트이지만, ST와 합쳐지면 다중기호 텍스트가 된다. 시청각 혹은 다중기호 텍스트의 기호학적 구성은 자세히 연구되어 왔다. 특히 Chaume(2004a)은 시청각 텍스트를 열 개의 코드로 재구성했다. 하지만 본고에는 앞서 언급한 네 개 채널만으로 충분할 것이다. 이 네 개의 채널들은 이제는 비교적 확립이 되었으며, Zabalbeascoa(2008: 24)의 네 개의 구성요소 또는 시청각 텍스트의 '기호 유형'과 동일하다.[9]

따라서 번역에서 '텍스트'의 정의를 두고 학자마다 의견이 갈린다('번역'의 정의도 그러하다). 누군가에게는 텍스트가 단지 글로 쓰인 언어 자료만을 의미할 것이고, 다른 사람에게는 글 이상의 것을 의미할 것이다. 본고에서는 Gottlieb의 의견을 따라 텍스트를 "언어적 **자료를 담고 있는 모든 메시지**"(1997: 27, 원문 강조)로 정의한다. 자막 매체에서는 텍스트가 언어 자료 외에도 이미지와 비언어적 오디오 등을 포함한다. 즉 위에서 설명한 네 개의 채널을 통해 전송되는 다중기호 메시지 전체를 포함한다.

언어 간 자막제작은 한 언어에서 다른 언어로 메시지를 전달하는 동시

---

[9] Zabalbeascoa는 영화와 TV 프로그램뿐만 아니라 연설부터 만화책에 이르기까지 모든 종류의 시청각 텍스트 유형을 철저히 조사하면서 4개의 차원—오디오, 시각, 언어적 및 비언어적—을 연구한다.

에 한 모드에서 다른 모드로, 즉 일반적으로 구어에서 문어로 메시지를 전달한다는 특징이 있다. Gottlieb는 이를 기호학적 무단횡단semiotic jaywalking이라고 불렀다(2001: 16). 언어 간 자막은 구어 SL이 구어 TL로 바뀌는 통역이나 문어 SL이 문어 TL로 바뀌는 책 번역과는 다르다. 구어를 문어 SL 또는 TL로 바꾸는 전사transcription와도 다르다. 언어 간 자막은 "무단횡단"을 한다. 다시 말해 구어 SL에서 문어 TL로 모드를 가로지른다. 따라서 책 번역이나 통역이 수평적이라면 언어 간 자막은 대각선이라고 할 수 있다. 언어 내 자막은 편집된 전사로 볼 수 있기 때문에 수직적이라고 할 수 있다.

구어에서 문어로 전환이 일어남에 따라 편집이 필요해졌다. "[. . .] 구어에서 문어로 전환이 일어날 때, 구어적 특징인 반복을 삭제하거나 압축해야 한다"(Gottlieb 2001: 20). 즉흥적이고 스크립트가 없는 발화의 경우 편집은 필수이다. 즉흥적인 발화를 글자 그대로 옮기면 발화자가 횡설수설한 것처럼 보이기 때문에 다른 모드로 기호학적 전환이 일어날 때 반복을 어느 정도 삭제해야 한다. 그렇지 않으면 "관중은 발화 내용에서 이상함을 느끼고 깜짝 놀랄 것이다"(Gottlieb 1997: 113). 소설 속에서 짜인 발화는 편집할 필요가 크게 없을 것이다. 하지만 자막은 문어 스크립트에서 구어 수행, 즉 발화를 거쳐 다시 문어 자막으로 돌아오는 다중기호적 유턴U-turn이다.

지금까지 논의한 내용은 자막을 번역으로 볼 수 있는지 여부이다. 자막 그 자체는 번역이라고 정확히 말할 수는 없다. 자막은 의사소통의 매개체이며 엄밀한 의미의 번역translation proper이 포함되어 있을 수도 있고, 포함되지 않을 수도 있다. 언어 간 자막은 번역이라고 할 수 있지만, 언어 내 자막은 번역이 아니다. 새로운 의사소통 방식으로 자막이 등장함에 따라 이런 구별법으로는 모든 자막을 명료하게 구분할 수 없게 되었다. Neves(2005)는 청각장애인을 위한 언어 간 자막을 제작하는 등 두 자막 범주의 차이를 메우기 위한 선구적인 노력을 해왔다. 이 자막은 주석을 사용하여 청각장애인이 영화나 TV 프로그램의 비언어적 청각 채널에 접근할 수 있도록 하는 언어 간 자막이다. 실제로 Neves는 이모티콘과 같은 특수기호를 연구에 포함하면서 이를 더 발전시켰다(2005: 226ff).

이제 자막에 있는 텍스트가 번역인지에 대한 의문이 남는다. Jakobson (1959/2004)은 번역의 종류로 언어 내 번역intralingual translation, 언어 간 번역interlingual translation, 기호 간 번역intersemiotic translation을 제시했다. Jakobson의 분류는 그 범위가 꽤 넓어서 소설을 무대 공연 목적으로 각색하거나 시를 그림으로 표현하는 현상을 기호 간 번역의 일종으로 본다. 자막은 이 세 범주에 모두 속할 수 있다. 청각장애인을 위한 자막(SDH)이나 폐쇄 자막closed caption은 구어 SL을 문어 TL로 전사했다는 점에서 언어 내 자막으로 분류된다. 물론 이때 SL을 받아쓰기하듯 그대로 옮길 필요는 없다. 개방 자막open caption은 대부분의 사람들이 매체로 여기는 자막으로, 구어 SL을 문어 TL로 바꾸는 언어 간 자막이다. 따라서 "엄밀한 의미의 번역"(Jakobson 1959/2004: 139)이라고 할 수 있다. SDH는 청각장애인 시청자를 위해 "전화벨이 울린다"와 같은 음향 효과를 번역하며, 이때 기호 간 번역이 일어난다. 따라서 자막이 Jakobson이 정의한 번역에 포함된다는 데는 의심의 여지가 없다.

Jakobson의 정의를 다수가 채택한다고 해서(Cattrysse 2002 혹은 Crionin 2010 참조), 모두가 따라야 하는 것은 아니다. 누군가는 자막을 번역 이상으로 여길 수도 있지만, 다른 누군가는 자막을 번역 이하로 취급할 수도 있다. 자막은 제약이 많기 때문에(1.2.3절 참조) 때로는 목표 텍스트Target Text(TT)

와 원천 텍스트Source Text(ST)의 차이가 클 때도 있다. 이런 점에서 자막 TT는 '버전version' 혹은 '각색adaptation'과 같이 '번역'보다는 약한 용어로 불리기도 한다.[10] 자막제작 과정을 살펴보면 분할segmenting, 편집, 큐잉cueing 등 번역보다 해야 할 일이 더 많기 때문에ㅡWildblood(2002)의 주장대로ㅡ자막 제작은 번역 이상의 작업으로 볼 수도 있다. 필자는 이 관점에 동의하면서도 동의하지 않는다. 필자는 자막의 형식적 등가formal equivalence ㅡNida (1964: 159)가 뜻하는ㅡ가 높지 않다는 전자의 관점에는 동의한다. 또한 Wildblood처럼 자막가가 번역 이상을 해야 한다는 것에도 동의한다. 하지만 자막에 동태적 등가dynamic equivalence(Nida 1964: 159)가 높게 나타날뿐더러, 자막가가 번역 이상의 작업을 한다고 할지라도 번역을 하는 것은 맞으므로 양쪽의 견해에 동의하지 않는다. 다시 말해 필자는 무엇이 번역을 구성하는지에 대해서 폭넓은 견해를 취하며, Toury(1995)와 Chersterman(1997)의 관점을 따를 것이다. Chersterman은 "[. . .] 번역은 목표 문화권에서 번역으로 수용되는 모든 텍스트이다"(1997: 59)라고 주장했다. Toury는 번역이 어떻게 수용되고 텍스트가 '번역투translationese'를 어떻게 따르는지 보여줌으로써 유사 번역pseudotranslation[11] 연구가 번역학 내에서 연구 대상이 될 수 있다는 것을 입증했다(1995: 40-52). 번역학에서 유사 번역을 연구 대상으로 본다면, 언어 간 자막 또한 번역학에서 다뤄질 수 있다.

본고는 번역의 정의에 대해서 중간적인 입장을 취한다. 본고에서 번역

---

[10] House(1997: 161)가 뜻하는 '버전'(versions)을 번역학 연구대상에서 배제해야 한다는 의미는 아니다.

[11] Toury의 정의에 따르면, 유사 번역은 번역이라고 알려졌지만, ST가 없어서 사실상 번역본이 원본인 텍스트를 의미한다. 유사 번역의 대표적인 예시로는 오시안의 시(Poems of Ossian, McPherson 1762)가 있다.

이란 언어 간 전이, 즉 한 언어에서 다른 언어로 단어를 바꾸는 것을 의미한다. 이는 언어 내 자막(혹은 SDH)은 번역이 아니지만, 언어 간 자막은 번역이라는 뜻이다. 나아가 언어 간 자막은 본고에서 연구되는 대상이기도 하다. 자막이 번역인지 아닌지, 만약 자막이 번역이라면 얼마나 전형적prototypical인지에 대한 논의는 마지막 장에서 다루도록 하겠다.

1.2.1 자막제작 과정

앞 절에서는 자막 매체의 기호학적 특성을 다루었다. 본 절에서는 자막제작의 실제를 다룰 것이다. 본고에서는 명료성을 위해 '자막제작subtitling'이라는 단어를 사용하여 '자막subtitle' 제작 관행과 과정을 지칭할 것이다. 그러므로 '자막'은 이 과정의 결과물, 즉 실제 짧은 텍스트 자체를 의미한다. 개별 자막가의 작업 과정 및 조건에 변수가 매우 많다는 점을—필자는 이를 '자막제작 상황subtitling situation'이라고 지칭한다—염두에 두고, 본 절에서는 자막제작 과정을 개관할 것이다. 본 절은 자막가가 되는 방법을 설명하지 않으며—이에 관해서는 Díaz Cintas & Remael(2007)이나 개별 인하우스in-house 지침과 같은 더 적절한 텍스트가 있다—본고의 후반부에서 제시될 용어와 개념을 설명하는 데 목적을 두고 있기 때문에, 자막제작 과정은 간략하게만 살펴볼 것이다. DVD, 영화 개봉작, 기업 비디오corporate video, 비디오 게임 등의 자막이 TV 프로그램 자막과 유사하더라도 본고에서는 TV 프로그램 자막만을 다룰 것이다(자막 간 차이점은 Ivarsson & Carroll 1998: 63-71을 참조).[12] 본 절은 자막가로서의 필자의 경험과 처방적 지침,

---

[12] 이러한 차이는 영화 자체에 자막이 새겨져 있기 때문에 발생하는 기술적 특징에 기인한다. 예를 들면 읽기 속도의 차이, 한 줄 자막의 높은 사용 빈도, 영사 과정의 차이가 있다.

Wildblood(2002), Pollard(2002), Ivarsson(2002)을 중심으로 한 다른 자막가의 설명을 바탕으로 한다.

자막제작 과정은 방송사가 영화나 TV 프로그램의 자막 작업을 자막 회사에 의뢰하면서 시작된다. 예전에는 의뢰자가 공영 방송국public service broadcaster이라면 인하우스 자막가를 두기 때문에 자막 회사에 의뢰하는 일이 전혀 없었지만, 최근 들어 이 관행도 변하는 추세다. 상업 영역에서 작업 의뢰는 통상 최저 입찰자, 다시 말해 단가가 낮은 곳에 주어진다. 자막 회사는 프리랜서 자막가에게 자막 작업을 맡긴다. 프리랜서 자막가는 디지털 파일이나 영화의 아날로그 VHSVideo Home System 테이프를 받아 번역 작업에 착수한다. 자막가는 보조 자료로 대화 스크립트를 받기도 한다. 이 스크립트는 대개 원작 시나리오가 아니라 영화를 제작한 뒤 등장인물의 대사를 전사한 것으로, 원본 시나리오에서 변경된 사항을 기록하여 영화의 최종 버전을 제공한다. 하지만 이 대본을 신뢰할 수 없는 경우가 있어서 자막가는 다중기호 텍스트, 즉 진정한 ST인 영화에 우선순위를 두게 된다. 영화에는 전자 타임코드time code가 입혀진다. 전자 타임코드는 영화가 시작하는 시점부터 시간, 분, 초, 프레임frame을 세는 전자시계이다. 유럽에서는 초당 그림 프레임 25개가 들어간다(Ivarsson & Carroll 1998: 141). 즉 프레임은 자막 시간의 척도로 사용되며 1프레임은 0.04초를 의미한다. 자막 시간의 최소 단위로 초를 더 잘게 나누지 않고 프레임을 사용하는 것은 실제적인 특성 때문으로 보인다. 영화는 그림이 움직이는 것처럼 보이지만(즉 '무비movies'), 실제로는 프레임이라는 정지된 그림이 빠르게 연속되는 것이기 때문이다.

다음 단계는 자막제작이다. 자막가는 여러 가지 일을 동시에 해내야 한다(예: Nørgaard 1989 혹은 Gottlieb 2001: 41-52 참조). 가장 중요한 일은 ST

를 일관성 있게 자막으로 분할하는 것, TL로 자막을 번역하는 것, 전자 타임코드에 자막을 삽입하여 자막이 적절하게 나타나고 사라지도록 하는 것이다. 전자 타임코드에 자막을 삽입하는 일을 지칭하는 용어는 스파팅spotting, 큐잉, 타임코딩time-coding 등으로 다양하다. 본고에서는 '큐잉'을 사용하겠다. 오늘날 자막가는 대부분 PC를 기반으로 한 자막제작 소프트웨어를 사용해 재택근무를 한다. 영화는 자막제작 프로그램과 통합되어 있기도 하며, 이때 자막가가 번역을 하면 자동으로 큐잉이 된다. 혹은 자막가가 트윈 스크린twin screen을 이용하여 자막을 만들 수도 있다. 이때 자막가는 먼저 ST를 분할하여 번역하고, 타임코드에 자막을 입힌다. 작업 순서를 반대로 해도 무방하다. 자막가는 ST를 분할하고 큐잉한 뒤 텍스트를 번역할 수도 있다. 소프트웨어에는 자막이 너무 길어질 때마다 알려주거나 장면 전환과 자막이 일치하도록 원래 큐를 '넛지nudge' 하는 등 자막 작업을 보조하는 특수 기능이 있다. 최신 소프트웨어에는 음성 감지 기능이 있어서 자막가가 사운드트랙에 정확하게 자막을 맞출 수 있도록 도와주기도 한다. 자막제작은 마감 기한이 짧고 작업 부하가 많지만, 기술의 발전으로 1시간 분량의 (언어내) 자막 프로그래밍을 준비하는 시간이 1980년에는 약 40시간이었지만 오늘날에는 10시간 미만으로 단축되었다(Lambourne 2006). Lambourne은 자막제작 과정에서의 또 다른 주요 추세로 1990년 이후 자막 단가가 3분의 2만큼 인하했다는 점을 지적하기도 했다.

자막제작 결과는 전자 자막 파일로 나타나며 자막의 인 타임in time과 아웃 타임out time이 함께 표시된다. 일반 텍스트 파일로 변환하면 다음과 유사한 형태로 나타난다.

00:08:25:16
00:08:32:00

Hun vil hellere steges levende end
gå om bord i din stinkende jolle igen!

00:08:32:04
00:08:37:00

Vær du glad for,
jeg ikke giver dig en endefuld!

여기서는 영화 〈피아노The Piano〉가 예시로 사용되었다. 첫 자막은 영화 시작 후 8분 25초 16프레임(즉 0.64초)부터 8분 32초까지 6초 이상 지속한다. 이 자막이 사라지고 다음 자막이 나타나기 전까지 4프레임(즉 0.16초)의 간격이 있다. 이처럼 자막 사이에는 언제나 짧은 간격이 있다. 간격이 없으면 시청자들은 새로운 자막이 등장했다는 사실을 알아차리지 못할 수도 있기 때문이다. 다음 자막은 8분 32초 4프레임에 등장해 8분 37초까지 지속한다.[13]

자막가는 분할, 큐잉, 번역 외에도 다른 작업을 해야 한다. 가장 중요한 것은 편집이라 할 수 있는데, 자막의 시공간적 제약에 맞춰 텍스트를 조정하는 작업을 뜻한다. 이때 편집은 전체 다중기호 텍스트의 언어적 내용을 줄이거나 압축하는 것을 의미한다.

자막가는 번역 과정에서 ST도 조사해야 한다. ST 조사에는 TT에 사용되는 이름이나 기타 언어 자료의 철자 검사도 포함된다. 자막가는 ST 내의 지시어가 문화지시어인지의 여부에 상관없이 자막 내에서 일관성 있게 표

---

[13] 자막이 모두 0프레임에서 사라지는 것은 단순한 우연이다. 자막의 아웃 타임은 임의의 프레임에 있을 수 있다.

현해야 하며, 지시어를 정확하게 번역해야 하므로 ST의 모든 측면을 이해해야 한다. 시사 프로그램이나 주제 토크쇼 같은 특정한 주제를 다루는 프로그램의 자막을 만들 때, 자막가는 자료를 조사하는 데 시간을 많이 들이게 된다. 이는 본고에서 주로 다룰 언어외적 문화지시어의 번역과 관련이 깊다.

자막가는 최종본을 자막 회사에 보내기 전에 자막 파일을 교정하고 재편집한다. 대개 자막 회사는 편집자를 두어 자막 내 오역과 용어의 불일치를 검토하도록 한다. 편집자가 분할 및 번역된 텍스트를 큐잉하는 업무를 맡을 때도 있다. 2006년 11월 자로, 유럽 번역 품질 기준을 충족하는 것으로 인증 받은 회사는 자막제작 과정에서 자막가 이외의 다른 사람에게 자막의 수정을 (필요하면 검토도) 반드시 맡겨야 한다(BS EN ISO 9000: 2005와 BS EN 15038: 2006). 하지만 필자가 조사할 때까지만 해도 스칸디나비아에는 그렇게 시행하는 자막 회사는 없었다. 여기에 스칸디나비아 외의 다른 유럽 국가들의 자료가 포함되지 않았지만, 자막 회사들이 시간이 오래 걸리고 비용도 많이 드는 ISO 인증ISO certification 신청 절차를 밟았을 것 같지는 않다.

자막제작 과정의 마지막 단계는 자막 파일을 의뢰자에게 넘기는 것이다. TV 자막의 경우 자막 파일은 ST와 함께 방송된다. 디스커버리Discovery 채널 같은 국제 채널에서는 최대 8개 언어로 된 자막 파일을 동시에 방송하기도 한다. ST와 자막의 싱크synchrony는 전자 타임코드를 이용해 맞춘다. 타임코드가 깨지거나 오류가 발생하면 ST와 자막의 싱크가 맞지 않게 된다. 이 경우 자막이 스크린 상의 발화와 일치하지 않게 되므로 시청자는 이 오류를 가장 불편해할 것이다. 하지만 싱크 오류는 일반적으로 방송 과정 중에 바로 잡을 수 있다(Pollard 2002: 26 참조).

자막제작은 20년 전보다 훨씬 단순해졌지만(예: Ivarsson 2002 참조), 제작 과정의 각 단계를 거칠 때마다 결과물의 단가가 높아지기 때문에 상업 자막 회사들은 자막제작 과정을 더욱 단순화하고자 한다. 이를 위해 사용하는 것이 마스터 템플릿 파일master template file, 또는 제네시스 파일genesis file이다. 마스터 템플릿 파일이나 제네시스 파일을 사용하는 것은 큐잉이 개별 자막가가 아니라 자막 회사 차원에서 이루어짐을 의미한다. 마스터 템플릿 파일은 TT와 국가 번역 규범에 상당한 영향을 미친다는 점에서 본 고와 밀접한 관련이 있다.

자막가는 DVD 자막을 만들 때 소위 '제네시스' 파일을 받는다(Gardner 2005: 30 또는 Georgakopoulou 2009: 30 참조). 제네시스 파일이란 기본적으로 ST의 언어 내 자막 파일을 말한다. 제네시스 파일은 분할과 큐잉이 사전에 이루어져서 자막가가 번역에 주력할 수 있다는 장점이 있다. 다시 말해, 자막가의 업무 부담을 줄여 번역에 드는 비용을 최소화할 수 있다. TV 프로그램 자막 작업에도 제네시스 파일을 활용할 수는 있지만, 실제로 거의 사용되지 않는다. 대신 1세대 번역이 마스터 템플릿 파일로 사용된다. 이는 1세대 자막가가 앞서 언급한 모든 작업을 수행한다는 뜻이 된다. 1세대 자막가가 만든 파일을 2세대 자막가가 넘겨받고, 2세대 자막가는 분할이나 큐잉은 신경 쓰지 않고 TL로 번역하는 데만 집중할 수 있다. 이 방법을 이용하면 시간과 돈을 많이 절약할 수 있다. 필자는 자막가로서 그 과정에 참여한 경험이 있으며, SDI 미디어 소속의 요한 노버그Johan Norberg에게 추가 설명을 들을 수 있었다(저자 조사 Personal Communication 2004).

마스터 템플릿 파일 사용 초기에는 시간과 비용이 절약되었기 때문에 긍정적인 평가를 받았다(예: Ivarsson 1989: 107). 자막제작 회사들은 여

시간적 제약은 공간적 제약과 밀접한 관련이 있는데, 이는 시청자가 자막에 포함된 메시지를 읽을 수 있도록 자막이 일정 시간 동안—표시 시간 display time 또는 노출 시간exposure time이라고 불림—화면에 나타나야 하기 때문이다. 일반적으로 TV 자막의 경우 한 줄 자막은 평균 3초(de Linde & Kay 1999: 7), 두 줄 자막은 평균 6초(Ivarsson & Carroll 1998: 64f) 정도가 적당하다. Gottlieb는 초당 12자로 문자 수를 제한했고, 이는 12cps(character per second, 초당 문자 수) 규칙으로 알려져 있다. 이 규칙을 적용하면 꽉 찬 두 줄 자막, 즉 72자가 포함된 두 줄 자막은 6초 동안(72/12 = 6) 스크린에 표시되어야 청각장애가 없는 시청자의 90%가 자막을 읽을 수 있다 (Gottlieb 2001: 20 혹은 Neves 2005: 138). 하지만 보통은 TT 관객을 고려해야 하기 때문에 이 법칙을 실제에 적용하기가 까다롭다. 아동 프로그램의 자막은 상대적으로 스크린에 오래 표시되는데, 이는 TT 관객의 읽기 속도가 느리기 때문이다.[17] TT의 특징이 읽기 속도에 영향을 미치기도 한다. 자막에 복잡한 용어나 구문이 있으면 자막의 노출 시간이 길어져야 한다. 매체의 다중기호성 또한 읽기 속도에 영향을 미친다. 액션 신처럼 비언어적 시각 채널을 통해 들어오는 정보가 많다면, 시청자는 화면에 집중하기 때문에 읽기 속도가 자연히 느려진다. 반대로 긴 이름과 제목이 자막에 포함되는 등 언어적 청각 채널이 자막과 일치하는 정도가 높다라면 기호 간 중첩 intersemiotic redundancy으로 인해 읽기 속도가 빨라질 수 있다. 하지만 필자는 이 요인들이 실제로 읽기 속도에 영향을 미치는지에 대한 연구를 보지는 못했다. 본 연구는 읽기 속도와 자막 노출 시간에 관한 문제를 연구했으며,

---

17 유럽 캡셔닝 협회(European Captioning Institute, ECI)는 성인의 읽기 속도를 1분당 750자 혹은 180단어, 아동의 읽기 속도는 1분당 120-140단어로 보았다(Georgakopoulou 2009: 34).

이는 6.2절에서 다룰 것이다.

Gottlieb가 정의한 자막의 특징에는 압축에 대한 언급이 없어서 어떤 사람들은 이를 놀랍다고 생각할 수도 있다. 하지만 압축－또는 부정적인 뉘앙스를 담은 용어인 '축소'－은 자막의 필수 요소라고 하기에는 너무 흔한 특성이다. 압축을 제외하고는 자막제작 과정을 논할 수조차 없다. 자막제작의 제약 때문에 ST의 모든 언어적 내용을 자막으로 옮길 수는 없다. 필요에 따라서는 내용을 삭제하거나, 동일한 의미를 가진 더 짧은 단어를 사용하여 편집해야 한다. 이 과정이 바로 압축이다.

자막제작에서 압축 과정이 빈번히 나타난다고는 하지만, 압축이 필요 없을 때도 있다. 캡션이 자막으로 되어 있거나, 대화가 매우 느릴 때이다. 대화가 느릴 때는 자막의 속도를 일관되게 유지하기 위해 원래 발화를 확장하기도 한다(Wildblood 2002: 41 참조). 하지만 이런 경우는 드물며 느린 발화도 구어에서 문어로의 전환 때문에 압축되기도 한다.

압축률은 대화의 속도와 복잡성에 따라 달라진다. Gottlieb(2001: 20)는 "[. . .] 템포가 빠른 발화를 자막으로 만들 때, 자막가는 TV의 '속도 제한'을 넘지 않기 위해 발화의 약 50%를－정량적 용어로 측정(즉, ST와 TT의 단어수)－삭제해야 한다"고 했다. 필자는 BBC 시트콤 〈리틀 브리튼Little Britain〉에서 매우 빠르고 엉뚱한 대사가 자막으로 번역될 때 75%가량 줄어드는 사례를 발견했다. 하지만 이 사례는 극단적인 예시일 뿐이며 평균 압축률은 훨씬 낮다. 노르웨이에서 실시한 장편 영화 자막 연구(Lomheim 1995, Gottlieb 2001: 57 인용)는 22-35%의 양적 축소가 나타난다고 밝혔다. De Linde & Kay(1999: 51)는 청각장애인을 위한 영국 자막 조사에서 평균 압축률이 43%에 달한다는 전혀 다른 결과를 내놓았다. 본고의 선행연구에서 필

여기서 제시된 모델의 적용(6장 참조)이 의미하는 바는 다음과 같다.

1. TT, 즉 영화와 TV 프로그램의 자막은 자막 국가에서 선호되는 AVT 모드이므로 그 지위에 따라 제시되고 논의된다.
2. 결합 쌍을 추출하고 각 요소 간의 관계를 분석한다. 이때 분리isolated, 추출extracted, 분석된 결합 쌍은 언어외적 문화지시어extralinguistic cultural reference(ECR)(3장 참조)라고 한다.
3. 잠정적 일반화와 규범을 공식화하고 논의한다.

2단계의 첫 번째 부분인 ST 설정은 ST가 언제나 TT와 함께 존재하기 때문에 자막제작에서 크게 놀랄 일은 아니다. 하지만 제시되는 ST와 TT가 기초하고 있는 ST가 일치하지 않을 때도 있다. Toury(1995: 76-77)가 지적하듯이 TT가 대본에 기초할 수도 있고, 자막가가 그들이 작업하는 영화에 접근할 수 없을 수도 있다. 다행스럽게도 이런 상황이 흔한 경우는 아니지만, 만약 발생한다면 ST와 TT의 불일치가 생길 수도 있다. 다음 예시는 불일치에 관련된 일화이다. SF 영화 〈데몰리션 맨Demolition Man〉(1993)에서 사람들은 유일하게 남아있는 프랜차이즈 식당 타코벨Taco Bell에서 식사한다. 하지만 타코벨은 당시 유럽에 매장이 없었기 때문에 피자헛Pizza Hut으로 타코벨을 대신하여 제품 배치 문제를 해결하고자 했다. 실제로 스웨덴 TV3 채널에서 방영된 영상에서 피자헛 로고가 타코벨 로고를 대체했고 모든 사람이 피자헛에서 식사할 것이라고 말한다(하지만 기존 출연자의 언어 내 더빙에서 입술 움직임 때문에 피자헛이 타코벨을 대체했다는 사실이 명백하게 드러났다). 그러나 더빙과 달리 자막은 피자헛 대신 "타코벨"로 나왔다. 이 경우 TT는

방송된 영상과는 다른 ST(예: 영화관 버전)를 기초로 했을 것이다.[20]

ST(자막방송으로 방영되는 영화 혹은 TV 프로그램의 ST)가 실제 TT의 ST가 아닌 또 다른 경우는 피벗 번역을 사용했을 때이다. 이는 한 소수 언어를 다른 소수 언어로 번역하는 과정에서 주요 언어를 사용하여 중역할 때 발생한다. 이때 피벗 번역은 TT의 직접적 ST가 된다. 피벗 자막에 대한 연구-예로서 Gottlieb & Grigaravičiūtė(1999)의 영어를 이용한 덴마크어에서 리투아니아어로의 번역, Zilberdik(2004)의 영어를 이용한 덴마크어에서 히브리어로의 번역-결과에서 볼 수 있듯이 피벗 번역의 간섭은 항상 나타난다. 피벗의 간섭은 TT의 경우 최종 TT와 ST의 거리를 더 멀게 만드는데, 이때 ST는 단지 피벗 번역의 ST인 것이다. 마스터 템플릿의 사용으로 인해 (1.2.1절 참조) 피벗 번역은 영어에서 다른 유럽 언어로의 번역에서도 ST와 TT의 관계를 복잡하게 만들 수도 있다.

경험적 기술이 DTS의 기초라고 하더라도 DTS 패러다임의 목표는 아니다. Toury(1995)의 책 제목에서 알 수 있듯이 목표는 그 "이상"이다. 그 목표는 기술 단계에서 발견되는 패턴에 대한 설명을 찾아 번역 규범(혹은 확률적인 법칙)을 공식화하는 것으로, 이는 향후 번역의 모습을 예측하는 데 사용할 수 있을 것이다. 이러한 이유로 DTS의 초점이 등가에서 규범 이론으로 바뀌었으므로(Hermans 1991: 158 참조) 규범 이론을 자세히 살펴보아야 할 것이다.

---

[20] SDI 미디어의 요한 노버그(Johan Norberg)는 한 시청자의 불만 때문에 Viasat 채널에서 〈데몰리션 맨〉을 재방영할 때는 이러한 불일치를 수정할 것이라고 밝혔다(저자조사 2007년 8월).

2.2 규범 조사

규범의 발견과 기술은 DTS 내 경험적 연구의 핵심이며, "기술적 패러다임 내에서 규범은 추상화의 첫 번째 단계이며, 번역사의 선택과 결정을 설명하는 첫 번째 단계이다"(Hermans 1999: 79). 방법론적으로는 규범 지배적 행위의 최종 생산물인 번역 그 자체를 연구하여 소급 적용하는 방식을 주로 택한다. 자막제작 과정 그 자체를 연구하는 실험적 연구도 있었지만—Mossop (2000)이 제안하였듯이—거대한 모집단에서 규범을 일반화하기 위해서는 규범을 먼저 찾는 방법보다 텍스트를 분석하는 방법이 더 선호된다. 이 방법은 앞 절에서 설명했듯이 텍스트를 골라 규칙성과 패턴을 찾은 뒤 그 결과를 일반화한다. 이후 텍스트를 추가하여 일반화를 검증한다. 이런 일반화가 반복된다면 규범을 발견한 것이다. 연구의 관점에서 보면 다음과 같다.

> [. . .] '규범'이라는 용어는 행위의 규칙성, 즉 반복적인 패턴과 그 행위를 설명하는 기본 메커니즘을 모두 지칭한다. 여기에서, 메커니즘은 심리적이고 사회적인 실체를 의미한다. 이는 개인과 집단 사이, 즉 개인의 의도, 선택 및 행동과 집단이 갖는 신념, 가치 및 선호도 간을 중재한다. (Hermans 1999: 80)

'규범'norms이라는 단어를 언뜻 보면 처방적 패러다임의 일부로 여길 수도 있다. 규범은 일종의 자의적, 규제적, 규범적 법령decree, 즉 무엇을 해야 하는지, 무엇이 '정상'인지를 알려주는 것이다. 또는 Chesterman(1997: 53)의 표현대로 "누군가에게는 규범이 열심히 일하는 번역사를 모욕하기 위해 고약한 이론가들이 설정한 것"으로 보일 수도 있다. 처방적 규범prescriptive norm 일부가 자의적으로 보이지만, 사실 기술적 규범descriptive norm은 "열심히 일하는 번역사" 스스로 만든 것이다. 기술적 규범은 널리 퍼지고 수용되어 상호주관적 존재를 발견한 번역 행위를 규율한 결과이다. 반면 처방적 규범은 어떤 권위를 가진 사람이 제시하는 규범이다. Chesterman(1997: 56)은 규범의 타당성을 논하면서 차이점을 다음과 같이 기술한다.

> 하나의 규범이 타당하다는 것을 어떻게 알 수 있는가? 이에 대해 두 가지 기본적인 견해가 있다. 하나(명령 이론imperative theory)는 규범이 규범 당국에 의해 하향식으로 타당성을 부여 받는다―때때로 그러한 당국에 의해 강요받기도 한다―는 주장이다. 다른 하나(관행 이론practice theory)는 [. . .] 규범이 그 자체의 존재만으로도 타당성을 갖는다는 주장이다. 다시 말해 어떤 규범의 존재가 인정되면 그 규범은 타당한 것으로 인정된다.

규범은 번역사가 무슨 일을 할지, 또 어떻게 문제를 해결하는지를 말해준다. 규범은 번역사의 집단적 경험을 구체화한다고 할 수 있다. Hermans는 이를 두고 다음과 같이 말했다.

> 번역의 규범과 관습은 의사 결정을 지도하고 용이하게 한다. 기본적인 전제는 번역이 의사소통 행위로서 사회적 행위의 한 형태를 구성한다는 것이다. 의사소통이 성공하기 위해서는 의사소통 참여자의 행동을 조정해야 한다. (1999: 80)

규범이 있으면 번역사는 번역 과정에서 문제에 직면할 때마다 매번 해결책을 생각해낼 필요가 없다. 내면화된 규범은 자신과 또 다른 번역사들이 그 문제를 해결한 방법을 알려준다. 강력한 규범은 성문화되어 신입 번역사를

Hermans(1999: 82)에 따르면, "[. . .] 강력한 규범은 적절하다고 여겨지거나 제재를 통해 강하게 뒷받침되며, 종종 명시적으로 언급된다. 이 단계에서는 강력한 규범을 '규칙'이라고 지칭하는 것이 좋을 것이다." 이러한 규칙의 특성은 행위에 순응하게 하는 영향력을 가진다. 번역에서 가장 분명한 규칙의 예로는 문법 규칙을 들 수 있다. 규칙은 고정되어 있으며 보편적으로 알려져 있다. 그렇다고 해서 규칙이 관습보다 덜 자의적인 것은 아니다. 덴마크어 자막에는 두 명의 화자가 등장하는 상황에서 각각의 대사를 나타내는 기호 대시(소위 '화자 대시speaker dash')와 발화의 첫 번째 글자 사이에 공백을 두어야 한다는 규칙이 있다. 덴마크 자막가는 이 관행을 따르며 이를 규칙이라고 인정한다. 반면에 스웨덴에서는 대시와 글자 사이에 공백을 두지 않기 때문에 덴마크와 반대되는 관행이 규칙이 된다.

번역에서의 '법칙'은 논쟁의 여지가 있는 용어다. 그리고 법칙은 다른 용어들과는 약간 차이가 있는데, 법칙은 규칙과 같은 방식으로 구속력을 가지지 않는다. 그 대신 법칙은 보편적인 특성을 띠며 입법 절차나 다른 권위적인 수단에 의해서가 아니라 번역학자들의 관찰을 통해서 만들어진다.

'번역 행위의 법칙'이 지시적이지 않다는 사실은 중요하다. 법칙은 '실제 세계'의 현상 및/혹은 그 현상에 대한 예측이나 설명을 용이하게 하도록 만들어졌지만, 그 법칙이 (수신자) 문화 내에서 구속력이 있는 규범으로서 받아들여지지 않는 한 누구에게도 구속력을 가지지는 않는다. (Toury 1991: 187, 원문 강조)

번역 행위의 법칙은 예측할 수 있고 개연성 있는 법칙으로, 다음과 같은 구조로 되어 있다. "X일 경우, Y일 가능성이 더 클 것이다/더 작을 것이다"(Toury 1995: 265). 이 구조는 Toury가 처음 제시한 것이다. 번역의 보편적인 법칙을 형성하는 일은 Toury와 DTS의 궁극적인, 어쩌면 이상적인 목표였을 것이다. Toury는 이 법칙 중에서 가장 유명한 표준성 증가의 법칙 law of growing standardization을 제시했다. 표준성 증가의 법칙은 번역물이 ST보다 더 평이한 문체나 단어를 사용하고 주류에 따르는 경향이 있다는 법칙이다(1995: 267ff). Toury는 간섭의 법칙law of interference도 제시했다. 간섭의 법칙은 기본적으로 번역은 모두 ST의 구조를 따라가는 경향을 보인다는 법칙이다(1995: 274ff). Hermans은 Toury의 법칙을 인정하지 않았지만, Chesterman은 Toury가 제시한 두 가지 법칙에 명시화의 법칙law of explicitation, 즉 "번역사는 원문보다 더 명시적으로 텍스트를 생산하는 경향이 있다"(1997: 71)는 세 번째 법칙을 추가하였다.

일단 규범이 형성되면, Toury(1991)가 지적했듯 그림 A에 제시된 용어의 연속체는 예측력predictive power의 연속체로 볼 수도 있다. 특유성은 예측력이 거의 없지만 규칙의 예측력은 거의 100%에 달한다. 법칙은 예측력이 현지의 번역 행위를 100% 예측하지는 못하더라도 전반적으로 예측력이 매우 강하다. 따라서 법칙은 보편적인 것인 반면, 규칙은 위에서 설명한 것처럼 현지 번역 행위를 지시하는 경향이 있다.

2.4 규범의 내용

Hermans는 "무엇이 '적절'한지, '옳은'지, '적합'한지에 대한 상호주관적 의미가 규범의 내용을 구성한다"(1999: 82, 원문 강조)고 말했다. 다시 말해 모든 사람이 옳은 방식이라고 (암묵적 혹은 명시적으로) 동의하는 것이 바로 규범이다. 그리고 사람들이 규범의 내용에 따라 행동할 때, 그들의 행동이 승인을 얻게 된다. Hermans(1999: 85)는 이를 두고 "번역사가 기대에 맞춰 번역할 때, 번역을 잘한 것으로 본다"고 말했다. 우리는 이 문장에 행위자가 없다는 점에 주목해야 한다. 누가 번역사의 번역을 잘한 것으로 보는 것일까? Hermans는 정확한 번역을 위한 방법이 하나 이상 있다고 밝히며, "번역이 옳은지 옳지 않은지는 언어적으로, 사회적으로, 정치적으로, 이념적으로 상대적"(1999: 85)이기 때문에 누군가에게는 옳은 번역이 다른 사람들에게는 경멸받을 수 있다고 말했다. 이와 관련해 여러 예시가 있다. Venuti는 이국화foreignization(1995: 20) 혹은 저항주의resistanism(1995: 24)를 지지하면서, 독자가 그들이 읽고 있는 것이 번역서라는 사실을 알게 하여 번역사가 가시적으로 드러나야 한다고 주장했다. 하지만 Venuti의 주장은 지배적 규범인 유창성fluency(Venuti 1995: 11)에 반한다. 만약 번역사가 이국화 전략을 사용한다면, Venuti에게는 번역을 잘했다는 평가를 받겠지만 유창성 규범을 따르는 사람에게는 좋은 평가를 받지 못할 것이다. 여기서 규범 갈등에 직면하게 되지만, 우리는 이미 갈등이 본질적으로 좋은 것이고 번역을 진화하게 만든다는 것을 살펴보았다. Kovačič(1996)는 규범이 시간이 흐르면서 바뀌기 때문에 자막가를 양성할 때 규범의 내용보다는 규범의 작용 방식과 규범을 인식하는 방법을 가르쳐야 한다고 지적했다. 이제 우리가 관심을 가져야 할 것은 누가 규범의 내용을 결정하는가 하는 질문이다.

규범은 상호주관적이며 사회적인 구조이므로 Venuti가 내세운 것처럼 처방적 규범이 인정받으려면 많은 사람에게 수용되어야 한다. 그 대신 번역 규범의 내용은 종종 번역 생산자, 즉 번역사 스스로 (개인이 아니라 집단으로) 만들거나 번역 소비자, 즉 독자가 만든다. 이 두 집단 사이에 번역 의뢰인이 있는데, 그들은 그들만의 번역 규범을 강제하는 것으로 알려져 있다. 하지만 빈번하게 이 세 그룹은 규범을 만들기 위해서 서로 소통한다. 개별 번역사의 경우, 번역 행위에서 발견해서 동료 번역사와 공유하는 규칙성이 규범 지배적 행위의 증거가 될 수 있다. 다시 말해 이 경우 번역사는 동료 번역사와 같은 규범을 따르고 그 규범을 자신의 번역 작업에 사용한다. 다른 규칙성은 특유성으로, 번역사가 다른 사람과 공유하지 않는 개인의 선호 사항이다. 개별 번역사에게 이 두 가지 패턴 모두가 어떤 행동을 유발하는 동기가 될 수 있지만, 개별 번역사가 공유하는 패턴만이 규범을 구성하는 패턴이다.

2.4.1 Toury의 규범

Toury는 번역 과정에 근거하여 상당히 복잡한 규범 집합을 제시하였다. 이 규범 체계는 크게 세 부분으로 나뉜다.

- 기본 규범initial norm (1995: 56f)
- 환경 규범preliminary norm (1995: 58)
- 실행 규범operational norm (1995: 58ff)

기본 규범은 TT가 ST의 규범을 준수하여 '적절adequate'하게 번역되었는지, 혹은 목표 문화의 규범에 따라 '수용 가능acceptable'하게 번역되었는지와 관련이 있다. Hermans는 Toury의 용어를 두 가지 관점에서 비판했다. 첫 번째 비판은 "적절한 번역", 즉 ST를 다른 언어로 되어 있는 완벽한 복사본으로 만들려는 열망이 지나치게 이상적이라는 것이다. TT는 언제나 ST와

Chapter 3

번역 문제로서의
언어외적 문화지시어

이 장에서는 본고의 중심 내용인 모델의 주안점을 소개한다. 3장부터 5장까지 이 모델을 심도 있게 다룰 것이다. 이 모델을 세 장에 걸쳐 자세히 설명하는 이유는 6장에서 주 코퍼스의 예시에 이 모델을 적용하여 스칸디나비아의 자막 규범을 밝히고 이를 더 큰 맥락과 연결하려는 의도 때문이기도 하지만, 또한 기술적 번역학descriptive translation study(DTS) 패러다임 내에서 유사한 연구를 수행하고자 하는 사람들에게 도구적 가치가 있기 때문이다. 따라서 이 모델은 특정한 결합 쌍을 연구하기 위한 일반적인 DTS 모델로 제시된다.

우선 이 장의 주요 관심사인 전반적인 번역 문제에 대해 간략하게 살펴본 뒤 언어외적 문화지시어extralinguistic cultural reference(ECR)를 정의하고 논의하도록 하겠다. ECR 분포 패턴을 살펴보는 것으로 이 장을 마치겠다.

3.1 번역 문제

필자는 자막가로 일하면서 텍스트의 특정 요소가 자막제작에 특별히 어렵다는 것을 알게 되었다. 이러한 요소들은 평범한 번역에서 주로 나타나며, 번역할 때 다른 요소보다 주의를 기울여 의식적으로 적극적인 번역 전략을 사용해야 한다. Lörscher는 심리언어학적 관점에서 이 차이점을 다음과 같이 정의했다.

> [. . .] **전략적 번역**strategic translating에는 문제 해결 과정이 포함되지만, **비전략적 번역**non-strategic translating은 문제 해결을 다루지 않으며 원천 언어source language(SL) 세그먼트segment가 목표 언어target language(TL) 세그먼트로 자동으로 대체되는 특징이 있다. (1991: 88f, 원문 강조)

필자는 '자동적'이라는 단어가 사고 과정이 필요 없다는 의미로 해석되어서는 안 된다고 생각한다. 또한 각 SL 세그먼트에 대응하는 TL 세그먼트가 하나만 있다고 생각하지도 않는다. 만일 그렇다면 비전략적 번역의 모든 부분이 동일할 것인데, 동일한 ST에서 두 개의 TT를 비교해 본 사람이면 누구나 알 수 있듯이 이것은 사실이 아니다. 그럼에도 불구하고 전략적 번역과 비전략적 번역의 구분은 여기 제시된 모델에 매우 적절하고 유용하다.

전략적인 행동은 특정 ST 요소에 의해 유발되며, 필자는 이전 연구들에서 이러한 요소들을 번역 위기 지점translation crisis point(TCP)이라고 부른 적이 있다(Pedersen 2008 혹은 Vercauteren & Remael 2010 참조). 하지만 번역학에는 이미 필요 이상으로 많은 신조어 용어가 난무하고 있기 때문에, 필자는 여기에서 좀 더 일반적이면서 수용되는 용어인 '번역 문제'translation problem로 되돌아갈 것이다. 번역 문제는 흔히 자막 번역사들이 자신의 작업(일례로 Wildblood 2002: 42 참조)을 설명할 때 특별히 주의를 기울이는 부분을 말하는데, 그러한 예로는 말장난, 노래, 문화적 지시어 등이 있다. 번역 문제는 번역학 분야의 많은 학자들이 연구해왔다. 예를 들어 Schröter(2005)는 언어유희의 자막과 더빙을, Toury(1995)는 결합구와 은유를, Hermans(1988)는 고유명사를, Nedergaard-Larsen(1993)은 자막에서의 문화 결속 문제에 대해 살펴보았다. 실무자나 학자들이 똑같이 번역 문제에 주목한다는 것은 그것이 당면한 과제에 매우 관련이 있다는 것을 나타낸다. 또한 그것들은 자막 번역사들이 채택한 전반적인 번역 전략, 고로 일반적인 자막제작 규범의 전조로도 보일 수 있을 것이다. 실행되는 번역 규범의 표시로써의 잠재적 가치 외에도, 번역 문제는 그 자체로 연구 대상으로 유효한 것이 분명하다.

이 시점에서 용어를 구체화할 필요가 있다. 본 모델에서는 "비전략적"이라는 합성형용사는 번역 전략을 전혀 사용하지 않는다는 의미로 받아들여서는 안 된다. "아무 문제가 없을 때에도 번역사는 결정을 내린다"는 Gambier(2010: 417)의 말처럼 말이다. 오히려 명목상 비전략적 번역을 포함한 모든 형태의 번역에서 항상 전략이 사용된다는 주장이 있다. 이러한 관점을 지지하는 주장은 번역이 항상 원작과 다른 텍스트로 귀결되기 때문에 그러한 텍스트의 생성과 관련된 과정은 전략을 수반할 수밖에 없다는 것이다. 더욱이 비전략적인 행동에 대해서도 항상 선택권이 있다. 대신, 차이점이라면 비전략적 번역에서는 선택지가 다소 명확하고, 그 외 다른 선택지가 존재하더라도 중복으로 볼 수 있기 때문에 실제로 활성화되지 않는다는 것이다. 따라서 전략적 번역과 비전략적 번역의 차이점은 비전략적 번역에서는 전략이 사용되지 않는다는 것이 아니라 전략의 선택이 어떠한 문제도 유발하지 않는다는 것이며, 이는 결국 원천텍스트 항목이 문제가 되지 않기 때문이다. 반면, 번역 문제는 문제가 되는 것으로, 번역 전략의 전 범위가 (혹은 적어도 번역 문제를 해결하는 데 필요한 만큼) 번역사의 머릿속에서 활성화된다. 마지막으로 덧붙이자면, 일상적인 번역과 비일상적인 번역 사이에 선을 긋는 것은 매우 어려운데, 이는 Gambier(2010: 417)의 지적처럼 개별 번역사의 경험과 역량에 따라 크게 좌우되기 때문이다.

번역 문제는 문화 간 의사소통에 있어 음성적phonetic 층위에서 담화 층위까지 언어의 모든 층위에 문제를 유발한다는 점에서 Agar(1994: 100ff)의 "리치 포인트rich points"와 공통점이 많다. 하지만 Agar의 용어는 확실히 너무 모호하고 일반적이므로 여기서는 그 용어를 채택하지 않는 것이 합리적이겠다. 대신에 구체적으로 번역 상황에 초점을 맞춰-리치 포인트는 언어 내적으로 발생할 수 있음-언어 문화적 차이를 위한 프레임을 설정하기보다는 특정한 번역 문제에 대한 해결책을 모색하고자 한다. 또한 리치 포인트는 여기서 논의하는 것보다 언어 행동의 문화적 차이를 더 심도 있게 언급하므로, Wierzbicka의 "문화적 핵심어cultural key word"와 더욱 밀접한 관련이 있다(예를 들어 1997: 15).

여기서 연구되는 번역 문제들은 언어외적 문화지시어에 의해 발생한다. 이렇게 선택한 이유는 ESIST의 비교 자막 프로젝트(Pedersen 2003b)를 바탕으로 한 예비 연구에서 제한된 수의 언어외적 문화지시어만 발견했음에도 불구하고, 그 처리방법이 너무나 다양했고, 자막 번역사의 문체가 나타나기

다는 점이다. 비록 ECR이 언어외적이라 할지라도 그것들은 여전히 말로 표현된다. ECR의 표현 부분은 항상 언어적이므로, 따라서 항상 언어내적 Intralinguistic이다. ECR이 언어외적이라는 것은 그 실체나 과정을 말한다. 언어적 표현 자체가 언어 밖의 문제를 언급한다고 해서 언어외적이라고 하는 것은 적절하지 않다. 그것이 선택 기준이었다면, 기능어(예: 접속사 및 일부 전치사의 사용)와 기본적으로 메타언어적 의미를 갖는 극소수의 명사(예: 동사 및 명사)를 제외한 모든 언어적 표현이 언어외적인 것으로 간주되었을 것이다. 두 번째 사항은 언어 체계의 일부인 것과 그렇지 않은 것을 정의하는 것인데, 이는 매우 복잡한 문제다.

ECR은 언어 외부의 것을 가리키지만, 그것에 대해 의사소통을 시작하자마자 언어로 표현된 언어적 기호를 갖게 되고, 따라서 다른 언어적 기호와 의미 관계를 갖게 된다. 다음 세 명사구를 살펴보자.

(3.1) the tree
(3.2) finishing school (〈미드소머 머더스*Midsomer Murders*〉 시즌 17: 10.15)
(3.3) Davy Crockett (〈포레스트 검프*Forrest Gump*〉 1.32.54)

세 가지 예시 모두 '실세계에 있는' 실체─이는 또 다른 복잡한 문제로, 3.2.4절에서 다시 다룰 예정이다─를 언급한다는 점에서, 언어 외부의 실체를 가리킨다고 주장할 수 있다. 예를 들어 (3.1)은 (3.2)와 (3.3)보다 실제 세계에서 훨씬 더 흔한 실체를 가리킨다. 또한 언어 사용자는 이 세 가지 예시 중 어느 하나에 접근하기 위해 세상에 대한 지식, 즉 백과사전적 지식이 필요하다. *Davy Crockett*은 약 200년 전에 사망했고 거의 신화적인 비중을 차지한 반면, 나머지 둘은 실제 세계에 실제로 존재하기 때문에, (3.2)와 특히 (3.1)에 대한 백과사전적 지식을 얻는 것이 훨씬 더 쉽다. 그래도 이러한 예시 중 (3.3)이 가장 대표적인 ECR이다. (3.2)도 ECR이지만, (3.1)은 확실히 ECR이 아니다. 어떻게 그럴 수 있을까? 여기서 '문화'의 기준이 들어간다. 만약 당신이 영어를 안다면, 다른 언어에서만큼이나 쉽게 (3.1)의 언어적 표현에 접근할 수 있다. 물론 특정 문화권에는 그 문화에 대한 지식 없이는 접근할 수 없는 상징적 의미처럼 나무에 대한 특별한 함축이 있을 수 있지만 그것을 잠시 무시하고 나무를 나무라고 부르기로 하자. 따라서 일반적으로 영어를 알지만 영어 문화는 알 수 없더라도 *the tree*의 기본적인 의미에는 접근할 수 있다. 영어를 알면 '마무리'와 '학교'라는 구성 단어의 의미를 안다는 점에서 (3.2)의 의미에 접근할 수 있다. 그러므로 학교라는 것, 즉 학습하는 자리이고, 이 문맥에서 무엇을 의미하든 간에 무언가를 끝마친다는 것도 이해할 수 있다. 이는 확실히 "부유한 소녀들이 사교적 기술을 배우는 사립학교"(*Longman Dictionary of English Language & Culture* 1998: 485)라는 의미에 접근하기에는 충분하지 않다. (3.3)은 고유명사이고, 인물 고유명사는 영어에서 거의 불투명하다는 점에서 더욱 문화적이다. 백과사전적 지식을 통해서만이 (3.3)의 ECR에 접근할 수 있는 것이다.

문화적: 특정 문화와 관련. 이 분야의 연구 대부분(예: Nedergaard-Larsen 1993; Gottlieb 2009)은 '문화적' 대신 '문화 결속'이라는 용어를 사용한다. 이것은 또한 필자의 이전 모델(예: Pedersen 2005a)에도 해당된다. 현재의 용어는 덜 제한적이라는 장점이 있으므로 현재의 번역 문제와 매우 관련이 있는 문화횡단성Transculturality(5.1절 참조)에 대한 논의를 가능하게 한다. 하지만 문화를 정의하는 문제는 여전히 해결되어야 한다. Tyler는 "문화란 지

식, 신념, 예술, 도덕, 법률, 관습, 그리고 인간이 사회 구성원으로 획득한 다른 능력과 습관을 포함하는 복잡한 전체다"(Katan 2004: 25에서 인용)라는 널리 인용되는 정의를 구상해냈다. 바다 일반적으로 말하면, OED에는 '문화'라는 용어에 6개 이상의 의미가 있다. 처음 세 가지 의미는 '농업'이라는 의미에서의 문화 혹은 숭배와 관련이 있다. 4번 의미는 5번과 연결되며, 5번을 여기서 가장 적절한 정의로 제시하겠다.

> 5. a. [완전명사] 정신, 취향, 매너의 훈련, 수양, 개선; 이렇게 훈련되고
>   정제된 상태; 문명의 지적 측면.
>   b. (단/복수로) 특정한 형태 혹은 유형의 지적 발달. 또한, 특정 시대
>   나 특정 발전 단계의 한 민족의 문명, 관습, 예술적 업적 등. (많은
>   맥락에서, 특히 사회학에서 이 의미를 5a와 분리하는 것은 불가능
>   하다.)

5b의 정의 안에 특히 주어진 괄호 속 정보로 현재의 목적을 이해하는 것이 가장 타당하다. 여기서 그 정의가 지칭하는 것이 언어가 아닌 "사람"이라는 점을 주목하도록 한다. 따라서 ECR을 논의할 때 원천언어(SL)가 아닌 원천문화(SC)에 대해 말하는 것이 합리적이다. 예를 들어, 미국인이 접할 수없는 영어 ECR이 있고 그 반대의 경우도 존재하기 때문이다.

  이와 유사한 성격의 또 다른 문제는 SC도, TC도 아닌 제3의 문화를 지칭하는 ECR를 어떻게 할 것인가이다. 이 문제는 '문화적 경계성'에 따라 ECR을 구분 짓는 문제와 함께 문화횡단성의 매개변수 부분에서(5.1절) 다뤄질 것이다. 여기서 소개되고 문화횡단성에 관한 소절에서 더 자세히 탐구될 또 다른 개념은 '문화적 문해력cultural literacy'이다. Hirsch의 정의는 다음과 같다.

문화적 문해력을 갖췄다는 것은 현대 세계에서 번영하기 위해 필요한 기본 정보를 갖고 있다는 뜻이다. 그러한 정보의 폭은 스포츠에서 과학에 이르기까지 인간 활동의 주요 영역으로 확대되고 있다. 그것은 결코 예술에 대한 지식으로 협소하게 이해되는 "문화"에 국한된 것이 아니고 하나의 사회적 계층에만 국한되는 것도 아니다. (Hirsch 1987: xiii)

3.2.5절에서는 ECR이 해당하는 다양한 영역으로 넘어가기 때문에 위에서 언급한 "기본 정보"가 확장될 것이다. 본 모델에서는 문화적 문해력이라는 개념이 범언어적으로 가장 유용한데 그것이 번역 문제와 가장 관련성 있는 접근방식이기 때문이다. 외국어 구사력은 뛰어난 사람이 해당 언어를 사용하는 문화에서는 문화적 문해력이 떨어질 수 있다고 가정할 것이다. 예를 들어, 영어에 매우 능통한 사람이 영어를 공용어로 사용하는 여러 문화 중 하나에 대해서는 여전히 전혀 혹은 거의 알지 못할 수도 있다. 그러한 사람을 예로 들면 필자 본인이 해당되는데, 영어로 글을 쓰지만 뉴질랜드 문화에 대해서는 상당히 제한적인 지식을 갖고 있으며 그레나다 문화에 대해서는 전혀 아는 것이 없다. 그 반대의 경우도 마찬가지인데, 한 사람이 문화적 문해력을 갖추는 것은 가능하지만, 그 문화의 주요 언어에 대한 기량은 매우 제한적일 수 있는 것이다. 그러한 예로 스페인어를 사용하는 미국 내 소수인종을 들 수 있는데, 이들은 미국 문화에 대해서는 잘 알고 있을지는 몰라도 그렇다고 반드시 영어에 능통한 것은 아니다. Hutarto de Mendoza Azaola는 미국과 푸에르토리코에서 DVD로 출시된 영어로 된 영화-이 경우 영화 〈포레스트 검프〉-의 스페인어 자막이 미국 문화에 대한 지식을 가정하지만, 영어-적어도 대단히 높은 수준의 지식은 아닌데, 그게 아니라면 자막이 애초에 필요치 않았을 것이다-에 대해서는 그렇지 않다는 것을 보여주었다.

요컨대, 언어와 문화는 밀접하게 관련돼 있다. 언어 기준은 그 자체로는 그다지 유용하지 않은데, 대부분의 지시 표현의 지시체가 언어의 외부에 있다고 할 수 있기 때문이다. 그러므로 그 지시체가 어떤 식으로든 문화적일 경우 즉, 특정 문화에 대한 백과사전적 지식을 통해서만 접할 수 있을 경우에만 ECR이라고 할 수 있다. (3.2) *finishing school*의 예와 같이, ECR은 두 가지 기준이 결합된 것이다. ECR이 문화적이긴 하지만 문화는 단순히 ECR보다 훨씬 더 복잡한 문제라는 점도 주목해야 하는데, 문화에는 언어내적인 문화, 가치 체계, 텍스트 선정, 신념 체계, 준언어paralinguistics 등이 수반되기 때문이다. 특히 다중기호적 텍스트의 경우, 문화는 주로 시각적인 비언어 수단을 통해 전달된다.

대부분의 ECR은 고유명사처럼 확실히 언어외적이고 문화특유적인 것이기 때문에 단순히 직관에 의해 파악될 수 있는데, 예를 들면 다음과 같다.

(3.4) Chester A. Arthur (〈다이 하드 3*Die Hard 3*〉 1.32.14)

(3.5) Baltimore, Maryland (〈이보다 더 좋을 순 없다*As Good As It Gets*〉 1.31.53)

인명, 지명, 기관명이 ECR의 대부분을 차지하며, 고유명사가 보통명사로 사용되는 경우는 거의 없기 때문에 이점은 걱정을 많이 덜어준다. 문제가 되는 중간 영역이 있기는 한데, 이는 스포츠, 음식, 관습에 대한 명칭과 용어로 구성되어 있다. 이를 두고 언어내적인 것이라고 할 수 있겠지만 언어외적인 문화와의 관계가 아주 밀접해서 이를 간과할 수 없다. 그러므로 이것들 역시 ECR로 간주된다. 표본추출을 운용하는 데 사용된 질문은 다음과 같다. 그 언어적 표현 자체가 문화적 지식이 없는 사람도 그 지시체를 접할 수 있을 만큼 투명한가? 다음 세 가지 예시는 모두 코퍼스에서 추출한 것으로, 이 질문에 대해 그렇지 않다는 답이 나왔고, 따라서 ECR로 간주된다.

(3.6) Chief Inspector (〈미드소머 머더스〉 24: 2.10)

(3.7) touchdown (〈매쉬〉 5.6: 1.55)

(3.8) Tea dance (〈조 블랙의 사랑*Meet Joe Black*〉 3.11)

일부 지시어는 언어 체계 내에서의 기능 때문에 확실히 언어내적인 것으로 판단된다. 이러한 예로는 (3.9) 및 (3.10)과 같이 격식을 차린 경어, 또는 (3.11)와 같이 격식을 차리지 않은 은어 표현이 있다.

(3.9) Sir (〈머큐리*Mercury Rising*〉 25.3)

(3.10) Ma'am (〈007 두 번 산다*You Only Live Twice*〉 13.3)

(3.11) boy (〈다이 하드 3〉 17.2)

(3.11)에서는 *boy*라는 명사를 흑인에게 경멸적인 방식으로 사용한다. 따라서 마지막 세 가지 예와 같은 표현은 ECR로 간주되지 않는다.

위의 정의와 기준은 여기서의 예문과 함께 ECR을 텍스트에서 어떻게 표본 추출할 수 있는지에 대한 아이디어를 독자들에게 제공해야 한다. 그러나 모든 기준이 매우 일반적이어서 해석의 여지를 남기기 때문에, 또 기준이 보완보다는 대화─즉 예를 들면, 문화/비문화가 아닌 문화성의 정도─로 작용하기 때문에, 애매한 영역이 있게 마련이다. 이는 전반적으로 인문학 연구나 특히 언어학 연구에서 상당히 빈번하다. 예를 들어 Schröter(2005: 365)

는 언어유희 번역에 대해 연구하여, 허구적 정의보다는 가이드라인을 가지고 작업했다고 주장했는데, 이는 본 모델에도 적용된다고 생각한다. 우리는 여기서 연속체를 다루고 있으며, 이에 대한 어떠한 절충점도 어느 정도의 임의성을 가질 수밖에 없다. 그러므로 경계에 해당하는 일부 사례는 객관성에 도달하기 불가능하지만, 선택 기준을 고려하여 어느 정도의 상호주관성에는 도달할 수 있기를 기대한다.

3.2.2 지시어 정의하기

'ECR'의 'R' 역시 아마도 'E'와 'C'처럼 복잡한 문제일지도 모른다. 이것은 이전에 언급된 적이 있는데, 예를 들어 Lyons에 따르면 "[. . .] 지시어라는 개념을 공식화하여 견고한 이론적 기반 위에 놓으려는 시도에서 이전에 예상하지 못했던 종류의 문제가 발생했다"(1981: 226). 따라서 지시어에 관한 문제 중 일부를 논의하고, 이 개념이 현재 맥락에서 어떻게 사용되는가를 논의하는 것이 옳다고 본다.

지시어는 Lyons가 언급한 바와 같이, "맥락 의존적"(1995: 294)이다. 이는 특히 영상번역에서 그러한데, TT에서 ECR을 번역하려는 모든 번역 해결책이 발화 맥락에 따라 달라지며, 다중기호적 텍스트는 단일기호적 텍스트보다 더 많은 맥락을 수반하고 있기 때문이다. 본 모델에서 번역 사례를 분석할 때, 필요하면 여러 맥락—언어적·비언어적—이 논의될 것이다.

언어학에서 지시어는 문맥에서 명사구—즉 발언에서 사용되는 것—의 속성이며, 명사구가 세상을 '찾아가는' 방법, 또는 그것이 나타나는 텍스트이다. 구체적으로, 지시어는 사용 중인 명사구의 속성이 될 것이다. 그러나 본 모델은 언어 기호 및 언어외적 문화 현실의 관계에 의해 발생될 수 있는 모든 번역 문제를 탐구하는 데 사용되며, 이를 위해서는 지시어에 대한 엄밀한 언어적 개념은 너무나 협소하다. 이 언어적 개념은 모든 명사의 사용은 물론 명사 외의 다른 품사에 의해 생성된 암시 때문에 발생할 수 있는 보다 일반적인 의미에서의 지시어는 다루지 않을 것이다. 언어외적 문화지시어는 언어가 문화를 만나는 곳이라고 할 수 있으며, 따라서 '지시어'에 대한 순수한 언어적 정의는 조사 가치가 있는 모든 사례를 다루기에는 불충분하다. 이 때문에, '지시어'에 대한 보다 넓은 정의가 필요하다. 필자는 여기서 '지시어'라는 이미 확립된 용어의 의미를 바꾸자고 제안하려는 것이 아니라 그보다 더 넓은 의미의 도움을 받고자 한다. OED는 해당 용어의 여러 의미를 나열하는데, 그중 언어학적 의미인 2d는 다음과 같다.

> d. [논리학과 언어학] 하나의 용어나 개념이 세상의 다른 용어나 객체와 관련되거나 연결되어 있는 것을 지시하는 행위 혹은 상태. **객관적 지시어 및 지시어 부류, 요소로서의 속성.**

위의 '지시어'라는 의미는 여기서 제시된 모델과 확실한 관련이 있다. 그러나 좀 더 복잡한 ECR을 포함하기 위해, 넓은 의미의 4a도 여기에 포함되겠다.

> 4.a. 어떤 사물이나 사람에 대한 암시나 주의를 기울이는 것.

4a의 의미를 포함시킴으로써, 다른 품사의 지시어나 암시에 대해서도 조사해볼 여지가 있다. 명사구가 어떤 사물이나 사람—혹은 생각—에 대해 주의를 기울이기 때문에, 넓은 의미의 4a에는 2d의 기술적이고 언어적인 의미도 포함될 것이라는 점을 주지해야 한다. 그러므로 'ECR'의 'R'은 더 넓은

의미를 갖는다고 간주되어야 한다.

ECR의 핵심 개념은 언어적 표현과 그 지시체 간의 관계를 의미한다. 그러나 이러한 관계가 그것을 유발시키는 언어적 표현 없이는 존재할 수 없기 때문에, 지시어의 개념과 그 지시어를 유발시키는 언어적 표현은 종종 환유적으로 융합된다. 누군가가 "당신이 준 기사에서 스티븐 호킹에 대한 언급reference을 봤어요"라고 말할 수 있듯이 이것은 '지시어'의 일상적인 사용법에서도 발견된다. 이 경우 보인 것은 그 지시어 자체가 아니며—'보다'가 '이해하다'라는 의미로 사용되지 않는 한—다만 스티븐 호킹을 가리키는 언어적 표현인 것이다. 언어적 표현과 지시어를 구분하여 말할 필요가 있는 경우가 있는데, 그런 경우가 발생할 때마다 정확한 의미가 명시될 것이다. 그러나 대부분의 경우, 'ECR'이 하나의 표현—이 경우 'ECR'은 '언어외적 문화적 지시 표현'을 나타내는 것으로 간주될 수 있다—인지 혹은 한 표현과 그 지시체—'ECR'의 핵심 개념—간의 관계를 가리키는지는 맥락에서 분명해질 수 있다. 방법론적으로 차이를 유지하는 것이 훨씬 더 적절한 것은 언어 표현과 그 지시체 간의 차이인데, 이것은 번역에서 변경—되고 실제로 상실—될 수 있기 때문이다. 따라서 'ECR'은 언어외적 문화적 지시체를 의미하는 것으로 받아들여져서는 안 된다. 그러한 지시체가 언급될 때마다 'ECR에 대한 지시체' 혹은 줄여서 'ECR 지시체'라고 지칭할 것이다.

3.2.3 이름에는 어떤 요소가 있나?

모든 ECR은 협의의 언어적 의미에서든 광의의 암시적 의미에서든 지시어의 형태를 갖는다. 이는 명사뿐만 아니라 동사와 형용사도 때로는 4a의 광의의 정의에 의해 지시될 수 있다는 것을 뜻한다. 이러한 예로 아래와 같

(원형적) 존John, 즉 *John*의 외연이 공유하는 속성이 아닌가? 라트비아어 같
은 언어에서는 고유명사에서 성별표시가 의무적이므로, *John*의 번역에는
남성형 접미사 (-s)가 추가돼야 할 것이다.

Lyons는 *Napoleon* 같은 역사적 인물의 이름에는 여전히 의미적으로 불
투명하지만 "일부 철학자들이 내포라고 부르는 것"(1995: 295)을 갖고 있을
지도 모른다며 한발 물러선다. 이는 다음과 같이 뉴욕의 지명처럼 일반명사
로 구성된 의미적으로 투명한 고유명사의 경우 더욱 자명해진다.

(3.13) Long Island (〈60분*60 Minutes*〉 36 42: 41.11)

(3.14) The Financial District (〈본 콜렉터*The Born Collector*〉 46.16)

이러한 경우, 복합명사의 의미는 전체 의미에 기여한다. 전체는 Lyons가 '복
합 표현'이라고 부르는 것이고, '복합 표현의 의미와 외연은 그 구성 요소의
구성적 기능'(1995: 81, 강조 제외)이다. *Long Island*란 긴 섬이고, *The
Financial District*는 금융 문제를 다루는 지역이므로 이는 사실이다. 하지만
전체는 고유명사이기도 하기 때문에 의미를 가질 수 없으며 지시어에 불과
하다. 보통의 언어 사용자들에게 이것은 정도의 차이가 있을 수 있다. 평균
적인 뉴요커는 그것을 언급할 때 섬의 길이에 대해서는 아마도 생각하지 않
을 것이고, 이는 그것이 단지 지리적 위치에 대한 언급일 것이기 때문이다.
그러나 뉴요커들이 금융 지구에 대해 이야기할 때, 그들은 전통적인 의미론
에 따라, 그것이 갖고 있지 않는 이름의 의미를 생각할 수도 있을 것이다.
그러한 모순은 아마도 문제의 ECR에 의미는 없지만 내포가 있다고 말함으
로써 해결될 수 있을 것이다. 하지만 그것은 두 가지 점에서 문제가 된다.

(i) 한 표현의 의미와 내포는 동일한 것을 의미한다고 볼 수 있고(Lyons 1995: 82 참조), (ii) (i)이 적용되지 않는다면, 내포란 그 표현이 정의하는 실체 부류의 본질적 의미를 규정하는 속성으로 정의되어야 한다. (3.13) 및 (3.14)의 정의에 따라 실체를 부르는 것이 타당한가? 물론, 금융지구가 있는 도시들이 많이 있기 때문에 그것이 어불성설일 수도 있겠지만, 롱아일랜드 Long Island는 몇 개나 되겠는가? 그리고 몇 개가 있더라도, 단지 [+ 길이] 자질을 공유한다고 해서 그것들을 뉴욕주의 롱아일랜드로 한데 묶는 것은 이치에 맞지 않다. 필자가 보기에 *The Financial District*에는 구성적 의미의 요소가 있고, 이는 *Long Island*에도 존재하지만, 그 정도는 훨씬 더 작다. (3.13)과 (3.14)의 차이는 기본적으로 *The Financial District*가 *Long Island*보다 의미적으로 투명하다는 것이다. 그 섬이 긴 것이라고 생각한다고 해서 *Long Island*의 지시체에 대한 이해가 용이해지는 것이 아니며 *The Financial District*에 비하면 그 의미가 더욱 불투명한 것인데, *The Financial District*의 경우 그 지역이 금융 문제와 연관되어 있다고 생각하면 이해가 훨씬 용이해진다. 역사 또한 ECR의 불투명성을 바꿀 수 있다. 예를 들어 에든버러의 *Grassmarket*에서 풀은 더 이상 팔지 않는다.[29] 이후의 4.2.3절에서 볼 수 있듯이 (3.13)과 (3.14) 같은 복합 고유명사는 지시어뿐만 아니라 구성요소의 의미에서 파생된 구성적 의미도 갖고 있으므로 그에 따라 번역될 수 있다.

구성적이지 않은 의미적으로 불투명한 고유명사 ECR, 즉 좀 더 전통적인 의미에서 고유명사에 관해서 살펴보면, *John*이 예시하는 이름과 *Napoleon*이 예시하는 이름 사이에는 중요한 구별점이 있다. *John*과 같은 총칭 고유명사는 개별적인 지시어만 가지고 있으며, 어떤 사람들이 우연히

---

[29] 이러한 관찰은 웁살라 대학의 Erik Smitterberg 박사 덕분이다.

존이라고 불리면서 다소 자의적으로 수립된 것이다. 나폴레옹Napoleon 같이 잘 알려진 지시체의 고유명사들은 문화적 문해력이 있는 언어 사용자들의 백과사전적 지식에 저장된 것이다. 이러한 지식은 나폴레옹이라는 단어를 둘러싼 비슷한 의미 관계가 수립될 수 있다는 점에서 언어적 지식과 유사하다. *Napoleon*의 상위어는 '황제'가 되고 *Napoleon*의 동의어 표현은 *the first emperor of France*(프랑스의 초대 황제)가 된다. 나폴레옹 보나파르트는 모계 성을 따르고 있다. *Napoleon*은 다른 키 작은 사람이나 권력을 갈구하는 독재자 돼지Orwellian pigs라는 별명으로 불릴 수도 있다는 점에서 다의적이라고 할 수도 있다. 그리고 그의 이름을 딴 사람, 개, 선박의 경우 동음이의어라고 할 수 있다. 이러한 '준의미 관계quasi-sense relations'와 보통 명사의 진정한 의미 관계 사이의 중요한 차이점은 이 모든 관계가 *Napoleon*이라는 언어적 기호가 아니라 지시체 나폴레옹에 관한 것이라는 것이다. *Napoleon*이라는 언어적 기호가 지니고 있고, 프랑스의 초대 황제 및 같은 이름의 개로 공유되는 어떤 의미는 Lyons(1995: 295)가 말하는 "그 이름 주위에 군집하는 다수의 공유된 연상과 함축"에 해당한다. 그럼에도 불구하고 번역에서는 *Napoleon* 같은 언어적 표현이 백과사전적 지식을 기반으로 한 언어적 변형을 겪는다. 이는 언어적 지식과 백과사전적 지식의 유사성, 즉 준의미 관계가 번역에서 활용된다는 것을 의미한다. 예를 들어보면 이것을 좀 더 확실히 할 수 있다. 〈마지막 보이 스카우트*Last Boy Scout*〉의 예 (3.15)에서, 주인공 중 한 명인 지미를 교묘하게 추적한 사라를 지미는 다음과 같이 언급하고 있다.

(3.15) Nancy fucking Drew

스웨덴어 자막:

en flickdetektiv

역번역:

a girl detective   (〈마지막 보이 스카우트〉 1.08.21)

생략된 비속어를 무시한다면, (3.15)에서 발생한 번역상의 변이는 *Nancy Drew*라는 고유명사가 상위어로 대체되었다는 것이다. 허구의 *Nancy Drew*는 실제로 소녀 탐정 부류에 속하게 된다. 언어적 기호의 지시체는 ST보다 TT에서 더욱 일반적이다. 이러한 예문은 전통적으로 언어 체계의 일부로 간주되지 않는 고유명사조차도 의미가 없기 때문에 준의미 관계에 기반한 변형을 겪을 수 있음을 보여준다. 따라서 단순성을 위해 '의미 관계'와 '준의미 관계'의 개념이 융합될 것이고, '의미 관계'라는 용어와 '하위어' 및 '부분어'같은 관련 용어도 (3.15)에 제시된 유형의 준의미 관계를 포함할 것이다.

　　고유명사에 관한 또 다른 복잡한 문제는 특정한 고유명사는, 특히 문학에서, 고유명사 *Grace*와 보통명사 *grace*와 같이 말장난의 형태로나, 해리포터에서 *Slytherin*의 비열하게 사악한 집(예: Rowling 1997: 88 참조)과 같이 음성미학적 형태로 의미를 실제로 전달할 수 있다는 것이다. 물론 전부 다가 그런 것은 아닐지라도 고유명사 대부분은 어원학적으로 의미를 지니는 어근으로 거슬러 올라갈 수 있다. 그러나 Manini(1996: 162)가 지적하듯이, 이름은 대체로 불투명하지만, 예외적으로 *The Financial District*처럼 새로 만들어진 제도적 혹은 지리적 명칭을 포함해 의미적으로 투명한 *Grace*, *Faith*, 그리고 *Baker*나 *Farmer* 같은 앵글로색슨계 성과 같은 경우도 있다.

　　Manini는 Hermans(1988)를 바탕으로 자신이 말하는 '의미 있는 문학적 이름'에 대한 연구를 수행했는데, 이는 기본적으로 방금 언급한 종류의 것이다. Manini는 보통명사와 구분되는 고유명사의 네 가지 속성을 열거한다.

i. 고유명사는 일반적으로 형태론적 규칙의 지배를 받지 않는다. [. . .]

ii. 고유명사에는 동의어가 없다

iii. 보통명사의 주요 과제는 분류하는 것이지만, 고유명사의 주요한 과제는 식별하는 것이다. 고유명사는 어떤 기술적 내용이나 함축을 전달하지 않는다 [. . .]

iv. 다시 말해, 고유명사는 동기가 전혀 없는 것으로 표시된다.

(Manini 1996: 161f)

이러한 네 가지 명제는 *John* 같이 의미 없는 총칭 명칭에 대해서는 상당히 옳다. 그러나 *Napoleon*처럼 대다수 사람들의 백과사전적 지식에 뿌리를 둔 지시체의 이름에는 적용할 필요가 없다. Manini가 스스로 인정하듯이, 첫 번째 기준은 부분적으로만 사실이다. 소유격과 복수형에 적용되는 것처럼 고유명사에도 적용되는 규칙이 있는데, 우리가 살펴본 바와 같이, 라트비아어 같은 언어에서는 성별 형태론이 고유명사에도 적용된다. 두 번째 속성의 경우, 고유명사는 특정한 상호언어 간 어원적 동의어를 갖고 있는데, 예를 들어 필자의 이름 Jan은 John과 유사 동의어다. 더 중요한 것은 나폴레옹처럼 잘 알려진 이름에는 동의어 구문이 많은데 프랑스의 첫 번째 황제를 가리킬 때 '프랑스의 초대 황제'와 같은 경우가 그러하다. 세 번째 속성의 경우, *Napoleon*에는 공유된 함축이 여럿 있음을 이미 살펴보았다. 그리고 네 번째 속성으로, 유명인의 고유명사는 "동기가 전혀 없는 것으로 표시"되지

복되는 영역이 많은데, 특히 고유명사와 정부나 교육 같은 영역 사이에 중복이 많다. 이는 다른 영역들 간의 세분화 차이 때문에 본 목록이 분류법 자체가 되는 것은 아니라는 사실에 일부 영향 받은 것이다. 하지만 위에 열거된 영역은 자막제작에서 특정 행동유형을 설명하는 데 도움이 되고, 영역이 중복된다는 사실은 실제로 설득력을 높일 수 있다. 그래서 그 목록이 사회의 영역을 전반적으로 설명하는 데 불충분하다고 보일지 몰라도, 그것은 자막제작 행위에 대한 설명 도구로써의 기능은 매우 잘 수행하는데, 이것이 결국 우리가 여기서 탐색하려는 바다.

중복되는 영역을 다루기 위해서는, 다기능적이고 내재된 ECR의 개념에 의존하는 것이 도움이 된다. 하나의 ECR이 둘 이상의 영역에 동시에 속할 수 있는 방법을 설명하기 위해 이 개념들을 소개한다. 다기능 ECR은 다양한 층위에서 여러 영역에 속하는 ECR이다. 다기능적 ECR의 한 가지 예는 위의 *Nancy Drew*(3.15)이다. 한 층위에서는 인명으로 사람을 지칭하는 기능을 갖고, 또 다른 층위에서는 문학의 영역에 속하면서 상호텍스트적 암시를 불러일으키는 기능이 있다. 내재된 ECR은 다른 ECR 내에 중첩된 ECR이다. 내재된 ECR의 예로는 *an Edwardian governess*(6.12)의 ECR에서 *Edwardian*이 해당된다. 다기능 ECR도 그 안에 다른 ECR이 내재될 수 있다는 것은 말할 것도 없다.

다기능 ECR을 유발하는 영역의 중복은 후속 연구에서 탐색하려는 자막제작 행위 행동을 설명하는 데 도움이 된다. 해당 연구에서는 다기능 ECR인 *José Feliciano*가 논의되는데 그것은 인명과 엔터테인먼트 항목에 둘 다 속한다. 그가 자막에서 어떻게 번역되는지는 두 영역 중 어떤 영역이 해당 맥락에서 얼마나 더 관련 있는지에 달려있다. 만약 그 자신이 관련된 지시어라면 그의 이름은 재현되어야겠지만, 만약 그가 음악 산업의 일부로서만 언급된다면, 자막 번역사가 이 ECR을 처리하는 데 선택지가 많아지게 된다.

3.3 ECR이 발견되는 지점과 그 이유

이제 ECR을 ST에서 어떻게 찾을 수 있는지 정의하고, 운용하고, 논의했으므로, ECR을 처리하는 문제로 눈을 돌리기 전에 ST에서 ECR에 대한 실제 데이터를 살펴봐야 할 시점이 되었다. ECR이 ST에서 어떻게 분포되어 있는지를 보면 ECR의 성격과 그것이 다중기호적 텍스트에서 어떻게 기능하는지에 대해 많은 것을 알 수 있다. 이를 위해 스칸디나비아 자막 코퍼스의 데이터를 살펴볼 텐데 이것은 보통의 TV 장면을 대표하도록 수집된 것으로, 수록된 ST는 일반적인 ECR 분포를 대표할 것이다. 코퍼스에는 영화 50편과 TV 시리즈 50화가 수록되어 있다. 코퍼스에 대한 자세한 내용은 6.1절을 참조하도록 한다.

ECR의 분포에 대한 첫 번째 일반화는 다소 명백한데, ECR의 분포와 다발화성verbosity[30] 사이에 연관성이 있다는 것이다. 텍스트에 대화가 더 많이 포함될수록 대화에 ECR이 더 많이 나타날 가능성이 크다. 안타깝게도 스칸디나비아 자막 코퍼스에는 ST 스크립트가 많이 포함되어 있지 않기 때문에, 텍스트의 다발화성은 간접적으로 측정되어야 하는데, 말하자면 자막 개수를 통해서다. 이러한 측정법은 다발화성을 측정하는 데 있어 완벽한 수단이

---

[30] 이 맥락에서의 "다발화성"이란 텍스트별로 얼마나 많은 단어가 있는지를 나타내는 척도를 뜻하며, 경멸적인 의미를 내포하는 것은 아니다.

되지는 못하는데, 자막은 빠른 대화를 하는 텍스트와 느린 대화를 하는 텍스트 간의 차이를 줄이는 경향이 있기 때문이다. 또한 대화 밀도가 낮은 텍스트는 대화 밀도가 높은 텍스트보다 한 줄 혹은 채워지지 않은 두 줄 자막을 더 많이 가지는 경향이 있어서 자막의 수로 다발화성을 측정하는 방법에는 다소 결함이 있다. 그럼에도 불구하고, 본 연구의 목적에 충분히 적합한 텍스트의 다발화성에 대한 추정치는 제공한다. ECR의 분포와 다발화성 간의 상관관계는 표 3a에 나타나는데, 좌측에는 ECR의 발생순으로 상위 15개 영화를, 우측에는 자막 수 기준 상위 15개 영화를 순위별로 나열하였다. 자막 수는 스웨덴어와 덴마크어 버전의 평균치이다.

표 3a. ECR 수와 자막수별 상위 15위 영화

ECR 상위 15위 영화	자막 수 상위 15위 영화
90 다이하드 3(Die Hard 3)	1,358 조 블랙의 사랑(Meet Joe Black)
78 칵테일(Cocktail)	1,162 LA 컨피덴셜(L.A. Confidential)
68 포레스트 검프(Forrest Gump)	1,129 이보다 더 좋을 순 없다(As Good As It Gets)
62 코요테 어글리(Coyote Ugly)	1,120 포레스트 검프(Forrest Gump)
60 시애틀의 잠 못 이루는 밤(Sleepless in Seattle)	1,100 사랑을 위하여(For Love of the Game)
55 노팅 힐(Notting Hill)	1,058 미트 페어런츠(Meet the Parents)
48 LA 컨피덴셜(L.A. Confidential)	1,041 미드나잇 런(Midnight Run)
47 도망자(The Fugitive)	1,040 다이하드 3(Die Hard 3)
46 고질라(Godzilla)	1,032 노팅 힐(Notting Hill)
44 사랑을 위하여(For Love of the Game)	1,031 왓 위민 원트(What Women Want)
44 마지막 보이스카웃(The Last Boy Scout)	867 본 콜렉터(The Bone Collector)
43 스트라이킹 디스턴스(Striking Distance)	856 쥬라기 공원(Jurassic Park)
42 본 콜렉터(The Bone Collector)	854 문스트럭(Moonstruck)
41 내 남자친구의 결혼식(My Best Friend's Wedding)	840 내 남자친구의 결혼식(My Best Friend's Wedding)
40 베스트 키드(Karate Kid)	826 베스트 키드(Karate Kid)

표 3a의 두 목록을 비교해 보면, 두 목록(선) 모두에서 총 8편의 영화가 반복된다는 것을 알 수 있는데, 따라서 예상대로 다발화성과 ECR의 빈도 사이에는 연관성이 있는 것으로 보인다. ECR별 상위 10개 영화 중 5개에서 영화 제목에 ECR—*Coyote, Seattle, Notting Hill, L.A., Godzilla*—이 있음을 확인할 수 있다. 이러한 비교 내용을 좀 더 타당하게 하기 위해 ECR과 자막수별 하위 15개 영화를 표 3b에 제시한다.

표 3b. ECR수와 자막수별 하위 15위 영화

	ECR 하위 15위 영화		자막 수 하위 15위 영화
21	데이라잇(Daylight)	642	인디아나 존스: 최후의 성전 (Indiana Jones & the Last Crusade)
20	매디슨 카운티의 다리 (Bridges of Madison County)	639	마스크(The Mask)
20	쥬라기 공원(Jurassic Park)	626	호건과 사라(Two Mules for Sister Sara)
19	엔트랩먼트(Entrapment)	624	폴리스 아카데미(Police Academy)
19	실종자(Frantic)	620	버티칼 리미트(Vertical Limit)
18	007 두 번 산다(You Only Live Twice)	617	스파이 하드(Spy Hard)
16	이보다 더 좋을 순 없다(As Good As It Gets)	612	스트라이킹 디스턴스(Striking Distance)
16	나는 네가 지난여름에 한 일을 알고 있다 (I Know What You Did Last Summer)	610	007 골든 아이(Golden Eye)
15	마스크(The Mask)	604	나는 네가 지난여름에 한 일을 알고 있다 (I Know What You Did Last Summer)
14	문스트럭(Moonstruck)	582	브로큰 애로우(Broken Arrow)
13	아나콘다(Anaconda)	541	007 두 번 산다(You Only Live Twice)
13	인디아나 존스: 최후의 성전 (Indiana Jones & the Last Crusade)	536	피아노(The Piano)
13	피아노(The Piano)	520	007 골든 핑거(Goldfinger)
12	호건과 사라(Two Mules for Sister Sara)	494	아나콘다(Anaconda)
10	스티그마타(Stigmata)	480	왓쳐(Watcher)

표 3b의 목록은 다발화성과 ECR의 빈도 사이의 연관성을 입증한다. 하위 15개 영화 중 총 일곱 편이 두 목록에 모두 등장한다. 하지만 연관성은 그리 단순하지 않으며, 예측가능성이 크다고는 주장할 수 없다. 이는 자막으로 상위 15개 목록에 오른 영화 세 편―〈쥬라기 공원〉,[31] 〈이보다 더 좋을 순 없다〉, 〈문스트럭〉―이 ECR로는 하위 15위에 있다는 사실에서 알 수 있다. 〈이보다 더 좋을 순 없다〉의 경우가 특히 눈에 띄는데, 이 영화는 대화 수는 상당하지만 ECR은 거의 없다. 즉 다발화성과 ECR의 빈도 사이에 어느 정도 연관성은 있지만, 반드시 그런 것은 아니다.

장르genre 역시 ECR 분포에 영향을 미친다. ECR에 친화적인 것으로 보이는 특정 장르와 ECR을 많이 사용하지 않는 장르가 있다. ECR은 텍스트와 세계 간의 연결이라고 할 수 있기 때문에, ECR의 분포와 텍스트의 관점 사이에는 연관성이 있다. 어떤 장르는 적어도 어느 정도는 각자의 세계를 창조한다는 점에서 내향적이라고 할 수 있다. 그러한 장르의 전형이 공포 영화일 텐데, 그렇기 때문에 표 3b의 ECR 목록에 포함된 하위 여덟 편 중 공포 영화가 세 편―〈나는 네가 지난여름에 한 일을 알고 있다〉, 〈아나콘다〉, 〈스티그마타〉―있는 것도 당연하다. 어드벤처 영화도 자신의 세계를 창조하는 경향이 있으며, 코퍼스에 포함된 어드벤처 영화 세 편 중 두 편―〈인디아나 존스: 최후의 성〉, 〈쥬라기 공원〉―이 목록의 하위 13위에 속한다. 드라마가 액션 중심보다 특히 인물 중심이면 역시 외부 세계와의 연관성이 거의 없는 경향을 보인다. 그래서 〈피아노〉와 〈문스트럭〉―후자는 드라마나 코미디로 분류될 수 있음―이 최하위에 가까이 있음을 알 수 있다. 서부

---

31 〈쥬라기 공원〉에 나오는 여러 종류의 공룡 이름은 영어권 ECR로 볼 수 없으므로 예문으로 추출되지 않았다.

영화의 경우 서부가 아닌 세계에 대해서는 언급이 거의 없는 경우가 많기 때문에, 서부 영화 〈호건과 사라〉가 최하위에 가까이 있는 것도 그리 놀라운 일이 아니다. 반면 액션, 범죄, 코미디, 로맨스 같은 주류 영화들은 ECR을 많이 포함하는 경향이 있다. 이러한 장르는 텍스트의 외부세계와의 연결고리가 더 많기 때문에 더 외향적이라고 할 수 있다. 표 3a의 목록의 상위 15위 중 13편이 이러한 장르에 해당한다. 따라서 ECR의 분포와 장르 사이에 연관성이 있다. 하지만 상위 15개 영화 중 드라마가 속하거나, 외향적인 장르가 최하위에 있는 경우도 있어서 이러한 연관성은 그리 단순하지 않다.

만일 다발화성과 장르만이 중요한 유일한 요소라면, ECR의 분포를 예측하는 것은 상당히 쉬울 것이다. 이는 스칸디나비아 **자막** 코퍼스에 있는 자료에서 꽤나 쉽게 시험해 볼 수 있다. TV 시리즈로 구성된 코퍼스 부분은 여러 편의 에피소드가 있는 TV 시리즈의 예시를 많이 포함하고 있기 때문에 연구목적에 부합한다. TV 시리즈는 회차별로 장르가 같고, 길이가 (거의) 같으며, 대화량도 비슷할 것으로 예상할 수 있다. 즉 영화에서 ECR 분포를 결정하는 데 가장 큰 영향을 미치는 것으로 보이는 매개변수가 TV 시리즈 에피소드에서는 일정하게 유지된다.

TV 시리즈에서 ECR에 대한 논의의 출발점으로, ECR 분포에 관한 몇 가지 두드러진 사실을 표 3c에 요약하였다.

표 3c. TV시리즈의 ECR 분포 데이터

제목	장르	회차 수*	평균 길이 (분)	회차별 평균 ECR	ECR/시
24	액션	4	42	9	13
밴드 오브 브라더스	전쟁	7	60	15	15
60분	다큐멘터리	3	47	40	51
폴티 타워즈	코미디	12	30	13	26
프렌즈	코미디	7	22.5	8	21
매쉬	코미디	4	24	21	53
미드소머 머더스	범죄	3	99	19	12
더 오피스	코미디	5	29	20	41
사하라	다큐멘터리	1	56	19	20
심플 라이프	리얼리티 쇼	4	28	11	24

* 회차 수는 전체 회차가 아니라 스칸디나비아 자막 코퍼스에 포함된 회차 수를 말함.

표 3a는 코퍼스에 포함된 TV 시리즈에 관한 다양한 관련 데이터를 보여준다. 각 시리즈에 대해 가장 관련성이 높은 수치는 마지막 열에 표시된 값인 시간당 ECR 개수이다. 이것은 각 시리즈별로 비교값을 측정하기 위해 계산한 외삽된 수치다.

표 3c의 데이터로 판단할 때, 소설과 논픽션 사이에는 명확한 경계가 없는 것 같다. 어떤 의미에서는 ECR은 〈60분〉에서 가장 중요한 부분이므로, 그 프로그램의 평균 ECR 수가 다른 시리즈물의 거의 두 배에 이르더라도 그리 놀라운 일이 아니다. 그러나 논픽션이기도 한 〈사하라〉와 〈심플 라이프〉는 평균적인 시트콤보다 더 많은 ECR을 포함하지는 않는다. 영화에 관한 연구 결과에서는, 액션 시리즈물 〈24〉가 상당수의 ECR을 포함할 것으로 예상되지만, 실제로는 그렇지 않았다. 전쟁과 범죄 장르도 ECR에서 매우 낮게 나타났지만, 여기서 정말 흥미로운 장르는 코미디다. 이 장르에서는 예상할 수 있는 것보다 훨씬 더 많은 변이가 확인된다. 영화에 관한 연구 결

과에서, 코미디 장르는 꽤 많은 ECR을 포함할 것으로 예상된다. 〈매쉬〉와 〈오피스*The Office*〉가 그러한 경우지만, 〈프렌즈〉와 〈폴티 타워즈〉는 ECR이 비교적 적었다.

　다시 말해, 앞서 영화의 조사에서도 확인했듯이 이러한 장르는 ECR의 분포가 왜 그렇게 보이는지에 대해 완전한 해답을 주지 못한다. 더 많은 것을 밝힐 수 있는 방법은 코퍼스의 TV 시리즈 섹션에서 나온 데이터를 사용하여 다른 조건이 동일하다는 전제 하에 조사하는 것인데, 바꿔 말하면 길이, 다발화성, 장르, 제작자 등이 결국 전부 혹은 거의 동일한 각 시리즈의 에피소드에서 ECR이 어떻게 분포되어 있는지를 보는 것이다. 그림 C는 코퍼스에 속한 시리즈 별로 확인된 ECR 분포의 범위를 보여준다.

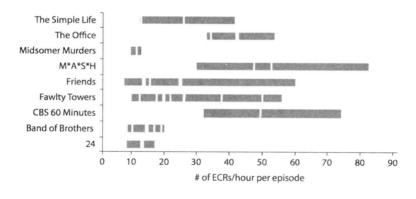

그림 C. TV시리즈의 회차별 ECR 분포

그림 C의 회색 막대는 TV 시리즈별 '시간당 ECR 개수'(ECR/시)의 범위를 보여준다. 각각의 막대는 에피소드에서 시간당 ECR의 최저치로 시작해 최고치로 끝난다. 막대사이의 흰 실선은 중간 에피소드를 나타내고, 선이 두꺼

울수록 에피소드의 일치율이 높음을 나타낸다.

그림 C에서 알 수 있듯이, 회차별 시간당 ECR 개수 분포가 일부 TV 시리즈-〈미드소머 머더스〉, 〈밴드 오브 브라더스〉, 〈24〉-에서는 상당히 안정적이지만, 대부분의 시리즈물에서 분포 범위는 모든 형태의 예측 가능성을 기각한다. 예를 들어 표 3c의 데이터에서, 〈심플 라이프〉는 〈오피스〉보다 회당 ECR이 절반에 불과할 것으로 예상되지만, 그림 C에서 나타나듯이, 중복이 너무 많아서 그러한 결론을 장담할 수 없다. 이는 한 TV 시리즈의 에피소드별로 장르, 다발화성 및 다른 모든 요소들이 일정하게 유지되더라도 ECR은 왜 그렇게 분포되는지에 대한 신빙성 있는 해답을 얻을 수 없음을 뜻한다.

따라서 다발화성과 장르 같은 일반적인 요소들이 한 텍스트에서 찾을 수 있는 ECR의 개수에 영향을 미친다는 것을 확인했지만, 그것들이 완전한 해답을 제공하지는 않는다. 대신 ECR의 분포는 텍스트 수준에서 신뢰도가 가장 높은 것으로 보인다. 각 개별 텍스트는 다발화성이나 장르에서 ECR의 개수를 일부 얻을 수 있지만, ECR 분포를 완전하게 설명하기 위해 본문의 주제와 내부 구조가 고려될 필요가 있다. 예를 들어, ECR이 가장 많은 영화인 〈다이 하드 3〉가 많은 수의 ECR을 포함하게 된 이유를 액션 영화인 점, 길이(131분), 다발화성(1,040자막)에서 각각 일부 찾을 수 있다. 하지만 일위가 된 가장 중요한 이유는 영화의 구조와 플롯에서 비롯된 것이다. 악당인 이 영화의 주인공들을 뉴욕 곳곳에서 추격전을 벌이는데, 그로 인해 뉴욕의 다양한 지명의 ECR이 발생하게 된다. 다른 예로는 〈칵테일〉이 있는데, 로맨스 외에도 칵테일을 만들어 주는 것이 주된 내용인데, 각각의 칵테일은 ECR을 구성하는 명칭을 갖고 있다. 〈포레스트 검프Forrest Gump〉에서는 주인공이 모험을 하며 미국의 유명인과 장소를 많이 접하게 된다.

TV 시리즈 측면에서 볼 때, 〈폴티 타워즈〉는 전반적으로 영국 문화 생활 등에 대한 풍자적인 언급이 많이 포함되어 있다. 하지만 2화 "건설자The Builders"의 줄거리는 외부 세계에 대한 언급이 거의 없고, 호텔을 개조하려는 바질 폴티의 노력이 좌절되는 것이 주된 내용이다. 이로 인해 ECR이 5개만 발생하는데, 이는 그림 C에 제시된 바와 같이 시리즈 평균 13개나 최대 28개와 차이가 크다. 정반대의 예는 〈프렌즈〉로 이 작품은 매우 글로벌한데, 시나리오 작가들이 수출 시장을 염두에 두고 의도적으로 그렇게 만들었을 수도 있을 것이다. 〈프렌즈〉의 회당 평균 ECR 수는 여덟 개지만, 시즌 9의 15화 "강도 사건The One With the Mugging"에는 무려 22개가 포함됐는데 그림 C에서 보듯이 코퍼스의 2위인 〈프렌즈〉 에피소드보다 13개나 더 많다. 이는 광고, 만화, 텔레비전 등의 주제를 다루면서 많은 ECR을 요구하는 에피소드의 하위 줄거리 때문이다. 이 단일 에피소드는 〈프렌즈〉의 시간당 ECR 수치를 〈폴티 타워즈〉에 근접하는 수준으로 끌어올리는 효과가 있다 (표 3c 참조).

이는 ECR을 영화나 TV 프로그램이 얼마나 문화적인지에 대한 척도로 볼 수 없다는 것을 알려준다. 예를 들어 〈피아노〉가 그리 문화적인 영화가 아니라고 말할 사람은 별로 없겠지만 ECR에 관해서는 거의 최하위 수준이다. TV 시리즈의 경우, 영국 코미디는 미국 코미디보다 더 '지역적'이라고 여겨지는 경우가 많다. Gottlieb(2009)는 이러한 차이를 다음과 같이 지적한다.

주제에 있어, 어떤 영화(와 TV) 장르는 다른 장르보다 더 "지역적"이라서, 번역에 적합하지 않을 수도 있다. 그러한 한 예로, 풍자적인 영국 TV 프로그램들은 비록 해외에서 열광적인 반응을 얻기는 했지만, 자막이 해외의 관객들에게 전달되는 점 때문이라기보다는 오히려 그러한 점에도 **불구**하고 인기를 얻었다.

이 점에 있어서는 Gottlieb가 옳다는 증거가 있다. 아마도 가장 눈에 띄는 것은, 몇몇 성공적인 영국 TV 시리즈(예: 〈오피스〉)가 그대로 수입되지 않고 미국 TV 문화에 호소하기 위해 미국 버전으로 만들어졌을 것이라는 점이다. 그렇지만 미국의 〈매쉬〉가 모든 TV 시리즈 중에서 ECR이 가장 많고, 영국의 〈폴티 타워즈〉는 보다 의식적으로 글로벌한 〈프렌즈〉보다 많지 않다는 것을 알게 되었다. 이 모든 것은 ECR을 연구하는 가치가 ECR이 ST의 문화 척도로 사용되는 것에서 비롯되지 않음을 의미한다. 결국 ECR은 대본 작가가 지시 그리고/혹은 암시의 목적으로 필요할 때마다 사용되며, 그 이상으로 영화나 TV 프로그램에 미치는 문화적 영향은 제한적이다. 다중기호적 텍스트를 통해 문화가 어떻게 받아들여지는가는 텍스트가 개별 ECR을 얼마나 갖고 있는가 하는 문제보다 훨씬 더 복잡한데, 이는 대부분의 문화적 메시지가 특별히 비언어적인 시각 채널을 통해 전달되기 때문이다. 오히려 ECR을 연구하는 것의 가치는 번역에서의 행위에서 비롯되는데, 이는 (그 수치가 충분히 크다면) 자막제작 행위에 대해 많은 것을 말해줄 수 있다.

Chapter 4

번역 전략: 어떻게 번역되는가

ECR의 구성요소를 규명해 보았으니, 이제 자막 번역사가 TT에서 ECR을 어떻게 번역하는지, 즉 TT 청중이 ECR을 접할 수 있도록 하기 위해 어떤 번역 전략을 사용하는지 논의해 볼 차례가 되었다.

Gambier(2010: 412)와 Chesterman(2005)이 번역 행위의 과정이나 최종 결과를 기술하는 데 약 12개의 용어를 나열할 수 있다는 것은 번역학의 메타언어적인 상태를 나타내는 것인지도 모른다. 이 중 일부는 '변이'와 같은 최종 결과에 초점을 맞추고 있는 반면, 다른 것들은 '전략'과 같이 과정에 초점을 둔다. 본 저서의 토대가 되는 데이터의 경우, 프로세스의 최종 결과, 즉 결합 쌍 비교를 통해 프로세스가 간접적으로 관찰되므로 여기서 그러한 구별을 할 필요도 없고 구별이 가능하지도 않다. '번역 전략'이 아마도 가장 확립된 용어일 것이며, 따라서 이후 논의되는 바와 같이 ECR 렌더링을 위한 모든 전략에서 번역이 수반되는 것은 아니기 때문에 오해의 소지가 약간 있지만 이번 장의 표제로 사용하기로 한다. 번역 전략이라는 복합어의 앞부분에 오해의 소지가 있지만, 뒷부분에 논쟁의 여지가 훨씬 더 많다. 번역에서 일반적으로 '전략'이라고 불리는 것이 무엇인지 고려해보면, 그것들이 Toury가 "텍스트-언어적 규범textual-linguistic norms"(2.4.1절 참조)이라고 부르는 것과 관련된 선택지를 기술한다는 것을 알 수 있는데, 그러한 예로 '보존', '생략' 혹은 '일반화' 등이 있다. 하지만 군사 용어에 기반한 은유를 일관되게 사용한다면, 번역 문제에 대한 미시적 수준의 해결책과 관련이 있기 때문에 이러한 선택사항은 '번역 전술'이 될 것이다. '번역 전략'은 전체 텍스트를 자국화 혹은 이국화 방식으로 번역할지 등, 즉 Toury의 "기본 규범inital norm"에 있는 선택지와 같이 최우선시 되는 포괄적 수준의 결정에 대해 적절하게 사용되어야 한다. 이러한 체계는 Gambier(2010: 417, Gambier 2008b 기반)도 제안한 바인데, 이는 포괄적인 의사 결정에 대해서는 '방법method'을, (인지 과정에 대해서는) '전략strategy' 및 (텍스트 절차에 대해서는) 국소적인 의사 결정 '기법technique'을 제안한 Chesterman(2005: 26-27)과는 대조를 이룬다.

하지만 번역학 분야에서는 국소적 차원의 문제 해결을 기술하는 것을 나타내는 '번역 전략'을 사용하는 것이 상당히 고착되어 있기 때문에, 용어 문제에 대해서는 (Gambier보다는) Chesterman이 제안한 방안을 따르고자 한다. 따라서 기본적으로 용어라는 가상의 적과 싸워 독자를 혼란스럽게 하기보다는 포괄적인 결정은 '방법'으로 국소적 문제해결과정은 '전략32으로

---

32 그렇게 함으로써, 실제로 Chesterman이 사용하는 '전략'과 '기술'을 융합하고 있는데, 후자는 틀림없이 중복되기 때문이다(Marco 2007: 261 참조). 전략에 의해 표현되는 정신적 과정은 거의 항상 사고발화 프로토콜(think-aloud protocol)이나 좀 더 일반적인 "결과물 대 결과물 비교의 결과"(Gambier 2010: 414)라는 간접적인 재현을 통해 도달할 수 있는데, 여기서는 후자에 해당한다.

부르겠다. 대안으로는 Zabalbeascoa(2000)의 해결책 유형solution-type과 같이 좀 더 중립적인 용어를 사용하는 것이겠지만, Marco(2007: 263)가 지적하듯이 이 용어는 번역학에 적용되지 않았다. 한 가지 대안은 새로운 용어를 고안하는 것이지만, ECR이라는 용어를 이 분야에 도입함으로써, 이미 충분히 용어적면에서 손상을 입혔을 것이다.

번역 전략은 주로 문제가 되는 영역, 즉 번역 문제를 다루기 위해 사용되는데, Chesterman이 말한 것처럼 "[. . .] 번역사가 번역 과정에서 일시적인 어려움을 극복하는 방법으로써 전략에 의존하는 것은 주로 문제점에 봉착했을 때라고 가정하는 것은 타당해 보인다"(1997: 89f). 번역 전략은 번역 규범을 찾으려는 모든 연구의 핵심이다. Hermans의 표현에 따르면, "규범은 역량competence과 성과perfomance 사이의 중간 수준에서 작동하며, 여기서 역량은 번역사가 재량껏 사용할 수 있는 선택의 집합을 의미하며, 성과는 실제로 선택된 선택의 집합을 가리킨다"(1999: 75). 여기서 Hermans가 말하는 선택이란 번역 전략의 예시들이다. 규범은 번역사가 실제로 어떤 선택을 사용하고, 어떤 맥락에서 어떤 빈도로 어떻게 사용하는지를 기술한다. 따라서 연구자가 실제 번역 절차의 규범을 밝히는 데 관심이 있다면, "[. . .] 전략은 특정 종류의 절차적 지식과 관련된 쉽게 접할 수 있는 기술적 지식을 구성한다"(Chesterman 1997: 92).

Chesterman이 원래 사용한 "전략"은 대단히 전통적인데, "내가 사용하고자 하는 의미에서의 전략이란 명시적인 텍스트 조작의 형태로, 원천 텍스트와 비교해 번역 제품 자체에서 직접 관찰할 수 있다"(1997: 89, 원문 강조, 이후 2005년 용법과는 약간 다르다는 점에 유의할 것). 즉, 전략은 ST-TT 관계의 분석에서만 확인된다. 하지만 전략에 의한 모든 변화는 ST-TT 관계에서 직접 관찰할 수 있지만, 다른 관계—특히, TT와 세계의 관계뿐만 아니라 TT와 TL로 된 원문과의 관계, TT와 TT 청중 및 ST와 TT 청중과의 관계—에 의해 야기되고 영향을 받는 경우가 많다(Lambert & van Gorp 1985 참조).

2.5절에서 설명했듯이, 전략은 번역 해결책을 담고 있는 구체적인 데이터 층위로부터 추상화의 첫 번째 단계다. 번역 전략이란 ST에서 TT로 가는 동일하거나 적어도 유사한 과정을 통해 도달한 것을 기반으로 번역 해결책[33]을 분류할 수 있는 범주다. 번역 전략과 같은 범주는 거의 예외 없이 분류법, 즉 범주의 포괄적이고 배타적인 관계를 포함하는 계층 구조—인문학의 범주 간에 거의 항상 어느 정도의 모호함이 있다 하더라도—로 제시된다.

필자는 ECR을 목표 텍스트로 전환하기 위한 자막제작 전략의 분류방법을 적절히 구성하기 위해, (i) 번역 전략에 대한 이전의 분류법과 (ii) 스칸디나비아 자막 코퍼스의 도움을 받았다. 코퍼스의 실제 데이터는 (i)와 (ii)가 상충할 때마다 분류법을 구성하는 주요 도구가 되었는데, 그와 반대였다면 지도를 현실에 맞게 조정하기보다는 현실을 지도에 맞추는 꼴이었을 것이다.

4.1 번역 전략의 분류법

이번 절에서는 번역 전략에 대한 이전의 분류법에 대한 논의가 포함되어 있으며, 다음 절에서는 자막 TT에서 ECR을 번역하기 위해 구성된 분류법에 대하여 좀 더 포괄적으로 제시하기로 한다.

---

[33] Zabalbeascoa의 "해결책 유형"

이런 종류의 분류법을 구성할 때 일반적인 경향은 원천 지향 대 목표 지향이라는 어느 한 축을 따라 전략을 마련하는 것이다. 이러한 축의 양극단에 대한 명칭은 저자마다 다른데 한 쪽은 이국화foreignizing(Venuti 1995), 이국적exotic(Gottlieb 2009), 충분한adequate(Toury 1995), 직역literal 혹은 형식적formal(Nida 1964) 번역이라 불리고 반대쪽은 자국화domesticating(Venuti 1995), 수용 가능한acceptable(Toury 1995), 자유역free, 동태적dynamic(Nida 1964) 번역이라고 한다. 2.4.1절에서 지적한 바와 같이, 여기서는 '원천 지향'과 '목표 지향'이라는 보다 중립적인 용어를 사용할 것이다. 흥미롭게도, 원천 지향적인 쪽은 으레 왼쪽이고, 목표 지향적인 쪽은 이러한 분류법에서 오른쪽을 차지하는 경우가 많다. 물론 이러한 맥락에서 좌우는 순전히 자의적인 것이므로 이것이 왜 그런지 궁금하기 마련이다. 이는 매우 영향력 있는 분류 체계를 정리한 Vinay & Darbelnet(1958/2000)의 영향 때문일 수도 있고, 라틴 문자가 왼쪽에서 오른쪽으로 읽히고 또 일반적으로[34] 번역은 원천 텍스트에서부터 시작되는데 이것이 왼쪽에 배치되어서일 수도 있다.

본고의 상당 부분의 토대가 되는 논문(Pedersen 2007a)에서 서로 다른 이전의 분류법 14개를 면밀히 살펴보았고 관련된 각각의 전략과 내외부적 관계 및 장단점을 기술하였다. 독자에게 도움이 되고 지면을 아끼기 위해, 여기서는 상세한 설명은 자제하고 이전 연구들을 간략하게 요약만 하겠다.

필자가 면밀히 조사한 분류법들은 여러 저자들이 다른 목적을 위해 구성한 것이다. 따라서 좋은 분류법의 구성요소가 무엇인가에 대한 그들의 기준과 가정은—좀처럼 명시되어 있지 않고(Gambier 2010: 413 참조)—각자의 연구 목적만큼이나 다양했다. 이러한 명백한 절충론을 사용하는 이유는 가

---

[34] Toury가 의미하는 유사번역의 경우가 아님.

능한 한 시야를 넓히기 위한 것이다. 분류 체계들은 그들의 원래 목적을 달성했을지 모르지만, 우리의 현재 목적에 대한 적합성에 대한 아래의 논의는 이러한 맥락에서 보아야 하며, 그들이 원래 구성한 목적에 대한 유용성을 비판한 것으로 보아서는 안 된다.

번역 분류법에 대한 Gambier(2008b)의 개괄적인 고찰과 마찬가지로, 필자는 일반적인 번역 분류법(Vinay & Darbelnet 1958/2000 및 Chesterman 1997)에서 시작해서 일반적인 자막 분류법(Gottlieb 1997 & Tveit 2004)으로 넘어갔다. 그런 다음 다양한 형태의 문화적 항목을 번역하기 위한 보다 전문화된 분류법(Newmark 1988; Hermans 1988, Hervey & Higgins 1992; Florin 1993; Leppihalme 1994 & 2001, Katan 2004)을 살펴보았다. 마지막으로 문화를 번역하기 위한 자막 분류법(Nedergaard-Larasen 1993; Karamitroglou 1997, Gottlieb 2009)에 집중했다. 당연하게도 분류법의 대상이 구체화될수록 본 연구의 목적에 적합해지는 것으로 나타났다. 즉 연구대상이 비슷하고 연구매체가 동일할수록 일반적인 분류법보다 더 적합한 것으로 나타났다. 하지만 Leppihalme(2001)와 Florin(1993)이 둘 다 실물을 연구대상으로 삼고 있기 때문에 일대일 관계는 성립되지 않으며, 둘 중에서도 Leppihalme의 연구가 확실히 더 나은데 이는 Leppihalme는 기술론적 패러다임 내에서 연구를 수행했지만 Florin은 그렇지 않았기 때문이다. 미디어에 있어서는 연구대상이 문화적인 것인 경우 미디어 특유의 제약조건을 고려한 연구가 다른 일반적인 연구보다 좀 더 적합한 것으로 확인됐다. 이는 Gottlieb(1997)보다 Gottlieb(2009)가 더 적합하다는 말이다. 다시 한 번 말하지만 특히 Nedergaard-Larasen에 비해 Karamitroglou의 분류법이 부족한 것으로 확인됐기 때문에 문화와 자막을 결합한 연구가 반드시 적절한 방안이 되는 것은 아니다. 어떤 분류법은 방법론적 결함 때문에 부족한 것으로 확인됐는데, 예를 들어 Hervey & Higgins의 경우 국소적 층위와 포괄적 층위를 구분하지 못했다. 어떤 분류법은 약간 혼돈스러운 것도 있었는데, Newmark의 경우 같은 범주를 두 번 열거하고 번역 문제와 전략을 구분하지 않았으며 전략의 조합이 하나가 아닌 두 개의 별도 범주를 보증한다고 생각한 것이다. 이후에 논의될 예정이지만 전략을 결합하는 것은 흔히 발생하고, 전략 결합에 대해 별도의 범주를 구성한다고 해서 특별히 이점이 생긴다고 볼 수는 없다.

또 다른 중요한 측면은 정교화와 세부항목화의 정도이다. Chesterman의 분류법은 범주가 너무 많아서 본 연구목적에는 그리 유용하지 못하다. 이 점만 아니면 훌륭한 분류법이다. Leppihalme(1994)와 Hermans도 일부 그렇지만 확실히 Karamitroglou와 Hervey & Higgins는 본 연구의 목적에 활용되기에는 범주 수가 너무 적은 것으로 확인됐다. Katan의 분류처럼 어떤 분류법은 상당히 적은 수의 범주를 가지고 너무 많은 것을 하려고 하는데 그러면 연구의 설득력이 떨어지게 된다.

위에 언급된 것과 다른 분류법들에 대한 필자의 연구를 통해 분류법이 다소 복잡할 수 있음이 확인되었지만, 번역사들이 사용할 수 있는 모델로 성공하려면 범주의 기준선이 필요하다. 원천 혹은 목표 지향, 혹은 Vinay와 Darbelnet에서처럼 직접 혹은 간접oblique 번역 전략과 같이 이 기준선로부터 더 많은 일반화generalizaion가 있을 수 있다. 또한 TL 문화에 대해 문화적인 것과 상황적인 것으로 세분화하는 Nedergaard-Larasen의 각색adaptation 전략처럼 더 많은 구체화, 즉 전략의 하위 범주화가 있을 수 있다. 상당수의 세분화는 사용하는 데이터 종류가 얼마나 양이 많고 얼마나 다양한지에 달려 있다. 하지만 가장 중요한 것은 이러한 수준이 아니라 가장 기본적인 선택이 놓여있는 기준선의 수준이다. 위의 분류법을 모두 고려한다면 적어도 여섯 개의 기준선 항목이 있어야 하는데, 그렇지 않으면 전략 사이에 필요한 몇 가지 차이점을 설명하기 위한 하위 범주화가 있어야 하고 그렇게 되면 훨씬 덜 명쾌해진다. 이는 그와 같은 대부분의 분류법이 5-7개의 전략으로 구성된다는 번역 분류법에 대한 Gambier(2010: 413)의 연구와 일치한다.

그러면 여섯 개의 범주는 어떤 것이어야 하는가? 다시 말하지만 이전의 분류법에 따르면, 범주의 라벨은 거의 무한대로 다르지만 범주의 내용은 상당히 유사하다는 것을 알게 된다. 모든 저자들은 TT에 외국어 표현을 유지하는 범주가 있어야 한다는 데 동의하는데, Leppihalme(1994)를 따라 이를 보존Retention이라고 지칭하도록 하겠다. 또 이국적인 항목은 생략되거나 삭제될 수 있다는 공감대가 형성되어 있는데, 대부분의 저자들을 따라 이를 생략Omission이라고 부르겠다. 이 양극단의 전략 사이에 대부분의 저자들이 동의하는 수많은 항목들이 존재한다. 대부분은 이국적인 항목을 번역하는 선택지가 있는 경우가 많다는 것에 동의하는데, 좀 더 일반적인 용어인 직역Literal Translation이 갖고 있는 복잡성을 피하기 위해 여기서는 Nedergaard-Larasen를 따라서 직접 번역Direct Translation이라고 부를 것이고, 그에 대한 이유는 이후의 4.2.3절에서 논의될 것이다. 문화 현상에 관해서는, 이국적인 항목을 TC 항목 혹은 좀 더 알려진 SC 항목으로 대체하는 옵션이 있다는 점을 대부분의 저자들도 인정하는데, 필자의 기존 분류법(Pedersen 2003b)을 따랐던 Gottlieb를 따라 이것을 대체Substitution이라고 부르겠다. 그런 다음 TT 항목이 ST 항목보다 좀 더 일반적이거나 반대의 경우에 사용할 수 있는 두 가지 의미적 변이가 있다. Gottlieb를 따라 첫 번째는 일반화Generalization,

두 번째는 **구체화**Specification라고 부를 것이다. 본 연구의 목적상 효과적인 분류법은 보존, 구체화, 직접 번역, 일반화, 대체, 생략 등 6가지 범주를 포함해야 할 것이다.

4.2 자막제막에서 ECR 렌더링을 위한 분류법

본 모델에 사용된 분류법은 이 프로젝트가 진행되는 동안 여러 번 진화하고 변경되었다. 앞 소절의 분류법에 기반한 현재의 분류법은 경험적인 과정의 결과물로, 새로운 내용이 확인되어 필요할 때마다 변경이 이루어졌다. 이러한 방법은 실세계를 본 모델에 끼워 맞추려 하기보다 본 모델이 세계에 부합한다는 점에서 강점이 분명하다. 약점이라면 시간에 따른 불일치성인데, 이 분류법의 여러 버전이 조금씩 다른 세 가지 버전(Pedersen 2003b, 2005a, 2007a)으로 이전에 제시된 바 있다.

이 분류법은 원래 ECR을 렌더링하기 위해 구성되었지만 다른 현상을 분석하는 툴로 기능하도록 수정될 수도 있다. 하지만 이 분류법은 주로 의미적 작용을 기반으로 하며, ST와 TT 간의 통사적 변이를 분석하는 데는 그리 큰 도움이 되지는 않을 거라는 점을 지적할 필요가 있다.

언어 간 자막에서 ECR 렌더링을 위해 번역사가 사용할 수 있는 전략에 대한 본 분류법을 자세히 살펴보기 전에, 몇 가지 언급이 필요하다. 모든 전략이 번역을 수반하는 것은 아니므로, ST에서 TT로 ECR을 전이시키는 데 수반되는 상이한 전략들에 대해 앞으로 '번역하다' 대신 '렌더링하다'[35]라는

---

[35] [역자 주] 본 역서에서, 동사 'render'는 맥락에 따라 '취급하다' '처리하다' '바꾸다' 등으로 다양하게 번역되며, rendering은 '렌더링' '표현' 등으로 번역된다.

동사가 사용될 것이다. 또한 이 분류법은 결과물 중심적 관점, 즉 기존 자막을 분석하는 관점을 염두에 두고 제시될 것이다. 하지만 과정 중심적 관점, 즉 번역사의 관점에서 번역 과정을 살펴보는 것 또한 가능하다. 이것은 전략들을 모두 소개한 다음 4.3절에서 다루겠다. 현재는 전통적인 계층구조를 유지하여 원천 지향적 전략을 먼저 제시한 다음 목표 지향적인 전략을 제시하겠다.

그림 D의 전략들은 다음 소절에서 **보존**36에서부터 **생략**까지 하나씩 제시한 다음 **공식 등가어**Official Equivalent로 끝이 나는데, 공식 등가어는 전략이라기보다 특별한 상태와 등가를 이루는 것을 말하기 때문에 여기서 제시된 기준 범위 밖에 위치한다. 하지만 오리엔테이션용으로 각 기준 범주에 관련된 프로세스의 주된 요점을 간략히 설명하는 것이 도움이 될 것이다.

보존Retention: 여기서는 ST ECR이 자막에서 변경되지 않거나 TL 요건에 충족하도록 약간만 각색된 채로 유지된다. 예를 들면 기울임체 등을 사용하여 텍스트의 다른 부분과 구별시킬 수 있을 것이다.

구체화Specification: 더 많은 정보를 추가하는 것으로, 자막화된 ECR을 ST ECR보다 더 구체적이게 해준다. 이름이나 약어를 완전하게 하거나 살을 붙이는 것(**완성**Completion), 혹은 누군가의 직업이나 평가 형용사 같은 의미적 내용을 덧붙임으로써 수행된다(**첨가**Addition).

직접 번역 Direct Translation: 이 전략을 사용해서 변화되는 유일한 것은 언어이며 의미적인 변이는 발생하지 않는다. 고유명사는 거의 번역되지 않지만, 예를 들어 정부기관 등에는 사용될 수 있다.

---

36 본고에서는 번역 전략과 영향 매개변수가 메타언어적인 기술 용어로써 지니는 지위를 표시하기 위해 이러한 용어를 돋움체로 표기하도록 한다.

일반화Generalization: 이 전략은 TT 렌더링을 ST ECR보다 덜 구체적이게 만드는 것을 말한다. 상위어나 바꿔쓰기Paraphrase를 통해 이뤄질 수 있다.

대체Substitution: ST ECR은 SC나 TC의 또 다른 ECR로 대체되는 것을 말한다. 혹은 ECR이 완전히 다른 무언가로 대체될 수도 있다.

생략Omission: ST ECR은 TT에서 어떤 식으로도 재현되지 않는다. Toury (1995: 82)는 생략이 합당한 번역 전략임을 성공적으로 보여주었는데, 아마도 매체가 지닌 제약 때문에 다른 어떤 번역 형태보다 자막제작에 더 많이 사용될 것이다.

공식 등가 Official Equivalence: 일반적인 용법이나 일부 행정적인 결정에 의해 SC ECR이 사전에 만들어진 공식 등가어를 갖고 있는 경우를 말한다.

그림 D의 분류법 기준선에 대한 각 전략들은 원천 지향적이거나 목표 지향적인 것으로 분류되지만, 어떤 전략은 그 지향성이 모호하기도 하고(점선), 어떤 전략은 둘 다에 해당하지 않기도(생략) 한다. 대부분의 전략에는 하위 범주가 있는데 이는 더 세분화될 수 있으며, 이는 각 표제어 아래에 설명될 것이다. 번역 문제를 해결하기 위해서는 여러 전략을 결합할 수 있다는 점도 강조되어야겠다.

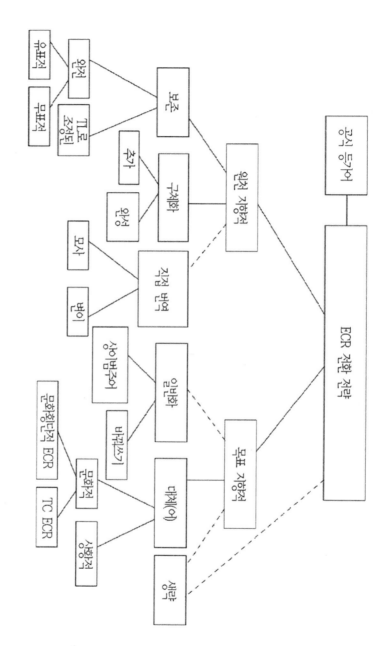

그림 D. ECR 변환 전략 분류법

다음 소절에서는 각 범주별 도식화 그림을 통해 어떤 프로세스가 수반되고, ECR과 그 렌더링이 '실세계'에서 지시체와 어떻게 관련되는지 설명될 것이다. '실세계the world'라는 개념을 둘러싼 복잡한 문제들이 존재하기 때문에 따옴표로 표기하도록 한다. 이 문제는 앞서 3.2.4절에서 논의된 바 있다. '실세계'란 지시물의 물리적 존재 여부에 따라 Popper의 제1세계이나 제3세계로 생각할 수 있다. 더 중요한 것은 '실세계'가 전형적인 시청자의 제2세계, 즉 세계에 대한 그들의 정신적인 구성에 대한 원작자와 자막가 각자의 기대로 구성될 수 있다는 점이다. 전략을 구체화하기 위해 각각의 (하위) 범주에 대해 스칸디나비아 자막 코퍼스에서 추출한 번역 해결책이 한두 가지 주어질 것이다. (3.15)의 Nancy Drew와 같이 그러한 예는 이미 몇 가지 있었다. 필자가 알고 있는 바로는 시청각 텍스트를 인용하는 데 있어서는 일반적으로 받아들여지는 체계에 대한 합의가 없는데, 그래서 인용 체계와 제시 방법이 현 시점에서 제시되어야 하겠다.

본고에서는 다음과 같은 코퍼스 인용 방법을 사용하였는데, 코퍼스에서 추출한 대사가 인용될 때마다 (4.1)과 같이 대사의 출처를 인용문 바로 다음에 괄호안에 표기하였다.

(4.1) 인생은 초콜릿 상자와 같단다. . . .
덴마크어 자막:
Livet er som en æske fyldte chokolader. (〈포레스트 검프〉 3.15)

예문 끝의 인용표시는 그 인용문이 영화 〈포레스트 검프〉가 시작한 지 3분 15초 지난 시점에 인용되었음을 의미한다. 이러한 인용표시는 발화의 시작과 종료 시점, 지속 시간을 나타내지 않고 단지 화면에 자막이 보이는 시점만 나타낸다. 이 정도면 영화를 접할 수 있는 사람이라면 누구나 그 인용문을 찾을 수 있을 것이다. 광고 시간이나 이와 유사한 요소들 때문에 영화와 TV프로그램은 버전이 약간 다를 수 있기 때문에 이러한 인용표시 과정이 완벽하지는 않다. 하지만 이와 같은 연구(예를 들어 Nedergaard-Larasen 1993; Gottlieb 1997 혹은 Schröter 2005)에서 흔히 ST의 제목만 언급하는 것보다는 훨씬 더 정확하다.

모든 예문이 (4.1)과 같이 ST 대사가 먼저 나온 다음 자막이 나오는 구조를 갖는데 필요에 따라 여러 버전이 제시될 것이다. 자막이 축어적 번역이 아니면 역번역이 제공되고, 마지막에 위와 같이 인용표시가 주어진다. TV 시리즈의 경우 인용표시에 회차 정보를 비롯해, 필요한 경우 어떤 시즌에서 인용되었는지에 대한 정보도 제공될 것이다. 실행 중인 텍스트에 대한 간단한 사례도 제시될 예정인데 ECR의 ST 출처만 제시될 것이다. 인용문의 출처에 대한 추가적인 정보는 부록 A에 포함되어 있는데 여기에 스칸디나비아 자막 코퍼스의 모든 영상텍스트 정보가 수록되어 있다.

4.2.1 보존: TT에서 ST 요소를 유지하기

보존이란 가장 원천 지향적인 전략으로 SC의 요소가 TT에 들어가도록 하는 것이다. 때때로 보존된 ECR은 TT의 나머지 부분에서 따옴표나 기울임체로 표시된다(유표화된 보존). ECR은 TL 관습에 맞게 약간 조정될 수도 있는데, 예를 들어 철자를 수정하거나 관사를 빼는 경우가 있다. 따라서 완전 보존Complete Retention 혹은 목표 언어로 조정된 보존TL-Adjusted Retention 등 하위범주를 둘로 나눌 수 있으며, 완전 보존은 유표화된 완전 보존과 무표화된 완전 보존으로 더 세분화시킬 수 있다. 이 전략의 전체적인 효과는 이 국적인 요소를 TT에 속하도록 하는 것이므로 전략의 하위범주화가 갖는 중요성은 크지 않을 수도 있다. 즉, 자막가가 이를 어떤 식으로든 유표화할지 여부와 이를 TL 기준에 맞게 ECR을 약간 조정하여 전환을 완화할지는 선택의 문제인 것이다.

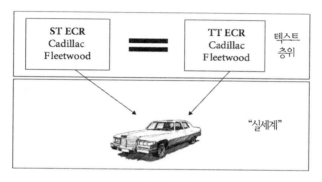

그림 E. 보존

보존 전략에 수반되는 과정은 그림 E와 같이 도식화할 수 있다. 이는 매우 단순한 과정으로, 두 층위, 즉 ST와 TT를 나타내는 텍스트 층위와 ST와 TT에서 ECR의 지시체를 찾을 수 있는 '실세계'의 작용만을 수반한다.

그림 E에서 ECR *Cadillac Fleetwood*(《아나콘다*Anaconda*》 1.06.39)가 TT 에서 어떻게 보존되는지 살펴볼 수 있다. ST와 TT ECR 모두 미국 자동차라는 동일한 지시체를 갖고 있으며, Popper의 제1세계에 존재하는 현시 manifestation에 해당된다.

보존은 ECR을 렌더링하는 가장 흔한 전략이다. 하지만 TT 관객에게 아무런 지침도 제공하지 않으므로, 단일문화 ECR(아래 5.1절 참조)을 수반하는 번역 문제를 해결하는 데 있어서 최적의 방법은 아니다. 번역사가 ST의 정신뿐 아니라 글자 하나하나에 충실하기 때문에 어떤 의미에서는 보존 전략이 ST에 대해 가장 충실한 전략이 된다. Schleiermacher(1813/2004: 49)에 따르면 "가능한 한 독자는 제자리에 두고 저자가 독자에게 다가가는" 전략이다. 이 전략은 Levý의 미니맥스 전략minimax strategy 중에서 "최소의 노력minimum effort"이라는 요소를 수반하기 때문에 자막가들이 종종 선택하는 전략임을 지적할 필요가 있을 것이다.

> 번역 이론은 규범적이고 번역사들에게 **최적의 해결방안**을 지시하는 경향이 있지만 실제 번역 작업은 이보다 실용적이다. 번역사들은 최소의 노력으로 최대의 효과를 거둘 수 있는 가능한 방안 중 하나로 번역 문제를 해결해 나간다. 즉, 번역사는 이른바 **미니맥스 전략**을 사용해 직관적으로 해결한다. (Levý 1967/2000; 156, 원문 강조)

보존은 ST ECR을 단순히 복제 또는 조정하여 TT로 전이시키기 때문에 노력이 거의 들지 않는 전략이라는 데는 의심의 여지가 없지만 이것이 "최대 효과maximum effect"로 이어지는지 여부는 또 다른 문제가 될 것이다.

4.2.2 구체화: ST 항목을 설명하기

구체화란 번역되지 않은 형태로 ECR을 유지하지만 ST에는 존재하지 않는 정보를 추가해 TT ECR을 ST ECR보다 구체적이게 만드는 것을 말한다. 이것은 완성 또는 첨가라는 두 가지 방법 중 하나를 통해 수행된다. 이 항목을 구체화라고 명명하기로 한 이유는 자매관계인 일반화 전략과의 관계를 보여주기 위해서다. 이러한 유형의 전략에 대한 또 다른 일반적인 용어는 명시화explicitation이다(필자는 이 용어를 이 분류법의 첫 번째 버전(Pedersen 2003a)에서 사용한 바 있다). 하지만 많은 번역 학자들이 명시화를 더 넓은 의미로 사용하고 있고 ST의 항목에 개입하여 설명하는 데 사용되는 모든 범주에 명시화라는 용어를 적용하고 있다. 따라서 많은 학자들이(예: Chesterman 1997: 71) 구체화를 좀 더 일반적으로 사용하는 경향이 있기 때문에 특정 전략에 대한 명칭으로 이 용어를 사용하지는 않았다. 그러한 용법에서는 구체화가 곧 명시화가 될 것이고, 예를 들어 일반화의 특정 사례도 그러할 것이다.

완성 전략은 추가된 자료가 ECR의 표현의 일부 측면−즉, 언어적 기호, 일반적으로는 이름−으로 ST ECR에 내재되어 있는 경우를 말한다. 예를 들어 두문자어나 약어−종종 다른 전략과 결합됨−의 철자를 풀어쓰거나, 누군가의 이름을 추가하고, 또 공식 명칭을 완성하는 것이 이에 해당한다. 이렇게 하면 TC 청중에게 ECR을 명확하게 해 주지만 SC 청중만큼은 친숙하지 않을 수도 있다. 이와 같은 한 예가 〈내 남자친구의 결혼식My Best Friend's Wedding〉(1997)인데, 이 영화의 주인공에게 그녀와 그녀의 전 남자친구 사이에 어떤 후일담이 있냐고 묻자 다음과 같이 이야기를 시작한다.

(4.2) Sophomore year at Brown.

덴마크어 자막:

Vi mødtes på Brown University.

역번역:

우린 브라운대학에서 만났어.　　(〈내 남자친구의 결혼식〉 4.37)

(4.2) 완성 전략은 TC 시청자에게 해당 대학의 전체 명칭을 알려준다. 그래서 시청자가 영어 *university*와 덴마크어 'universitet' 사이에 그리 어렵지 않은 연결고리를 만들 수 있다고 가정할 때, 두 사람이 대학에서 만났다는 것은 별다른 지식이 없는 이들도 분명히 알 수 있다. ST의 발화는 본질적으로 다소 생략되는 측면이 있기 때문에 TT에서의 완성 전략은 좀 더 일관성이 있고 문어체에 더욱 적합하다. 이 전략의 단점은 공간을 많이 차지한다는 것이다. 이러한 경우 구체화의 대가로 추가적인 정보가 일부 상실된다 (*sophomore*라는 ECR 생략). 그러므로 전체적으로 봤을 때 어떤 정보를 얻으면 어떤 정보는 잃게 되는 것이다. 번역문에서 문체적인 변이도 발생하지만 여기서는 논외로 한다. 또한 *Brown University*가 지니는 아이비리그라는 함의를 나타내려는 시도는 없었는데, 그러기 위해서는 일종의 추가가 필요할 것이다.

이 전략은 ECR에 내재된 정보를 수반하는데, 이름의 일부로써가 아니라 ECR의 의미나 함의의 일부를 추가한다. 번역사는 TC 청중을 인도하기 위해 이 전략을 사용하여 개입하게 된다. (4.3)의 스웨덴어 자막에서 이러한 예를 살펴볼 수 있는데 〈오피스〉에서 잘난 척이 심한 인물인 David Brent는 자신의 삶에 영향을 준 사람으로 다음과 같은 이름을 말한다.

(4.3) Ian Botham

스웨덴어 자막:

Criketpelaren Ian Botham   (〈오피스〉 9: 1.31)

스웨덴 사람들 대부분이 이안 보텀을 잘 모르기 때문에 스웨덴 자막 번역사는 스웨덴 청중들이 이 ECR을 쉽게 이해할 수 있도록 *criketspelaren*(크리켓 선수)을 추가하여 처리하였다.

추가 전략에 수반되는 언어적 과정은 부분성meronymy이나 다의성 polysemy, 하위성hyponymy 중 하나에 기반을 두고 있다. (4.3)에서 *Ian Botham*은 *cricket player Ian Botham*과 관련하여 전체어holonym로 볼 수 있기 때문에 부분성이 수반되었다고 할 수 있다. 이안 보텀Ian Botham으로 알려진 사람은 크리켓 선수 외에도 자선사업가, 불량배, 대영제국 장교, 남편 등 많이 있다. 그런데도 TT ECR은 보텀의 다른 모습을 모두 배제하고 크리켓 선수라는 것에 중점을 둔다. 따라서 TT ECR은 ST ECR보다 더 구체화된다.

하지만 부분성은 구체화에서 그리 자주 나타나지 않는다. 다의성이 훨씬 더 빈번하게 나타나는데 그림 F에 자세히 설명되어 있다. 영화 〈고질라 *Godzilla*〉에서 공격용 헬기가 전설적 도마뱀 괴물을 추격하며 미사일을 발사한다. 이 미사일은 사이드와인더 미사일인데 발화상으로는 단순히 *sidewinder*(〈고질라 54.09〉)로만 언급된다. 하지만 덴마크어 자막에서는 *Sidewindermissiler*(사이드와인더 미사일)로 처리되었다. *Sidewinder*는 다의적인 표현이기 때문에 다양한 개체를 지칭할 수 있다. 아마 가장 흔한 것이 뱀의 한 종류겠지만, 문제는 미사일일 수도 있고, 컴퓨터 장비 등 여러 가지가 될 수 있다. 그림 F는 번역 과정에서 일어난 일을 설명하고 있는데 ST ECR을 대체하기 위해 여러 개체 중 하나가 선택되었고, 그렇게 해서 TT 렌더링이 더욱 구체화되었다. 또한 덴마크어 자막에서 "missile"이 아닌 "missil"라고 번역되며 정보가 추가되었다.

그림 F는 구체화가 보존보다 훨씬 복잡한 과정임을 보여준다. 이는 텍스트 층위—ST와 TT가 존재하는 곳—와 '실세계'뿐만 아니라, 언어적 층위라 부를 수 있는—SL과 TL이 존재하는 곳—즉 (번역이나 의미 관계의 조작처럼) 언어적인 작용이 일어나는 인지적 층위까지도 수반한다. 번역은 구체화 전략의 일부가 될 수도 있고 되지 않을 수도 있는데, 이는 언어적 층위의 점선 원으로 표시된다.

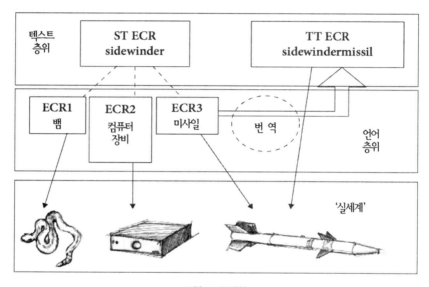

그림 F. 구체화

그림 F에서 볼 수 있듯이 ST ECR은 변경되지 않은 상태로 보존된 것은 아닌데, ST ECR이 가진 여러 의미 중에서 다른 의미들은 배제하고 한 가지 의미만 언어 수준에서 구체화되었다. 추가된 발화 자료는 덴마크어 TT ECR로 번역되었다. ST ECR이 이론적으로 여러 개의 상이한 제1세계의 물체를 지칭하기 때문에, TT ECR보다 명시적 의미denotation가 더 모호하다고 말할 수 있다.

언어학적으로 말하자면 구체화는 명확성으로 이어진다. 위에서 예시된 바와 같이, ST ECR은 TT ECR보다 포괄적인 내포를 갖고 있다고 할 수 있다. 하지만 문맥상 그러한 명확성은 필요하지 않다. 그림 F의 ECR이 포함된 발화 이전의 발화에서, 미사일이 이미 언급되었기 때문에 코텍스트co-text는 충분한 명확성을 제공한다. 더군다나 주로 비언어적 시청각 채널인 다른 다중기호적 채널에서 미사일을 보고 들을 수 있기 때문에 상당한 명확성이 주어진다. 따라서 이 경우에는 기호 간 중복이 상당히 많이 존재한다. 마지막으로 상식적으로도 거대한 괴물을 쓰러뜨리고자 할 때 뱀이나 컴퓨터 장비는 공격용 헬기에서 발사할 적절한 물체가 아니라는 걸 알 수 있다. 따라서 이번 예시에서 구체화는 다소 중복되었다고 할 수 있을 것이다. 다중기호적 맥락에서 ST ECR이 여러 개의 사이드윈더sidewinder 범주를 언급할 가능성이 있더라도, 그것은 단 하나의 범주만 가리키고 있다.

자막제작의 구체화에 대해 언급할 필요가 있는 또 다른 측면은 전형적인 TT 시청자의 제2세계와 전형적인 ST 시청자의 제2세계와의 차이이다. 미국 시청자는 TT 시청자보다 사이드윈더라고 불리는 미사일의 존재를 더 잘 알고 있을 것이다. 더구나 ST 시청자는 사이드윈더라고 불리는 뱀 종류의 다른 물체를 알 수도 있다. 하지만 TT 시청자의 경우, 일부는 이를 알 수 있을지 몰라도 전형적인 TT 시청자가 이것을 알 것이라 기대하기는 어렵다. 이를 감안할 때, 구체화는 TT 시청자의 편익을 위해 이루어지므로 구체화 전략이 일련의 범주, 즉 총칭어 *sidewinder*에서부터 하나의 범주 *sidewinder missile*로 명확화되는 것은 아니라고 주장하는 것이 더 나을 것이다. 오히려 *sidewinder*라고 불리는 (문맥이 없다면) 알려지지 않은 개체에서 *sidewinder missile*이라고 불리는 확인된 실체로 구체화가 진행된다 하겠다. 따라서 자막제작 전략으로 구체화를 택하는 이유는 명확성 때문이라기보다 TT 시청자에게 추가적이면서 종종 필요한 정보를 제공하기 위해서라고 할 수 있겠다.

이러한 특정 사례에서 구체화 사용의 중복성에 대해 위에서 언급한 요점은 (다발화성 외에도) 구체화를 사용하는 것의 또 다른 결점을 설명하는 데 사용될 수 있으며, 또한 구체화 사용이 오만하게 여겨질 수 있다는 점이다. 특히 Venuti는 이를 두고 유창한 번역이 초래하는 온갖 형태의 개입 전략이 지니는 주요 단점이라며, 독자를 위해 음식을 떠먹여주는 것일 뿐 아니라 "번역의 자민족중심주의적 폭력"(1995: 20)의 원인이 된다고 간주한다. 이는 "[. . .] 유창성이 즉각적인 이해가능성을 강조하고 다의성 즉, 기의의 일관성을 침해하는 기표의 어떠한 작용도 기피하는 의사소통으로써 언어 이론을 가정하기"(Venuti 1995: 60) 때문이다. 하지만 1.2.3절에서 언급한 바와 같이 자막이 지닌 일시적인 특성 때문에 유창성이 기표를 활용할 기회를 제한한다 하더라도 어느 정도의 유창성은 분명히 요구되고, 따라서 구체화가 유효하고 유용한 자막제작 전략이 된다는 점에는 의심의 여지가 없다.

마지막으로 구체화는 표면구조상 언어적 자료라기보다 의미적 자질 feature을 추가하여 지시어를 좀 더 구체적으로 하기 위해 사용된다는 점을 언급하여야 할 것이다. *cheese*를 '체다'라고 번역할 때처럼 간단한 종속화가 일어나는 경우가 이에 해당된다. 이러한 경우, 의미 하중은 추가적인 의미적 자질을 부가해 부분어나 상위어를 통해서 변경된다. 언어적 기호도 물론 변경되지만 추가 정보는 표면구조에 부가되지 않으므로 이와 같은 전략을 사용하는 것이 TT 시청자에게 보통은 도움이 되지 않는다. 이러한 전략을 사용하는 것은 실제로 명시화가 일어나지 않기 때문에 '순수한' 형태의 의미 관계를 사용한다고 할 수 있을 것이다. 대부분의 경우에 ST 시청자보다 TT 시청자에게 인지적 부담을 늘리기 때문에 그러한 전략은 상당히 드물게 사용된다. 오히려 그러한 전략이 사용되는 이유는 개별적인 해결 층위에서 찾아야 할 것이다. 하위 용어가 (i) ST ECR보다 더 잘 알려져 있거나 (ii) ST ECR보다 더 짧을 경우 사용될 것이다.

4.2.3 직접 번역

직접 번역 전략은 대체로 고유명사 번역에 적용되진 않지만 보통명사와 결합한 고유명사를 처리하는 경우에 흔히 사용된다. 따라서 번역 가능한 구성적 의미compositional sense를 갖는 고유명사에 적용되는 전략이다. 예컨대 회사명, 공식 기관명, 기술 장치명 등이 해당된다.

Vinay와 Darbelnet(그리고 Chesterman 1997: 94)은 '모사calque'와 '직역 literal translation'이라는 두 가지 번역 전략을 제시한다. 본고에서 직접 번역 Direct Translation은 모사와 직역을 포괄하는 용어이다. 또한 일부 학자들에게 (Shuttleworth & Cowie 1997 참조) '직역'은 단어 대 단어 번역의 동의어이자 '의역free translation'의 반의어로서 더 폭넓은 의미로 사용된다. 다른 학자들 (예를 들어 Newmark 1988: 75)은 '직역'을 본고에서 의미하는 직접 번역과 동의어로 사용한다. 따라서 우리는 '직역' 대신에 직접 번역이라는 용어를 사용함으로써 두 용어와 관련된 모호성을 피할 수 있다.

본 모형에서 직접 번역은 전략적 결과를 토대로 두 개의 하위 범주, 즉 모사calque와 변이shifted로 나누어진다. 직접 번역 변이Shifted Direct Translation는 Vinay와 Darbelnet '직역'보다 더 정확한 용어 정도로 판단되는 반면, 모사는 이제 차용 번역loan translation(Shuttleworth & Cowie 1997: 17 참조)을 의미하는 번역학 용어로 자리매김했다. 물론, 최종 결과가 종종 동일하기 때문에 두 하위 범주 간 구분이 어렵다. 이는 번역 과정이—의무적 변이obligatory shifts의 범주 내에서—형태소 대 형태소로 수행되었는지를 토대로 실행화operationalization되며 신조어 생성의 경우를 포함한다.

구체화와 일반화 전략과는 달리, ST ECR의 의미 하중은 변함없다. 즉 ST 의 의미가 추가되거나 빠지지 않는다. 어떤 식으로든 함축적 의미를 전하거나 TT 독자를 유도하려는 노력은 없다. 그 과정은 그림 E에 설명되어 있다.

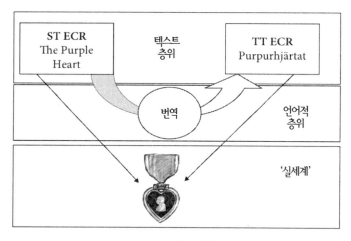

그림 G. 직접 번역

그림 G에서 볼 수 있듯이 실행되는 세 개의 층위는 모두 직접 번역과 관련된다. 그러나 이 과정은 번역만이 언어적 층위에 관련되기 때문에 구체화보다 훨씬 간단하다. 그림 G는 전쟁 시리즈물인 〈밴드 오브 브라더스 Band of Brothers〉(3: 54.34)의 예로서 모사로 간주되는데, the Purple Heart라는 세 개의 형태소가 모두 스웨덴어로 번역되기 때문이다. 여기서 의무적 변이는 스웨덴어의 형태론에 따라 정관사가 스웨덴어 접미사가 되고, 두 개의 어간은 결합됨을 의미한다. ST ECR과 TT ECR 둘 다 제1세계에서 동일한 훈장을 가리키기 때문에 지시어가 복잡하지 않다. 번역 외에는 TT 관객의 ECR 접근을 도우려는 어떤 노력도 없지만, 맥락상 그 지시체가 전투 중 입은 부상을 기리는 훈장임이 아주 분명하다.

모사는 엄격한 직역의 결과물로서 TT 관객에게 이국적으로 보일 수 있다. (4.4)의 덴마크어 자막이 모사의 한 가지 예시다.

(4.4) Captain of police

덴마크어 자막:

politi-kaptajn   (〈미드나잇 런〉 51.38)

Captain of police(경찰청장)는 대개 덴마크어 상응어 'kommissær' 같은 직함으로 번역될 것이다. (4.4)에서의 모사는 TT 관객에게 분명 이상해 보일 것이고, 덴마크어 자막 지침인 린드버그 개론의 특정 지침Lindberg's compendium of Danish subtitling guidelines과도 배치된다. 모사가 생성될 때 발생하는 유일한 변이는 SL과 TL의 차이에서 요구되는 의무적 변이이다(Vinay & Darbelnet 1958/2000: 88 참조). 번역사가 ST ECR을 눈에 띄지 않도록 일부 선택적 변이를 수행하는 것은 원천 지향성이 약하다(직접 번역 변이). 따라서 직접 번역은 원천 지향적 혹은 목표 지향적 전략 사이에서, 이국적 혹은 자국적 전략 사이에서 확실한 입장을 취하지 않는다. 형태소 대劑 형태소 번역의 결과가 선택된 방식과는 다른 해결책이 나올 경우, 그 예는 변이의

하위 범주에 넣어야 한다. 〈조 블랙의 사랑*Meet Joe Black*〉의 예시 (4.5)가 그러한 경우이다. 영화 도입부에 앨리슨은 아버지의 생일 파티를 준비하며, 가족 저택 정원에서 꽃집 주인과 건축가와 대화한다. 조명 기술자가 그녀에게 조명을 어떻게 할지 묻자 그녀가 답한다.

(4.5) Lights: not too light, and . . . not too dark. (Pause) I'm looking for a saffron glow. Sort of tea dance twenties.

스웨덴어 자막:

Ett saffransgult sken,

som på 20-talets tedanser.

역번역:

An orange glow,

like the twenties tea dances. (〈조 블랙의 사랑〉 3:14)

자막 *tea dance twenties*는 직역이지만, 스웨덴어 자막에서는 어순의 변이로 인해 "the twenties"가 아닌 "tea dance"가 NP의 핵이 된다. 이는 모사가 아니라 직접 번역 변이다. 이러한 초점의 변이로 인해 앨리슨의 발화 내용에 약간의 화용적 변화가 일어나지만, 여기서 주된 논점은 어떤 의무적 변이도 발생하지 않는다는 점이다.

4.2.4 일반화: 구체적 정보를 일반적 정보로 대체하기

일반화 전략은 구체적인 것을 지칭하는 ECR을 더 일반적인 것으로 대체한다. 이는 다음 두 가지 방법 중 하나로 행해진다. 하나는 하의성 혹은 부분성의 형태로 의미 관계sense relation를 이용하는 것이고, 따라서 ST ECR을 상위 범주어Superordinate Term로 대체하는 방법이다. 다른 하나는 바꿔쓰기 paraphrase를 사용할 수 있는데, ST ECR은 일반적으로 더 길지만 비슷한 뜻을 가진 덜 구체적인 어구로 대체된다.

보통, 일반화 전략을 위해 상위 범주어를 사용하는 것은 번역을 수반하는데, 상위어hypernym나 전체어holonym가 보통 TL로 번역되기 때문이다. 일반화 과정은 특히 도식으로 설명하기에 상당히 복잡하지만, 그림 H로 그 과정을 보여주고자 한다. 이는 〈매쉬M*A*S*H〉(5: 6: 12.38)의 일부로, ECR인 *The Three Stooges*가 스웨덴어 번역에서 상위어 *entertainment*로 대체된다.

그림 H에서 TT 관객이 이해할 수 없는 ST ECR은 상위 범주어로 처리된다. 그림 H가 다소 복잡하므로 설명을 하자면, 텍스트 층위에서 ST ECR이 스웨덴어 'entertainment'로 대체된다. 이것에 숨겨진 과정은 다음과 같다. 언어적 층위에서 ST ECR은 *The Three Stooges*(세 바보)를 지칭하는데 이는 틀림없는 오락적entertainment 요소다. 그러나 이는 또한 *Laurel and Hardy*-덴마크 자막가가 자막에 사용한 것으로 문화 대체Cultural Substitution임, 다음 장 참조-에 적용되며, 음악이나 드라마 등 대부분 더 가벼운 형태뿐 아니라 무수히 많은 다른 코미디물에도 적용된다. 따라서 *entertainment*는 *The Three Stooges*에 대해 매우 높은 상위 범주어이다. Katan(2004: 201)의 용어를 사용하자면 그것은 몇 개의 층위로 상위 청크chunking up된다. 상위어-ECR이 아님-가 스웨덴어로 번역되어 TT에 삽입되었다. 지시어에 관한 한, TT 표현의 강도는 ST ECR의 강도보다 훨씬 큰데, 이는 잠재적으로-따라서 점선-세 바보, 로럴과 하디 그리고 무수히 많은 다른 현상들을 지칭하므로 결과적으로 훨씬 일반적이다. 번역은 선택적이므로 다시 이 점선 원 안에

배치된다. 일반화—구체화뿐 아니라—에 수반되는 과정을 선형적으로 설명
한다면 오해의 소지가 있다. 자막가의 머릿속에서 그림 H—이어지는 예시
와 마찬가지로—의 경우에 번역은 적절한 상위어의 식별과 어느 정도 동시
에 이루어질 것이다. 그러나 그 과정은 그림 H에 나타낸 방식으로 더 쉽게
설명될 수 있다.

이 전략은 부분어보다 하위어를 수반하는 것이 더 일반적이며, 그 결과
TT 항목은 (4.6)에서와 같이 ECR이 되는 경우가 드물다. 이 예시에서 한 여
성이 얼굴에 배구공을 심하게 맞았고, 그녀의 오빠가 그 사실에 대해 다음
과 같이 언급한다.

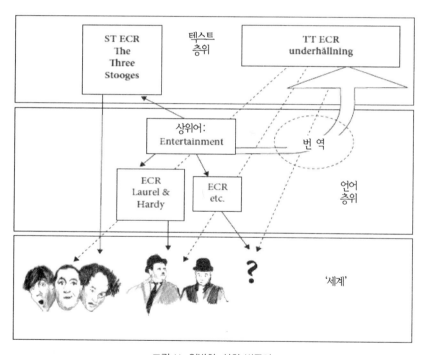

그림 H. 일반화–상위 범주어

(4.6) You can totally see "Voit" backwards on her forehead.

덴마크어 번역:

Man kan se hele boldmærket.

역번역:

You can see the whole ball brand [or mark].

(〈미트 페어런츠Meet the Parents〉 58.59)

이 예시에서 덴마크 관객이 이해할 수 없을 것으로 여겨졌던 ST ECR인 *Voit* 는 상위어 'the ball brand'로 처리된다. TT 렌더링은 일반적인 공 브랜드를 지칭하기 때문에 문화적 특수성이 없으며 사실 어느 문화에서도 찾아볼 수 있으므로 이는 ECR이 아니다. 한편, 예시 (4.6)는 말장난pun이라는 보너스 가 추가된다. 이것이 의도적인지 아닌지는 말하기 어렵지만, ST가 코미디임 을 감안하면 부적절하지 않다.

번역은 일반화의 매우 보편적인 특징이지만 반드시 일반화의 일부일 필 요는 없다. 예시 (4.7)에서는 전체어가 사용되었으며 번역되지 않는다. 이 예시는 〈쥬라기 공원*Jurassic Park*〉에서 카오스 이론가가 나비효과를 설명하 는 장면이다. "A butterfly can flap its wings in Peking . . ."

(4.7) . . . and in Central Park you get rain instead of sunshine.

덴마크 번역:

. . . og det regner i New York.

역번역:

. . . and it rains in New York.   (〈쥬라기 공원〉 45.19)

*New York*은 잘 알려진 곳이므로, 이 단어가 번역의 결과가 아니라는 점은 너무도 분명하다. 그래도 이 자막은 원래의 발화와 관련이 있는데, 이는 센트럴 파크가 뉴욕의 일부—혹은 뉴욕의 준부분어—이기 때문이다. 따라서 센트럴 파크에 비가 내리면 뉴욕에 반드시 비가 내린다. 센트럴 파크는 전형적 TT의 관객에게 꽤 잘 알려진 ECR(즉 문화횡단적, 5.1절 참조)일 것이다. 따라서 일반화의 이유는 TT ECR이 ST ECR보다 네 자 짧기 때문일 수 있다.

예시 (4.6)과 (4.7)에는 지시어의 특수성specificity이 보존된다. (4.6)에서는 정관사를 통해, (4.7)에서는 고유명사를 통해 보존된다. 그러나 일반화에서는 (4.8)과 같이 지시어의 독특함uniqueness이 상실되는 경우가 많다. (4.8)에서는 한 여성이 어디서 처음으로 아버지의 지인(Joe Black, 일명 Death)을 만났는지를 설명한다.

(4.8) This morning. The Corinth Coffee Shop.
　　　스웨덴어 자막:
　　　I förmiddags, på ett kafé.
　　　역번역:
　　　This morning, at a café.　　　　　　　　　(〈조 블랙의 사랑〉 37.20)

이 예에서 특정 카페 이름은 'a café'를 의미하는 스웨덴어 상위어로 대체된다. 지시어의 독특함이 상실되면서 TT 렌더링—이 역시 ECR이 아님—의 지시적 기능 또한 상실된다. 따라서 해당 NP의 지시적 기능은 종속적 중요성이 있는 경우에만 발생할 것이다.

일반화 전략과 필자가 첨가Addition라고 부르는 구체화의 하위 전략 사이에는 유사성이 있는데, 첨가로 덧붙여진 정보가 상위어라는 점에서 그러하다. 이것은 위의 예 (4.3)에서 볼 수 있는데, 많은 크리켓 선수가 있고 그중 한 명이 이안 보텀이므로 'cricket player'는 이안 보텀의 상위어가 될 수 있다. 따라서 첨가는 일반화 + 보존Retention의 결과라고 말할 수 있다. 전략 상의 차이는 언어적이며 ST ECR의 관점에 기초한다. 일반화에서는 하위어의 상향 이동이 있어서 ST ECR보다 덜 구체적인 TT 항목을 생산한다. 첨가를 사용하면 그 상향 이동은 반대 방향을 향하고, 의미 관계는 다의성만큼 자주 하위성과는 관련되지 않는다.

상위 범주어에 의한 일반화―Katan의 용어로 상위 청크―는 그것의 하위 청크down-chunking 상대인 구체화보다 훨씬 일반적인 전략이다. 한 가지 이유는 이미 언급했듯이 구체화가 보통 일반화보다 더 가치 있게 자막 공간을 사용한다는 점이다. 또 다른 이유는 일반화가 대다수 TT 관객의 기대 규범에 상응한다는 점이다. 이는 부분적으로 높은 사용 빈도수의 결과로서 그자체로 수용성―즉 상위 청크 사용을 더 강력한 규범이 되게 함―을 향상시킨다. 또한 구체화가 사용되었을 때와는 달리 지시어의 하부가 수반되지 않기 때문이기도 하다. 지시어는 상위 청크에서는 보존되지만 하위 청크의 경우 항상 그렇지는 않다. 소위 체다 치즈는 항상 치즈인 반면에 모든 치즈가 체다 치즈는 아닌 것과 같다. 위의 (4.8)에서 'Corinth Coffee Shop'은 'café'의 연장선상에 있지만, 반대로 'café'가 'Corinth Coffee Shop'으로 구체화된다면 이것은 원래 언급된 카페가 아닐 수도 있다. 우리는 5.7장의 마지막에서 이것이 어떻게 문제를 야기할 수 있는가에 대한 예를 살펴볼 것이다.

바꿔쓰기Paraphrase의 사용은 ST ECR의 "의미 감소reduction to sense" (Leppihalme 1994: 125)를 수반한다. 바꿔쓰기 전략을 사용할 경우 ST ECR

은 제거되지만, 그것의 느낌이나 관련된 함축적 의미는 보존된다. 이 전략은 주로 상위 범주어를 통한 일반화 혹은 구체화가 너무 복잡할 때, ECR의 위기를 해결하기 위해 사용된다. 이러한 예를 (4.9)에서 찾아볼 수 있다. 〈도망자*The Fugitive*〉에서 열차 추돌 사고 발생 후에 조사 중인 보안관들이 기관사가 무엇을 했는지를 논의할 때, 토미 리 존스Tommy Lee Jones라는 인물이 다음과 같이 말한다.

(4.9) I bet he did a Casey Jones.[37]

스웨덴어 자막:

Han lämnade säkert inte loket.

역번역:

I'm sure he didn't leave the engine.   (〈도망자〉 20.25)

TT 관객이 케이시 존스Casey Jones를 거의 모를 것이라고 판단한 스웨덴 자막가는 ST ECR을 삭제하고, 문맥적으로 이 미국 민중 영웅에 관한 정보를 유지한 바꿔쓰기로 대체하기를 택한다.

문제의 바꿔쓰기는 ST ECR에 비해 길이나 복잡성이 크게 다를 수 있다. 바꿔쓰기된 TT의 길이와 ECR(즉 TT의 문화횡단성의 정도, 5.1절 참조)에 대한 TT 관객의 친숙도 사이에는 역관계가 있을 수 있다. 이는 예시 (4.10)에서 설명될 수 있다. 〈미드소머 머더스*Midsomer Murders*〉에서는 두 사람이 다음과 같은 사진을 보고 있다.

---

[37] 케이시 존스는 열차가 충돌할 때 자신의 자리에 남아 기차를 선로에 세워 승객들의 생명을 구하고 순교한 것으로 유명한 미국의 기관사 영웅이었다. 이 이야기는 그의 이름이 담긴 민요에 의해 전파되었다.

(4.10) . . . the V.E. Day celebrations.

스웨덴어 자막:

. . . firandet av kapitulationen i andra världskriget.

역번역:

. . . the celebrations of the capitulation in the Second World War.

덴마크어 자막:

. . . 8. maj 1945   (〈미드소머 머더스〉 24: 8.54)

스웨덴과 덴마크 관객의 결정적인 차이는 덴마크인은 이 전쟁에 참여하였으나 스웨덴인은 그렇지 않다는 데 있다. 따라서 그 결말에 관련된 ECR은 덴마크 관객의 마음속에 더욱 생생할 것이다. (4.10)의 ECR은 스웨덴 TT 관객에게는 번역의 문제가 야기되지만 덴마크 TT 관객에게는 문화횡단적 ECR로 간주될 수 있다. 그러나 공식 덴마크 등가어인 Befrielsesdagen(자유의 날)이 사용되지 않기 때문에 이는 여전히 바꿔쓰기다.[38]

위에서 논의한 바와 같이, 일반화는 관객을 돕기 위해 혹은 매체의 제약 조건을 준수하기 위한 이유로 사용될 수 있다. Pettit이 지적하듯이, "일반화는 자막가가 텍스트를 줄일 수 있도록 해준다"(2009: 56). 그러나 항상 그러한 것은 아닌데 상위 범주어와 (특히) 바꿔쓰기가 ST ECR보다 더 길 수도 있다. 하지만 상위 범주어가 원천 메시지의 항목보다 더 짧은 것이 일반적이다.

---

[38] 엄밀히 말하면 덴마크 해방은 5월 4일에서 5월 5일 사이의 밤에 일어났고, 보통 5월5일이 덴마크에서 광복기념일이다. 그러나 자막에 날짜는 유럽 전승 기념일로 수정되는데, 이는 노르웨이와 같은 일부 국가들이 해방하기까지 시간이 좀 더 걸렸기 때문이다. 그러나 날짜 간의 차이가 아마도 TT 관객이 덴마크어 자막을 이해하는 것을 방해하지는 않을 것이다.

4.2.5 대체: (문화로) 문화를 대신하기[39]

이 전략은 ST ECR을 제거하고 그것을 다른 것으로 대신하는 것으로, SC 혹은 TC와는 다른 ECR(문화 대체)로 바꾸거나 그 상황에 맞는 완전히 다른 것(상황 대체)으로 바꿀 수도 있다. 첫 번째 하위 범주는 ST ECR과 TT 렌더링 사이에 여전히 연결성이 있지만, 두 번째 하위 범주는 그렇지 않다.

번역사가 문화 대체를 사용할 수 있는 두 가지 방법이 있다. 하나는 TC ECR을 사용해 텍스트를 자국화하는 것이고, 다른 하나는 잘 알려진 SC ECR 이나 SC와 TC 양쪽 모두에게 잘 알려진 제3의 문화(즉 문화횡단적인, 5.1절 참조) ECR을 사용하는 것이다. Gottlieb는 이 전략을 세 가지로 분류하기를 제안하는데, 여기서 문화횡단적 ECR의 사용은 "목표 관객에게 **알려진** 이국적 요소에 의한 대체" 혹은 "목표 관객과 **공유된** 이국적 요소에 의한 대체"(Gottlieb 2009, 본문 강조)의 하위 범주로 다시 세분화한다. 이 세분화는 예컨대 이란 영화를 독일어로 자막제작 할 때 영어권의 문화횡단적 ECR을 문화 대체어로 사용하는 경우에 유용할 것이다.[40] 그러나 영어 자막이 대부분의 유럽어로 번역될 때, 이 같은 세분화는 적절치 않다. 영어권의 영향력이 막대해서 SC와 TC 사이에 공유될 ECR의 대체가 대부분 SC에서 비롯될 것이기 때문이다. 따라서 여기서 제시된 모형에서 문화 대체어는 문화횡단적 ECR에 의한 대체와 TC ECR에 의한 대체라는 두 개의 하위 범주로만 세분화될 것이다.[41]

문화횡단적 ECR 혹은 TC ECR에 의한 대체 전략에 수반되는 과정이 그

---

[39] 이 절에 설명된 대부분의 내용은 Pedersen(2007b)에 기초한다.

[40] 이 의견은 비엔나 대학(University of Vienna)의 만다나 타반(Mandana Ban)의 것이다.

[41] Gottlieb는 이 전략의 세 가지 하위 범주를 제안한 이후 그것을 포기하고 전략에 어떤 하위분류도 하지 않는다.

림 J에 설명되어 있다. 그림의 ECR은 예시 (4.15)와 함께 아래에서 자세히
논의될 것이다.

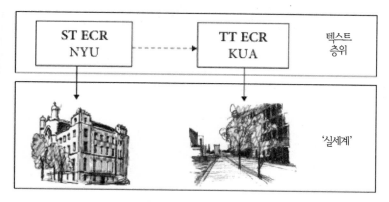

그림 I. 문화 대체어

그림 I에서 볼 수 있듯이, 자막가에게는 많은 노력이 요구될 수 있지만
대체의 과정은 매우 간단하다. 이 과정에는 텍스트 층위와 '실세계'만 포함
될 뿐이고, 의미 관계나 번역이 수반되지 않기 때문에 여기서 언어적 층위
는 필요치 않다. 지시어에 관해서는, 지시어 위반breach of reference으로 인
해 ST ECR은 하나의 지시체를, TT는 또 다른 지시체를 갖는다. 그러나 점선
화살표가 가리키는 바와 같이, ST ECR과 TT ECR 사이에 전달되는 것이 단
지 함축적 의미라 해도 그 사이에 관련성이 있다.

4.2.5.1 문화횡단적 ECR에 의한 문화 대체

가장 유표적이지 않은 형태의 경우에는, 문화횡단적 ECR이 ST ECR을
대체하는 데 사용된다. 이 경우에 ECR은 더 널리 알려진 ST ECR이거나 제3

의 문화에서 온 문화횡단 ECR일 수 있다. 아래 (4.11)의 〈매쉬〉가 그 예이다. 다소 마초적 인물인 미 정보장교 플래그Flagg 대령이 스스로 단련한 웃음 참는 법을 수용소 지휘관 포터Potter 대령에게 설명하고 있다.

(4.11) I watched a hundred hours of the Three Stooges. Every time I felt
like smiling, I jabbed myself in the stomach with a cattle prod.
덴마크어 자막:
Jeg så Gøg og Gokke film i 100 timer. [. . .]
역번역:
I watched Laurel and Hardy movies for 100 hours. [. . .]

(〈매쉬〉 6: 12.38)

(4.11)에서 ST ECR은 1930년대 이후 미국에서 유명한 코미디 3인방 *The Three Stooges*[42]를 지칭한다. 그러나 영화 〈바보 삼총사*The Three Stooges*〉는 스칸디나비아에 진출하지 못했으므로 그 지시어는 스칸디나비아 관객에게 모호할 것이다. 덴마크 자막가는 스칸디나비아에서 잘 알려진 비교적 동시대 인물인 *Laurel and Hardy*로 대체함으로써 관객들이 유명한 미국 코미디언들에 접근할 수 있게 한다. 따라서 자막에 신뢰성 격차credibility gap는 없다. 간단히 말해서, 신뢰성 격차는 자막 속의 SC 인물들이 TC ECR을 사용하는 것으로 보일 때 생긴다. Nedergaard-Larsen은 이것을 "신뢰성 문제credibility problems"(1993: 231)라 칭하고, Gottlieb는 "진위성 문제authenticity

---

[42] 이 예는 위의 그림 H에서 사용된 것과 동일하며, 스웨덴 자막가는 일반화를 사용해 *The Three Stooges*를 스웨덴 등가어인 'entertainment'로 번역했다.

problems"(1994: 51, 필자 번역)라 한다. (4.11)의 자막은 발화에 이상한 점이 없다. 플래그Flagg가 *Laurel and Hardy*라고 부르는 편이 나았을 것인데, 이들은 〈매쉬〉의 시대적 배경인 50년대 초반에 미국의 유명 코미디언들이기 때문이다. 그렇게 하지 않고 *The Three Stooges*라 칭한 것이 문제인데, 여기서 관객들은 Gottlieb가 칭한 "원본의 피드백 효과the feedback-effect from the original"(1997: 93)를 통해 ST와 TT의 차이를 알아차렸을 것이다. 따라서 구두 녹음과 자막 사이에 불일치가 일부 있으므로 자막이 '오역'된 것으로 보일 수도 있다. 필자는 그것이 전혀 오역이 아니라 매우 적절한 해결책(Pedersen 2008 참조)이라 주장한다. Nida(1964: 159)의 용어를 빌리자면, 그 차이는 "형식적formal" 등가가 아닌 "역동적" 등가가 해결책이라는 데 있다. "어의적semantic" 번역보다는 "소통적communicative" 번역을 취하는 것이다 (Newmark 1988: 22). 다시 말해 자막가는 (4.11)에서 정보의 등가보다는 효과의 등가를 추구한다.

문화횡단 ECR 대체의 사용이 TT 자막에 미치는 효과를 살펴보자. 전반적인 효과-이 전략이 아주 많이 사용되거나 혹은 거시 단계macro-level에서 전략적 선택으로 사용된다면-는 "중심성centripetal"(Gottlieb 2001: 22 참조)이라 할 수 있다. 즉 더 이국적이고 주변적인 ECR은 제거하고 더 일반적이고 중심적인 ECR로 대체된다. 또한 Toury의 제1 번역 법칙에 따라, 그 효과는 "표준화standardizing"(1995: 267ff) 된다고 할 수 있다. 관객들은 새로운 ECR이 아니라 친숙한 ECR에 노출되며, 이것은 보는 이의 관점에 따라 TT를 더 잘 이해하거나 혹은 단조롭게 할 것이다.

자막가의 관점에서 TC ECR 문화 대체어를 사용하는 것과 달리, 문화횡단 ECR 대체어는 신뢰성 격차를 생성하지 않는다. 그러나 윤리적 간극을 생성하여 자막가의 "책무 규범accountability norm"(Chesterman 1997: 68 참조)에 어긋난다는 주장이 제기될 수 있다. 이 전략은 지시어 위반을 수반하여 ST ECR이 하나의 지시체를, TT ECR은 또 다른 지시체를 갖기 때문이다. 그래서 어떤 면에서는 자막가가 관객에게 '거짓말'을 하고 있다. 이러한 해결 전략은 다른 관점에서 보면, 자막가가 관객이 ST−적어도 ST 메시지에 대한 TL 번역−를 더 쉽고 편하게 이해하도록 도와줄 뿐이다. 더욱이 이 전략은 Levý의 미니맥스 전략(1967/2000)에 비추어 볼 때 이례적인 것인데, 이는 이 전략이 적절한 문화 대체어를 찾기 위한 연구를 수반하기 때문에 최대 효과를 얻기 위해서는 자막가가 자신의 노력을 상당 부분 희생해야 하기 때문이다. 주로 보존이나 일반화 같은 다른 전략들은 관객에게 어떤 지침을 제공하면서도 시간 소모가 적다. 그러나 문화횡단 ECR 대체는 구체화나 바꿔쓰기 같은 다른 전략에 비해 자막 처리의 공간 효율성이 뛰어나다는 장점을 갖는다.

4.2.5.2 TC ECR에 의한 문화 대체

좀 더 유표적인 형태의 경우에는, ST ECR을 TC ECR로 대체한다. 이는 이국적 요소를 완전히 제거하고 자국적 요소로 대체한다는 점에서 모든 ECR 렌더링 전략 가운데 가장 자국화된 것이다(Venuti 1955: 19-20 참조). 이를 Schleiermacher 말로 표현하자면, "가능한 한 독자는 제자리에 두고 저자가 독자에게 다가가는"(1813/2004: 49) 기법이다. 문화횡단 ECR에 의한 문화 대체와 마찬가지로, 이 전략은 미니맥스 전략에서 최대 측면에 해당하며, 공간 효율적이고, 지시어 위반을 수반하기도 한다. 때때로 지시어 위반은 아주 미묘해서 관객이 거의 감지하지 못한다. 이는 특정 영역에서 전통적으로 오랫동안 문화 대체어를 사용한 경우이다. 이 영역은 TC 관객의 기대 규범에 따라 다르다. 스칸디나비아에서는 기관명, 정부, 교육, 식음료가 여기에 속한다. TC 대체어로 처리되는 기관명의 예시는 (4.12)의 스웨덴 번역인데, 미국 기관을 지칭하는 ECR이 스웨덴 기관을 지칭하는 ECR로 대체된다. 덴마크 자막가는 직접 번역을 선택하는데, 이는 덴마크 TC ECR이 자막가에게 금기시되는 긴 단어인 'kriminalforsororgens ledelse'이기 때문일 것이다.

(4.12) the Prison Board

스웨덴어 번역:

Kriminalvårdsstyrelsen

덴마크어 번역:

Fængselsstyrelsen   (〈탱고와 캐쉬*Tango and Cash*〉 30.53)

관객들은 이것에 익숙해져서 ST ECR이 TC ECR로 대체되었다는 인식조차 별로 없을 것이다. 그 증거는 이렇게 바뀐 문화횡단 ECR이 어휘로 고착화되어 대부분의 이중 언어 사전에 기록되어 있다는 데 있으며, 이 어휘가 대체에 의해 형성된 공식 등가어임을 의미한다. 그러나 모든 TL ECR 문화 대체어가 공식 등가어는 아니며, 그 두 가지 이유는 다음과 같다. 첫째, ST ECR이 TT 관객에게 알려져 있지 않는 경우에 TT ECR 선택에 많은 가변성이 존재하며, 그 가변성으로 인해 공식 등가어가 되지 못한다. 둘째, 이 전략이 지어낸 ECR에도 사용되기 때문이다.

　이 전략이 기대 규범이 허용하는 영역 밖에서 사용되어 다른 영역에 적용될 때, 그 결과는 변칙으로 간주될 수 있으며 이는 신뢰성 격차를 생성한다. 신뢰성 격차는 TC ECR을 마치 SC ECR인 것처럼 처리하기 위해 SC 자리에 들어간 글자에서 유발된다. 따라서 이 전략은 정보를 주요 스코포스 skopos(목적; 5.7절 참조)로 하는 텍스트에 쓰이는 경우는 거의 없지만, 특히 유머를 주요 스코포스로 하는 텍스트에서 (4.14)와 같이 사용된다. 빠른 속도로 철자 바꾸기anagram와 약어가 많이 오가는 유머 넘치는 대화에서 한 미국 요원이 동료에 대해 다음과 같이 추론한다.

(4.14) You received your Ph.D. at N.Y.U.

덴마크어 번역:

Du blev CAND. MAG. på KUA.

역번역:

You became an M.A. at KUA.   (〈스파이 하드Spy Hard〉 39.17)

덴마크 자막가는 (미국) 명문대 'New York University'의 약어를 (덴마크) 명문대 'the University of Copenhagen'으로 (일부) 철자를 바꾸어 대체한다. 따라서-풍성한 철자 바꾸기에 근간한-신뢰성 격차가 조금 있음에도 불구하고 이 재담은 유효한데, 이는 코펜하겐 대학에서 인문학 교육을 받은 국제 요원이 많지 않기 때문이다.

TC 문화 대체어의 사용은 환상 계약contract of illusion(1.1.3절 참조)을 깰 수 있다. Gottlieb가 말한 바와 같이 매우 TL-지향적 번역을 논할 때 "원문의 또 다른 자아로서 번역의 환상은 깨진다"(1994: 50, 필자 번역). 만약 문화 대체어가 준공식 등가어 기능을 갖는 문화 대체물의 영역에서 사용되는 경우는 그렇지 않을 수 있다. 그러나 문화 대체물이 다른 영역에서 사용되면 신뢰성 격차는 활짝 열린다. 어떻게 관객이 분명 덴마크인으로 보이지 않는 스파이가 코펜하겐 대학의 학위를 받았음을 믿을 것인가? 믿지 않는다는 것이 한 가지 가능한 대답이다. 대신 관객은 TT ECR을 아래와 같이 해석한다.

화자는 우리가 X라 부르는 ECR과 유사한 ECR을 적절한 방법으로 언급했다.

X는 TT ECR을 의미한다. 이것은 TC 문화 대체어를 사용하여 전달하고자 하는 내용에 대한 단서를 제공한다. 전달되는 내용은 결코 지시어가 될 수 없을 것이며 지시어 위반이 그것을 불가능하게 한다. 대신, 위 공식의 "유사한"이라는 단어가 설명하는 바와 같이 전달하고자 하는 것은 함축적 의미이다. (4.14)에서 전달된 함축된 의미는 (지역에서) 유명한 학문의 중심지로서, 흔히 약어로 지칭된다는 것이다. 적절한 함축적 의미가 전달되는 것이 중요하기 때문에 "적절한 방법으로"를 부사로 덧붙인 것이다.

신뢰성 격차는 작은 균열에서 깊은 구렁에 이르기까지 강도의 차이가 있을 수 있다. TT ECR이 TC에 너무 깊이 뿌리 내렸다면, TC 문화 대체가 식음료 영역에서 사용될 때조차도 작은 신뢰성 격차가 생길 수 있다는 주장이 제기될 수 있다. 따라서 매우 지역적 의미를 전하는 스웨덴식 치즈케이크 'ostkaka'나 덴마크식 샌드위치 'smørrebrød' 같은 음식이 문화 대체물로 사용되면 신뢰성 격차가 생길 것이다. SC의 TV 프로그램을 대체한 TC의 TV 프로그램의 예와 같이, 다른 TC ECR 대체어들은 작은 간극만을 생성한다. 〈오피스*The Office*〉 코퍼스에는 동일한 문장에 두 개의 덴마크어 예시가 있다.

(4.15) Imagine a cross between "Telly Addicts" and "Noel's House Party."

덴마크어 번역:

Forestil dig et kryds mellem "Ugen der gak" og

"Husk lige tandbørsten." (〈오피스〉 11: 16.15)

두 TV 프로그램이 잠깐 언급되는데, 이 덴마크 대체물들—*Ugen der gak* (DR)과 *Husk lige tandbørsten*(DR)은 같은 장르에서 나왔다. 대체가 사용되는 이유는 많은 TV 프로그램—예컨대 NBC의 〈제퍼디!*Jeopardy!*〉, ITV의 〈누가 백만장자가 되고 싶은가*Who wants to be a Millionaire?*〉, BBC의 〈안티크 로드쇼*Antique Roadshow*〉—이 동시에 판매되고 또 영어권 형식을 토대로 하기 때문이라고 짐작해 볼 수 있다. TT 관객은 덴마크어 이름으로 대체된 외국 TV쇼의 이름을 보는 데 익숙하므로, 낯선 영국 프로그램을 덴마크어 제작물로 '슬쩍' 대체할 수 있다고 여겼을 지도 모른다. 언급된 프로그램 중 '*Husk lige tandbørsten* (DR)'의 경우가 그런 형식의 버전이다. 그러나 이 TV 쇼는 채널 4의 *Don't Forget your Toothbrush* 버전이지 BBC의 *Noel's House Party*가 아니다. 그럼에도 불구하고 이는 맥락상 주변적 ECR의 함축적 의미를 전달하는 신속한 방식이다.

따라서 TC 문화 대체 사용의 이점은 지시어 위반에도 불구하고 함축적 의미가 공간 효율적이며 인상적인 방식으로 전달되는 데 있다. 예시 (4.14)에서 *KUA*를 씀으로써, 자막가는 NYU가 무엇인지 설명할 필요가 없다. 시·공간의 제약을 받는 영상 매체에서—농담을 망치는 것은 말할 필요도 없고—이를 설명하기란 불가능하기 때문이다. 또 다른 가능성인 보존—'NUY'로 철자를 잘못 쓴 스웨덴 자막가가 사용했던—의 경우에 많은 관객이 농담을 이해하지 못할 수 있다. TC 문화 대체 사용의 한계는 이런 식으로 관객의 기대 규범에 의해 설정될 것이다(2.4.2장 참조).

4.2.5.3 상황 대체

이 전략을 사용할 경우, ST ECR의 모든 의미는 제거되어 그 의미와 상관없이 상황에 맞는 무언가로 대체된다. 따라서 이 전략은 준생략 전략 quasi-omission strategy으로 볼 수 있고 Gottlieb의 "감내resignation"와 유사하다(1997: 75).

상황 대체Situational Substitution의 예시는 (4.16)의 스파이 패러디물 〈스파이 하드Spy Hard〉에서 볼 수 있다. 여기서 일부 악당들은 어린 소년으로 하여금 우크린스키Ukrinsky 교수의 행방을 밝히게 한다. "교수는 어디 있지?"라는 질문에 소년은 거짓 답을 준다.

(4.16) With Gilligan!

　　　스웨덴어 자막:

　　　Med professorskan.

　　　역번역:

　　　With his wife.　　　　　　　　　　　　(〈스파이 하드〉 1.01.37)

코미디 시리즈 〈길리건의 섬Gilligan's Island〉(CBS)은 스웨덴에서 방영되지 않았기 때문에, 미국에서 유명한 ECR인 '교수와 길리건'을 연관 짓는 이 농담은 TT 관객에게 통하지 않는다. 대신, 자막가는 ST ECR을 제거하고, ST ECR과 TT 항목 간에 연결성이 없으므로 TT 렌더링이라 할 수도 없는 것으로 이를 대체한다. 교수와 부인 간에는 연결성이 있지만 길리건과 교수 부인 간은 그렇지 않다—이 시리즈물에서 교수 부인은 언급되지 않으므로 존재하지 않는 인물일 수도 있다.

그림 J는 예시 (4.16)에 수반되는 과정을 설명한다. ST ECR은 특정 지시어를 갖는 반면에 TT 항목은 어느 교수와 결혼한 어느 여성을 지칭하며, 둘 사이에 아무 연관성이 없다. 문화 대체어와 달리, 상황 대체어의 대체물은 ECR이 될 수 없을 것 같지만, ECR이 될 수 있다. 실행적 차이는 ST ECR과 TT 항목 사이에 연결성이 부족하다는 것이다.

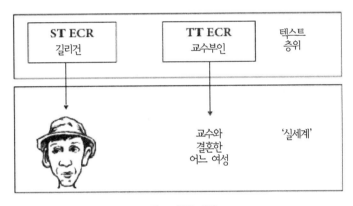

그림 J. 상황 대체

4.2.6 생략: ECR 삭제하기

Toury(1995: 82)가 지적한 바와 같이, 생략은 타당한 번역 전략이며 본 모형에서는 ST ECR을 무無로 대체하는 것을 의미한다. 생략만이 유일한 선택인 상황들이 있지만 이는 게으름에서 선택될 수도 있다. Leppihalme의 표현대로 "번역사는 다른 모든 대안적 전략을 거부하고 책임감 있게 생략을 선택하거나, 혹은 자신이 모르는 무언가를 찾아내는 수고를 덜기 위해 무책임하게 생략을 선택할 수도 있다"(1994: 93).

관점에 따라 생략은 가장 목표 관객 지향적 전략이 될 수 있는데, 문제가 되는 이국적 항목이 어떤 형태로든 TT에 진입하지 못하게 막기 때문이다. 다른 한편으로 생략은 어떤 것을 하는 행위와 반대로 아무것도 하지 않는 행위를 수반하므로 다른 모든 기준 전략baseline strategies의 대안으로 볼 수 있다. 어떤 경우에도 아무것도 하지 않는 행위는 실제로 거의 노력을 필요로 하지 않기 때문에, 이는 미니맥스 전략의 최소 측면에서 보면 고도의 최소 전략이다. 그러나 책임감 있게 생략을 선택하는 경우는 대안적 전략을 시도하는 노력이 들어간다.

그림 K는 〈시애틀의 잠 못 이루는 밤Sleepless in Seattle〉(12.3)의 예를 바탕으로 그 과정을 설명한다. Sears Tower가 지나가는 말로 언급되지만 이야기와 실질적 관련은 없다.

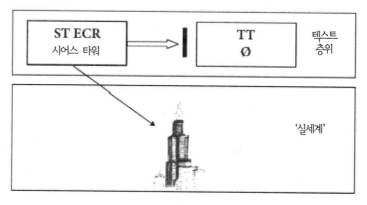

그림 K. 생략

생략은 기준 범주baseline categories 중 최종 범주이다. 마지막으로 제시해야 할 전략이 하나 남았는데, 이는 다른 종류의 것으로서 공식 등가어를 이용하는 것이다. 이것은 여러 면에서 기준 전략과 차이가 있지만 역설적으로 그중 어느 하나에 근거할 수 있다(생략 가능성을 배제함). 이는 다음 소절에서 설명될 것이다.

4.2.7 공식 등가어 사용하기: 준비된 해결책

공식 등가어Official Equivalent를 사용하는 전략은 그 과정이 언어적이기보다는 행정적이라는 점에서 다른 전략과 종류가 다르다. "인증authentication"(2003: 39)에 대한 Hermans의 논증에 따르면, 공식 등가어가 존재하기 위해서는, ECR에 대해 권한 있는 사람들의 공식적 결정이 필요하다. 단위 변환이 이 범주에 속할 것이다. 예를 들어 덴마크 의회는 미터법을 사용하기로 결정했는데, 이는 어떤 측정값이 피트ft 단위로 주어질 때마다 덴마크에서는 (거의) 항상 미터metre 단위로 표시됨을 의미한다.[43] 공식 등가어가 '법령에 따라' 만들어지는 또 다른 전형적인 예는 *Donald Duck*이 스웨덴어 'Kalle Anka'로 불릴 때 *Donald Duck* 표현에 관한 번역 상의 이유가 어디에도 없다는 사실이다. 그러나 자막의 시·공간의 제약과 같은 다른 이유가 있을 수 있다. 미터법과 도널드 덕의 사례에서 유일한 차이는 법령의 진원지에 있다. 첫 번째 사례는 민주당 대표가 국민에게 법령을 공포하지만, 두 번째 사례는 스웨덴의 디즈니가 번역사들에게 규칙을 공포한다.

〈코요테 어글리*Coyote Ugly*〉에서 누군가가 TV 드라마 시리즈 〈이알*E.R.*〉

---

[43] 피트 단위의 사용이 여전히 유효한 비행고도와 같은 특정 상황은 제외. (예시: 〈브로큰 애로우*Broken Arrow*〉(10.5)의 덴마크 자막에 400피트는 '400 fod'로 표기됨)

을 언급하는 (4.17)에서 또 다른 예를 살펴볼 수 있다.

(4.17) E.R.

　　　스웨덴어 번역:

　　　Cityakuten

　　　덴마크어 번역:

　　　E.R.　　　　　　　　　　　　　　　　　　　(〈코요테 어글리〉 1.13.23)

(4.17)의 스웨덴어 자막을 역번역하면 "도시의 응급실a city emergency ward" 정도로 읽힐 수 있는데, 이 경우 공식 등가어는 구체화(완성)와 직접 번역(변이)의 조합으로 탄생되었다. 그러나 여기서 중요한 것은 공식 등가어가 의회의 미터법과 유사하게 공식 결정으로 만들어졌다는 점이다. 물론 그 결정이 훨씬 덜 중요하고 더 적은 사람에게 영향을 미치지만, ECR 담당자－(4.17)의 경우 아마 이 시리즈물을 수입한 스웨덴 방송국－가 $E.R$이 스웨덴어 'Cityakuten'로 번역되도록 결정했다. 다른 모든 표현은 부정확하거나 적어도 이 ECR 담당자가 승인하지 않을 것이다. 이것은 실제로 보존Retention을 기초로 한 이 구절의 덴마크어 자막에 나타나는데, 이는 구체화(완성)와 직접 번역(변이)를 근거한 덴마크 공식 등가어가 "Skadestuen"이기 때문이다. (4.17)에서 덴마크어 번역의 적절성adequacy이 떨어지는 것은－공식 결정권자의 분노를 살 위험성이 살짝 있다는 점 외에도－TT 관객이 그 공식 등가어에 익숙해서 다른 표현을 인정하지 않기 때문이다. (4.17)은 특정 번역 행위를 설명하는 기준 전략과는 매우 다른 종류임에도 불구하고, 공식 등가어를 별도의 범주로 간주하는 이유를 잘 보여준다. 즉 이 범주가 특정

번역 행위를 설명해준다. 공식 등가어라는 범주가 없다면, (4.17)에 덴마크어 표현이 왜 기능적으로만이 아니라 처방적으로 눈살을 찌푸리게 하는지 설명하기 훨씬 어려울 것이다.

'법령에 의한 등가' 외에도, 공식 등가어는 정착entrenchment − 그 이후에는 정착된 등가어entrenched equivalent로 불림 − 을 통해 존재하는데, Leppihalme은 이를 "표준 번역 [. . .] 예비 TL 버전preformed TL version"(1994: 94)이라 불렀다. 이 "예비 TL 버전"은 ECR이 TL에 진입해 온 증거라 할 수 있다. Chesterman이 등가어에 내리는 화용적 정의는 "ST의 항목 X는 TL에서 항상 Y로 번역된다"(1997: 9, 원문 강조)이다. 이는 표준 이중 언어 사전에서 발견되는 등가어의 정의이다. *The Statue of Liberty*(자유의 여신상)이 항상 덴마크어 *Frihedsgudindenfh*로 번역되는 것이 그 예이다. 공식 등가어를 생성하는 이 두 가지 방법은 합쳐지는 경향이 있다. 일단 공식 등가어가 법령으로 만들어지면 정착되기 쉽다. 그러나 항상 그렇지는 않다(이것이 왜 이 범주의 명칭으로 "확립된 등가어established equivalent"가 덜 적합한지에 대한 이유다). 예를 들어 몬티 파이튼Monty Python의 〈라이프 오브 브라이언*Life of Brian*〉(1979)의 스웨덴 공식 등가어는 'Ett Herrans Liv'이다('끔찍한 소동'을 의미하지만 '주님의 삶'을 뜻하는 스웨덴어 구절과 비슷하게 들리는 말장난임). 그러나 이것은 큰 인기를 얻지 못했고 스웨덴 사람들 대부분은 여전히 그 영화를 *Life of Brian*이라 부른다.

공식 등가어는 거의 모든 번역 전략과 같이 쓸 수 있다. 보존의 사용이 가장 일반적이지만, 직접 번역과 문화 대체도 흔히 쓰인다. 구체화는 가끔 사용되며 완전히 다른 것과도 함께 할 수 있다. 다음의 공식 등가어 예시를 통해 살펴보자.

보존

(4.18) NATO

스웨덴어 번역:

NATO   (⟨007 네버 다이*Tomorrow Never Dies*⟩ 5.55)

직접 번역

(4.19) [the sitcom] Cheers

스웨덴어 번역:

Skål   (⟨코요테 어글리⟩ 46.18)

구체화

(4.20) Bluebeard

스웨덴어 번역:

Riddar Blåskägg   (⟨피아노⟩ 55.54)

문화 대체

(4.21) Second Lieutenant

스웨덴어 번역:

fänrik   (⟨매쉬⟩ 5: 4: 8.39)

기타

(4.22) Winnie the Pooh

덴마크어 번역:

Peter Plys   (⟨노팅 힐*Notting Hill*⟩ 18.26)

(4.18)과 (4.19)는 그리 복잡하지 않지만 나머지는 추가 설명이 필요하다. 예시 (4.20)에서 언급된 (원래 프랑스어) 동화는 스웨덴어 *Riddar Blåskägg*— 즉 '푸른 수염의 기사the Knight Bluebeard' 혹은 '푸른 수염경Sir Bluebeard' — 로 항상 언급되기 때문에 더 구체적인 이름이 스웨덴어로 정착되어 있다. (4.21)에서처럼 문화 대체는 매우 일반적이다. 여기서 '*Second Lieutenant*'(소위)는 스웨덴어 *fänrik*와 같다고 반박할 수도 있다. 이에 대한 대답은 그 두 표현은 동일하지 않으며 단지 매우 유사하다는 것이다. *Second Lieutenant*는 영어권의 육군 장교지만, *fänrik*는 스웨덴의 육군 장교다. 이것들은 똑같은 어휘가 아니라 상응어, 즉 공식 등가어이다.

(4.22)는 단순히 '모'(parent) 전략의 문화횡단적 예로서가 아니라 그 자체의 범주에서 공식 등가어를 처리하는 이유를 설명한다. 여기서 *Peter Plys*가 봉제 장난감을 지칭하는 'Plush Peter'로 역번역 될 때, SC ECR과 어떤 언어적 연결성도 없다. 또 다른 예시는 패트릭 스웨이지Patrick Swayze가 주연한 1989년 영화 〈불타는 복수*Next of Kin*〉의 스웨덴 공식 등가어인 *Dirty Fighting*이다. 이것은 영화 제목이 강력한 마케팅 도구가 될 수 있고, 스웨덴 영화 배급사들이 원하는 대로 — 원작 제작자의 승인과 함께 — 제목을 지을 수 있는 힘을 지녔다는 사실로 설명될 수 있다. 스웨덴에서 그 제목을 사용함으로써, 관객들은 스웨이지의 가장 큰 흥행작이며 그 영화와 전혀 연관이 없는 〈더티 댄싱*Dirty Dancing*〉(1987)을 떠올리게 된다. 마지막 두 경우에 공식 등가어는 어떤 번역 전략에도 근거하지 않는다. 그렇다면 이는 상황 대체가 아닐까? 이것은 어디에도 맞지 않는 해결책을 위한 일종의 '쓰레기통' 범주에 해당하는가? 우리는 정말 공식 등가어 범주가 필요한가? 마지막 질문에 대한 대답은 (아마도 당연히) 긍정적이다. 상황 대체는 거의 반복

되지 않는 단일 사례에 대한 임시방편적 해결책과 관련된다. 한편, 공식 등가어는 많은 독자적인 번역사들이 반복적으로 떠올리는 정착된 등가어이다. 상황 대체어는 개별적인 번역 문제와 관련해서 번역사로부터 생성되며, 공식 등가어는 영구 등가어로서 당국에 의해 만들어진다.

공식 등가어의 가장 중요한 측면은 이것이 존재하면 번역 문제가 발생할 가능성이 낮다는 것이다. 이는 이미 정해진 예비 해결책이 있기 때문이다. 물론 공식 등가어의 사용 여부는 자막가의 선택이지만, (4.17) *E.R*에서 설명된 바와 같이 번역사가 공식 등가어 사용을 선택하지 않는다면 본인이 위험을 감수해야 할 것이다.

4.3 결과물 및 번역 과정: 관점의 문제

살펴본 바와 같이, ECR을 TT 자막으로 제시하기 위한 전략이 많지만 그중 일부는 번역을 수반하지 않는다. 보존, 대체 그리고 생략은—단어 대對 단어—번역을 전혀 포함하지 않는다. 또한 모든 전략이 TT ECR을 수반하지도 않는다. 생략은 ECR을 생성하는 법이 없고, 일반화와 상황 대체는 드물게 생성한다.

그림 D의 분류 체계는 번역 결과물을 토대로 하며, 원천-목표 지향적 source to target-oriented이다. 이것은 최종 텍스트 분석을 할 때 ECR 표현을 살펴볼 수 있는 최선의 방법으로, 자국화와 이국화 같은 문제에 관심 있다면 특별히 그러하다 하겠다. 한편 번역 과정의 관점에서도 이를 살펴볼 수 있다. 이는 교육적 목적뿐 아니라 자막가가 관객이 ECR을 이해하도록 언제 어떻게 도와주었는지—혹은 도움을 주지 않으려는지—를 발견하는 데도 유용하다. ECR에 접근함으로써 부분적으로 혹은 이상적으로 그 발화를 이해하며 보다 중요한 함축적 의미를 파악할 수 있다.

TT 관객이 ECR에 접근할 수 있는 주요한 세 가지의 방법은 다음과 같다.

　ⅰ. 백과사전적Encyclopaedically 혹은 상호텍스트적intertextually으로:
　　실세계나 다른 텍스트에 대한 지식을 통해
　ⅱ. 지시적으로Deictically: 코텍스트co-text나 맥락을 통해
　ⅲ. 내러티브 외적으로Extra-diegetically: 자막가가 사용한 중재 전략을 통해

다시 말하자면, (ⅰ) 또는 (ⅱ)가 적용되지 않는 경우, 자막가는 TT 관객이 ECR에 접근하도록 이상적으로 개입할 것이다. 일반적으로 TT 관객을 ECR에 접근시킬 때, 언제 (ⅲ)이 요구되는지를 아는 것만으로 반은 이기고 들어간다. 다시 말해, 자막가는 문제시 되는 ECR을 TT 관객에게 이해시키기 전에 번역 문제translation problem가 있음을 인식해야 한다. 이 자명한 사실이 항상 인정되는 것은 아니다.

　번역 과정의 관점으로 보면, 그림 D에서 나타난 ECR 렌더링과 관련된 최상위 범주 전략은 '최소 변경 전략minimal change strategies'—ECR이 백과사전적, 상호텍스트적 혹은 지시적으로 접근될 때 이상적으로 사용됨—과 '중재 전략interventional strategies'(이 명칭은 Leppihalme 1994: 200에 기초함, 번역 전략 중 하나로 사용됨)으로 대체될 것이다. 기본 분류baseline grouping는 여전히 유사할 것인데, 이는 최소 변경은 보통 SC ECR을 보존함을 의미하며 중재는 대개 목표 지향적 결과로 이끌기 때문이다. 왜냐하면 TT의 이국화가 일어난다 하더라도 자막가가 TT를 더 이국화하도록 개입할 가능성은

낮기 때문이다. 대신 개입intervention은 TT 관객을 돕기 위해 수행될 것이므로 텍스트를 TC에 더 가까이 가져간다(Schleiermacher 1813/2004: 49 참조). 따라서 최소 변경 전략은 ST ECR을 TT로 바꿀 때 새로운 자료를 추가하지 않기 때문에 보존, 공식 등가어 그리고 직접 번역이 될 것이다. 중재 전략은 TT 관객을 ECR에 접근시키기 위해 더 많은 (혹은 다른) 정보를 제공하기 때문에 구체화, 일반화 그리고 대체가 될 것이다. 여기서 생략은 중재도, 최소 변경도 아닌 열외에 위치한다. 생략은 자연히 최소 변경보다는 중재에 더 가깝다고 볼 수 있다. 자막가의 개입으로 문제의 ECR이 제거되면, ECR을 이해해야 하는 관객의 걱정이 덜어지고 일부 발화를 이해하도록 도울 수 있기 때문이다. 한편, 생략은 ST ECR을 TT로 바꿀 때 어떤 자료도 추가하지 않는다. 필자는 이 두 가지 주장에 힘입어 생략을 그림 L의 중앙에 배치시켰다. 이 그림은 하위 범주가 표시되지 않아서 그림 D에 비해 다소 단순해졌다. 그러나 이것은 그림 D와 동일하다.

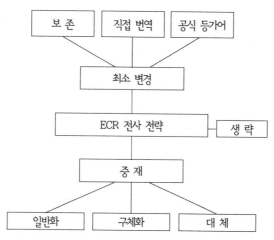

그림 L. ECR 번역 전략의 단순화된 과정 지향적 분류 체계

    그림 L이 단순해진 이유는 하위 범주가 빠져있을 뿐 아니라 최소 변경과 중재 전략 사이에 경계가 아주 뚜렷하다는 인상을 주기 때문이다. 그럼에도 불구하고 이 그림은 보기보다 다소 복잡하다. 최소 변경 전략인 공식 등가어와 직접 번역은 정보 추가는 없지만, ECR을 관객에게 더 친숙한 형태로 제공하여 이해를 돕는다. 중재 전략인 일반화와 대체는 관객에게 ST ECR에 대한 접근권이 아니라 그 의미(일반화)나 유사 ECR(문화 대체)에 대한 접근권을 준다. 위의 정의에 따르면, 이 전략들은 관객이 ECR의 일부 발화를 이해할 수 있다는 점에서 여전히 ECR에 접근 가능하며, 이는 상황 대체와 생략에도 해당된다.

    앞서 언급한 바와 같이, 현실의 자막제작에서는 여러 전략이 결합되는 경우가 많다. 예컨대 (4.17)과 같이 ST ECR이 직접 번역되기 전에 구체화되는 것은 드문 일이 아니다. 이 전략들은 어떻게 ECR이 ST에서 TT로 전달되는지를 언어적으로 설명한다. 이는 자막가 자신이 어떤 선택을 할지 반드시 의식적으로 인식하고 있다는 것은 아닌데, 일부 번역 과정은 내면화되고 잠재의식적일 수 있기 때문이다. 특히 여러 전략이 결합되는 경우에 자막가는 한 개 이상의 전략을 사용했다는 것을 알지 못할 수도 있다.

Chapter 5

영향 매개변수: 왜 그렇게 된 걸까

앞서 살펴본 몇 가지 전략들은 매우 자유로워 보이고, 자막가는 ST에 너무 과도한 자유를 갖는 것처럼 보일 수 있다. 문화 대체와 같이 목표 지향적 전략이 특히 그러하다. 그러나 이런 전략의 사용이 정당화되고 심지어 꼭 필요한 상황이 많이 있다. Newmark(1988: 77-81)와 Florin(1993) 그리고 영상 번역에서는 Gottlieb(2001), Bartoll(2004), Pettit(2009) 등의 번역학 학자들이 이러한 면을 다루었다.

이 장에서는 ECR 렌더링에서 자막가의 의사 결정에 영향을 미치는 요인들(즉 매개변수들)을 정리해 보고자 한다. 그러므로 4장에 제시된 번역 전략을 사용해 ECR이 TT에서 '어떻게' 취급되는지를 설명할 수 있다면, 영향 매개변수를 사용해 ECR이 '왜' TT에서 특정 방식으로 바뀌는지를 설명할 수 있을 것이다. 영향 매개변수는 번역 문제를 해결하기 위한 텍스트-언어적 선택의 원인으로 볼 수 있다.

코퍼스 데이터로부터 일곱 가지 매개변수가 일반화되었다. 각 매개변수가 따로 열거되어 있지만, 이들은 서로 긴밀히 얽혀서 상호작용하므로 자막가가 번역할 때 도움이 되는 한편 방해가 되기도 한다. 각 매개변수는 다음과 같다.

1. 문화횡단성Transculturality
2. 외적 텍스트성Extratextuality
3. 중심성Centrality
4. 다중기호성Polysemiotics
5. 매체 특정 제약Media-specific constraints
6. 코텍스트Co-text
7. 자막제작 상황Subtitling Situation

매개변수 중 일부 명칭은 불투명해 보일 수 있지만 그 의미는 아래에서 명확해질 것이다. 처음 세 가지 매개변수는 ECR 자체에 속하며, 실세계(1, 2) 또는 텍스트(3)와 관련된다. 매개변수 4와 5는 미디어에 특정되고 마지막 두 가지는 일반적인 번역에 속한다. 이 모든 매개변수는 실행 규범operational norms에 적용된다. 처음 여섯 가지는 텍스트-언어적 규범textual-linguistic norms에 적용되는 반면, 마지막은 형체 규범matricial norms에 적용된다(2.4.1절 참조).

5.1 문화횡단성: ECR이 얼마나 잘 알려져 있는가

의사소통의 관점에서, 모든 영향 매개변수 중 가장 현저하게 나타나는 것은 문화횡단성Transculturality이다. Welsh의 설명과 같이, 이 개념은 현대 문화가 어떻게 "극도로 상호 연결되고 서로 얽혀 있는지"(1994: 198)에 대해 탐구한다. 이는 한때 한 문화권의 사람에게만 친숙했던 많은 ECR이 이제는 세계적 차원에서 접근이 가능하며, 따라서 문화 한정적이지 않음을 암시한다. 그러나 Leppihalme은 다음과 같이 지적한다.

> . . . 메시지는 언어적 구성요소뿐 아니라 비언어적 구성요소도 많이 갖는다. 예컨대, 메시지는 시·공간과 연결되고, 보통 ST 수신자가 직관적으로 알고 있는 어느 정도의 언어외적 지식을 요구한다. 따라서 메시지를 이해하려면, 언어 간 이해 수행을 위한 전제조건으로서 언어내적 및 언어 간의 긴밀한 분석이 필요하다. (1994: 80)

여기서 제시된 모델에 적용하자면, 자막가는 ECR 렌더링에 앞서 TT 관객이 해당 ECR에 대한 지식이 있는지 아니면 TT 관객이 ECR에 접근할 수 있도록 개입이 필요한지를 결정해야 함을 의미한다. Taylor도 이와 같은 점을 지적했는데, 문화에 있어서는 문제없는 번역을 확산하기 위한 언어 예측가능성이 유효하지 않다.

> 텍스트가 문화적 관습에 지배될 때, 예측가능성은 크게 감소되는데, 우선은 원천언어의 패턴에서 그리고 특히 번역에서 그러하다. 여기서 번역사는 관객이 ST 문화에 어느 정도 적응되어 있는지 스스로 가늠한다. (2007: 10)

문화횡단성은 문화적 거리(Leppihalme 1997: 4 참조)라는 개념, 즉 두 문화가 얼마나 밀접하게 연관되는지와 관련 있다. 그러나 본고에서 문화횡단성은 다소 복잡한 개념으로서 전체 문화 체계보다는 개별 문화 항목에 적용된다.

ECR 문화횡단성의 정도는 ST와 TT 관객에게 얼마나 친숙한지를 반영한다. 즉 백과사전적 혹은 상호텍스트적 지식을 통해 ST와 TT 관객이 각각 ECR에 얼마나 쉽게 접근 가능한지가 결정된다. Leppihalme은 암시allusion에 관한 연구에서 문화횡단성에 대해 논한다. 그녀의 모델은 영어권 사회에서 알려진 것, 핀란드에서 알려진 것, 그리고 두 문화가 공유하는 것에 대한 도표를 포함한다(1994: 96). 본 연구의 모델은 두 관련 문화권 어디에서도 잘 알려져 있지 않은 것을 포함한다는 점에서 차별성이 있다. 본 모델은 방법론적 관련성을 가진 문화횡단성의 세 가지 층위, 즉 문화횡단 ECR, 단일문화 ECR, 그리고 기층문화 ECR을 도출한다.

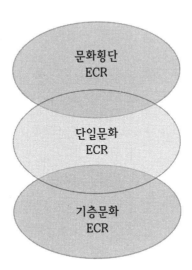

그림 M. 문화횡단성 층위

문화횡단 ECR은 원천 문화에 속한 것은 아니지만 ST와 TT 관객의 백과사전적 일반 지식에서 소환될 수 있는 ECR로서, SC와 TC 모두에 알려져 있다고 가정할 수 있다(예: *7-Eleven*(〈이보다 더 좋을 순 없다*As Good As It Gets*〉 32.03)). 문화횡단 ECR의 지시체는 SC에 존재하거나 TC나 제3의 문화에 나타난 것일 수 있다(예: *Jacques Cousteau*(〈아나콘다*Anaconda*〉(7.53)). 이는 문화횡단 ECR이 모든 문화에서 이해가 가능해야 한다는 의미는 아니며 해당 SC와 TC 구성원들이 이해 할 수 있으면 충분하다. 또한 ST와 TT 관객이 동일한 수준으로 이해할 필요도 없으며 사실 그런 예는 흔하지 않다. 텍스트를 이해할 정도면 충분하다 하겠다. 다시 말하자면 ECR의 함축된 의미가 텍스트와 무관하다면 TT 관객이 해당 ECR을 굳이 이해할 필요가 없음을 의미한다. 문화적 거리가 좁을수록 텍스트에서 문화횡단 ECR을 더 많이 발견될 것이다.

단일문화 ECR은 번역 문제를 일으킨다. ST와 TT 관객 간에 백과사전적 지식의 차이로 인해, ECR 지시체는 ST 관객보다 TT 관객에게 식별이 덜 될 것으로 가정할 수 있기 때문이다. '단일문화'라는 명칭은 문화횡단 ECR과 마찬가지로 약간 오해의 소지가 있는데, 이는 SC 및 TC와 관련된다. ECR이 SC와 TC 외에 다른 문화권에서 알려져 있는지의 여부를 분석하는 것은 중요하지 않다. 문화적 거리가 멀수록 단일문화 ECR은 텍스트에서 더 많이 발견될 것이다.

하나의 ECR을 단일문화로 간주하기 위해 SC의 모든 구성원이 그것을 알 필요는 없다. 문화적 문해력 층위가 사람마다 다르므로 ST나 TT 관객 누구도 단일 실체로 간주되어서는 안 된다. 또한, 많은 다른 매개변수들이 범주화, 특히 자막제작 상황에 영향을 미치는데 보다 구체적으로는 의도된 TT

관객과 ST 장르에 영향을 준다. 만약 특정 하부문화의 관객을 끌어들이는 장르라면, 일반 관객에게는 기층문화(아래 참조)로 간주되는 많은 ECR이 문화횡단적으로 여겨질 수 있다. 게다가 암시로 기능해서 일부 ST 관객들에게 약간 모호할 수 있는 ECR이 다수 존재한다. 이것은 암시적 특성의 일부이며, 말장난과 같이 모든 관객에게 접근 가능한 것은 아니다. 말장난을 이해하는 사람들과 마찬가지로 암시를 인식하는 사람들은 똑똑한 기분 혹은 선택된 집단에 속해 있다는 만족감을 느낀다. 자막 처리의 목적에서 보면, 모든 ST 관객들이 단일문화 ECR에 접근 가능한지 여부는 중요하지 않다. 중요한 것은 백과사전적 지식의 정도 차이이다. ST 관객은 SC의 일원이기 때문에 암시를 사용한 단일문화 ECR에 대한 이해도가 TT 관객에 비해 훨씬 높다. 반면 TT 관객은 TT 관객이기 때문에 해당 ECR에 대한 백과사전적 지식을 추측할 수 없다.

기층문화 ECR[44]은 일반적으로 SC에 속하지만, 해당 ST 관객 대다수가 알 수 없을 정도로 전문적이거나 지역적이어서(예시: *19, Cranberry Street, Brooklyn*(〈문스트럭*Moonstruck*〉 1.16.29)) ST나 TT 관객의 백과사전적 지식 내에 있다고 가정할 수 없다. 이런 경우에 맥락이나 코텍스트co-text를 통해 지시가 이루어져야 한다. 물론 일부 잠재적 ST 구성원들—예를 들어, 브루클린의 크랜베리가에 사는 사람들—이 해당 ECR을 알고 있다 해도 그것이 중요하지는 않다. 중요한 것은 해당 ECR을 아는 사람의 수가 전체 ST 관객에 비해 터무니없이 적은 것이다. 이 차이는 ECR이 ST에서 처리되는 방식을 분석하여 확인할 수 있다. '기층문화'가 '하부문화'를 의미하는 것은 아니

---

[44] 이 용어는 어떤 부정적 함의를 갖지 않으며, 단순히 해당 ST 관객에 비해 낮은 수준에서 알려진 ECR을 가리킨다.

라는 점을 강조해야 할 것 같다. 하부문화권 관객들을 위해 만들어진 TV 프로그램 및 영화들이 있다. 이러한 텍스트에 언급된 ECR이 ST와 TT 관객, 즉 하부문화권 관객에게 얼마나 잘 알려져 있는지 여부에 따라 기층적, 단일적 혹은 문화횡단 ECR 중 하나가 될 것이며, 이는 SC와 TC 사이의 간극을 해소할 수 있다.

기층문화 ECR은 ST를 통해 내러티브 내적으로intra-diegetically 접근이 가능하므로 번역 문제를 야기하지 않는다. 이것은 3.2장의 정의에 따르면 전형적인 ECR이 아니다. 전형적인 ECR 지시체는 "관객의 백과사전적 지식 내에 있으므로 해당 관객이 식별 가능해야 한다"는 점에서 그렇다. 따라서 기층문화 ECR은 ECR의 경계에 있다.

세 가지 문화횡단성 층위는 방법론적 구조를 형성하며, 실행화를 목적으로 현실에 도입된다. 크게 다른 세 개의 층위가 아니라, 아무도 모르는 것에서 모두가 아는 것에 이르기까지 연속체로 존재하므로 현실에서는 범주 간에 많은 중복이 있다. 그러나 본 모델의 목적이 규범의 발견에 있기 때문에 번역 문제를 일으키는 ECR을 다루는 것이 가장 효과적이다. 따라서 이러한 방법으로 다른 것에서 이것들을 골라내는 것이 타당하다. 일부 회색 영역이 있더라도 매우 신중하게 분리하였다.

특정 ECR의 문화횡단적 층위는 목표 관객이 가정하는 지식처럼 영향 매개변수에 따라 다르므로 한 텍스트의 문화횡단 ECR이 다른 텍스트에서 단일문화 ECR이 될 수 있다. 또한, 문화횡단적 층위는 시대에 따라 다르다. 〈칵테일Cocktail〉의 이분법적 예시 (5.1)이 이를 설명해준다. 자메이카의 한 해변에서 더글라스 '더그' 코글린Douglas "Doug" Coughlin은 브라이언 플래너건Brian Flanagan의 주의를 수술 장식이 달린 비키니를 입은 여성에게 돌린다. 그러자 플래너건은 비꼬듯 묻는다.

(5.1) Who? Pocahontas over there?

덴마크어 자막 1989년경:

Indianprinsessan där borta?

역번역:

The Indian princess over there?

스웨덴어 자막 2004년경:

Menar du Pocahontas?

역번역:

Do you mean Pocahontas?   (〈칵테일〉 42.51)

이 예에서 자막가는 *Pocahontas*라는 ST ECR을 처리하기 위해 두 가지 다른 전략을 선택했다. 1989년에는 '인도 공주'가 *Pocahontas*의 상위어가 되었으므로 일반화가 사용되지만 2004년에는 보존이 사용되었다. 이 자체가 특이한 것은 아니지만, (5.1)에서는 그 차이를 문화횡단성 매개변수로 쉽게 설명할 수 있다. 두 버전 사이에 일어난 일은 1995년에 디즈니가 큰 주목을 받은 영화 〈포카혼타스*Pocahontas*〉를 개봉했다는 것이다. 1995년 이전에는 *Pocahontas*라는 ECR은 미국에서는 알려져 있었지만 스웨덴에서는 아니었기 때문에 단일문화 ECR이었다. 그러나 1995년 이후에 대부분의 스웨덴 사람들도 포카혼타스에 대해 알게 되었고, 그것은 문화횡단 ECR이 되었다. 마찬가지로 1988년 영화 〈미드나잇 런*Midnight Run*〉에서 *chorizo*(1.00.53)라는 ECR은 당시에는 분명 기층문화 ECR로 다뤄진다. 이 장면에서, 어떤 사람이 여종업원에게 초리조가 무엇인지 설명해 달라고 요청하자 라티노 소시지라는 상세한 설명을 듣는다. 그 이후 *chorizo*는 미국 전역뿐만 아니라 유럽에서도 볼 수 있는 문화횡단 ECR이 되었다. 오늘날 이 영화를 리메이크 한다면 이 장면은 변경될 것이다. 그렇지 않으면 음식에 대해 박학다식한 인물이 초리조를 모르는 것으로 묘사되어 기이하게 여겨질 것이다.

5.2 외적 텍스트성: 독립적 존재로서의 ECR

이 매개변수는 ECR이 ST 외부에 존재하는지 여부와 관계있다. 만약 외부에 존재한다면, 그것은 텍스트 외적Text External이다. 그렇지 않으면 텍스트 내적Text Internal이다. 따라서 텍스트 외부 ECR은 현재 텍스트와 무관하게 문화 내에 존재하는 ECR이다. 반대로 ECR이 현재 텍스트―혹은 일련의 텍스트―를 위해 구성된다면 텍스트 내적이다. 텍스트 내부 ECR은 사실상 기층문화 ECR과 구별할 수 없을지도 모른다(예: '랭커스터 광장Lancaster Square' (〈트루먼 쇼*Truman Show*〉 28.39)). 이것은 번역의 관점에서는 문제되지 않는다. 기층문화 ECR과 텍스트 내부 ECR 둘 다 텍스트 내적 지시를 달성하려 하기 때문이다. 이 두 범주는 순전히 지시적이며, 텍스트 내에서나 ECR을 구성하는 어휘의 구성적 의미를 통해서 확립 가능한 의미나 함축 그 이상의 것은 존재하지 않는다. 번역의 관점에서 이 두 범주는 큰 문제가 없는데, 이는 자막가가 번역 전략의 선택 시 제한받을만한 어떤 텍스트 외적 장애도 없기 때문이다. 기층문화 ECR과 마찬가지로, 텍스트 내부 ECR은 3.2의 정의에 따르면 전형적인 ECR이 아니다.

원래 텍스트 내부 ECR이 ST 밖에서 잘 알려진 경우에는, 텍스트 간의 관계성 과정을 통해 텍스트 외부Extratextual ECR가 될 수 있다. 그 예가 *James Bond*이다. 〈골드핑거*Goldfinger*〉(11.31)에서 자신을 소개할 때는 텍스트 내적이지만, 〈노팅 힐*Notting Hill*〉(1.45.41)에서 누군가가 자신을 본드와 비교할 때는 텍스트 외적(문화횡단적)이다. 이것은 텍스트 외부 ECR이 현재 텍스트에 존재하지 않으면 가상의 것일 수 있음을 보여준다. 이는 허구적 세계라는 개념을 통해 설명될 수 있다. 〈골드핑거〉라는 허구적 세계에서 *James Bond*는 실제 참여자이므로 Popper의 제1세계의 일부이다. 그러나 실재 세계에서는 그는 문화적 가공품이고 허구이기 때문에 Popper의 제3세계 (사상계)에 속한다. 이것은 우리의 실세계와 〈노팅 힐〉에 설정된 허구적 세계가 공유하는 특징이다. 여기서 제임스 본드James Bond는 제3세계의 가공품인 반면, 안나 스콧Anna Scott이나 윌리엄 태커William Thacher와 같은 〈노팅 힐〉의 인물들은 그 허구적 세계에서 제1세계에 속한다. 우리의 실세계에서 이들은 모두 제3세계의 일부이며, 배우 줄리아 로버츠Julia Roberts, 휴 그랜트Hugh Grant, 숀 코너리Sean Connery만이 제1세계의 일부다. 따라서 *James Bond*라는 ECR은 〈노팅 힐〉에서는 텍스트 외적이고, 〈골드핑거〉에서는 텍스트 내적이다. 숀 코너리를 인터뷰하는 토크쇼에서조차 숀 코너리에 대한 언급은 항상 텍스트 외적일 것이다.

텍스트 내부 ECR은 종종 텍스트 외부 ECR을 모방하도록 구성된다는 점에서, 이 두 ECR 사이에 반대 방향으로 진행되는 연결성도 있다. 예컨대 어떤 영화나 시트콤에 등장인물의 (텍스트 내적) 이름은 보통 그 영화나 시트콤의 배경이 되는 문화에서 타당하게 들리도록 지어진다. 이러한 연결을 그림 N에서 설명한다.

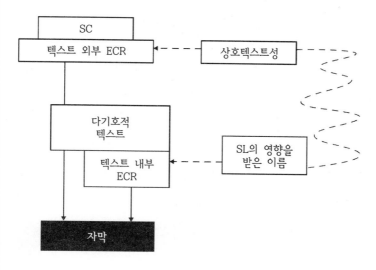

그림 N. 외적 텍스트성

그림 N은 텍스트 내에 있는 텍스트 내부 ECR과 반대로, 어떻게 텍스트 외부 ECR이 SC에서 생산된 텍스트로 진입하는지 그리고 이 모든 것이 어떻게 자막으로 처리되어야 하는지를 보여준다. 또한, 이 그림은 어떻게 성공적인 텍스트 내부 ECR이 텍스트 간 관계성이라는 우회적인 방식을 통해 텍스트 외부 ECR이 될 수 있는지를 설명한다 (그러나 다른 텍스트에서, 즉 원본 텍스트에서 텍스트 내부 ECR은 항상 텍스트 내적이 됨). 역으로 텍스트 내부 ECR은 그럴듯해 보이려고 텍스트 외부 ECR을 모방하는 경향이 있다.

5.3 중심성: ECR이 얼마나 중요한가

중심성Centrality은 가장 중요한 영향 매개변수 중 하나이며 점진적으로 작용한다. 텍스트에서 ECR의 중심성을 설정할 때는 ECR을 적어도 두 가지 층위 −거시적 층위macro-level와 미시적 층위micro-level 혹은 Séguinot의 글로벌 층위global level와 로컬 층위local level(1989: 24)−에서 살펴보아야 한다. ECR이 거시적 층위의 중심에 있다면, 보통은 주된 내용이거나 적어도 현재 영화나 TV 프로그램이 다루는 매우 중요한 주제일 수 있다. 그렇다면 보존이나 공식 등가어 이외에 다른 전략으로 ECR을 표현하기는 거의 불가능할 것이다. 〈매디슨 카운티의 다리Bridges of Madison County〉에서 '매디슨'을 제하고 '카운티'만 쓰는 것은 다소 터무니없을 것이다. 어떤 ECR이 영화에서 지나가는 말로 몇 번 언급된 경우, 그것은 거시적 층위에서 주변적일 수 있다. 그렇다면 그 ECR은 미시적 층위에서 지역적 담론에 얼마나 중심적인가에 따라 번역될 수 있다. 그 ECR이 긴 ECR 목록 가운데 하나로서 미시적 층위에서도 주변적이라면 타당하게 생략하는 경우가 많다. 그러나 예를 들어 그 ECR이 지역적 담론을 진행해서 추후 언급 되거나 혹은 농담을 촉발하는 계기가 된다면, 이는 미시적 층위에서 중심이 될 것이다. 그 ECR이 단일문화적이라면 중재 전략이 필요할 수도 있다. 이는 예 (5.2)의 영화 〈마지막 보이 스카웃The Last Boy Scout〉 도입부에서 설명된다. 누군가가 영웅의 차−와 그 영웅의 아내의 애인−을 막 폭파시켰고, 영웅의 아내 세라Sarah는 다음을 알고자 한다.

(5.2) Sarah: Who the fuck did this, Joe?

Joe: Mr. Rogers. (Pause) How the hell should I know?

덴마크어 자막:

―Hvem fanden gjorde det?

―Anders And.

새 자막:

Hvor skulle jeg vide det fra?

역번역:

―Who the devil did this?

―Donald Duck.

새 자막:

How should I know?   (〈마지막 보이 스카웃〉 18.07)

예시 (5.2)를 보면, 덴마크에는 아마도 어린이 TV 프로를 진행하는 착한 아저씨 *Mr. Rogers*가 사실상 알려져 있지 않으므로, 여기서 덴마크 자막가는 문화 대체어를 만들어 *Donald Duck*의 덴마크 공식 등가어로 대체한다. 이런 방식은 관객에게 (a) 잘 알려져 있어서 이해 가능하고 (b) 영웅의 차를 폭파시킬 가능성이 거의 없는 ECR을 제시한다.[45] 영화에 단 한 번만 출연한 ST ECR(*Mr. Rogers*)이 거시적 층위에서는 매우 주변적이라 하더라도, 조Joe 의 냉소적 응대로서 미시적 층위에서는 중심적이다. 이것이 덴마크 자막가 가 TT 관객이 이해 가능한 것으로 대체하기를 택한 이유일 것이다.

---

[45] 도널드 덕이 자동차를 폭파할 리가 없는 이유는 미스터 로저스와는 다르다. 도널드 덕이 온화한 성격이라서가 아니라 만화 캐릭터라는 것에 근간하기 때문이다.

본 장의 도입부에 언급했듯이, 중심성은 척도로서 작용하며 거시적/미시적 층위는 기본적으로 방법론적 명칭이다. 따라서 ECR의 중심성을 다음과 같이 점진적인 척도로 생각하는 게 더 도움이 된다. 거시적 층위에서 중심적 ECR, 거시적 층위에서 주변적 ECR, 미시적 층위에서 중심적 ECR, 미시적 층위에서 주변적 ECR, 그리고 그 사이에 존재하는 모든 것. 자막가가 기본적으로 각 ECR의 중심성의 층위를 매번 결정해야 한다.

5.4 다중기호성: 채널 간 상호작용

이 매개변수는 자막을 다른 형태의 번역과 차별화하는 핵심이라는 점에서 중요하다. 자막은 다중기호적 텍스트(1.2절 참조)의 일부이기 때문에 일반적인 TT 개념과 다르다. 자막제작은 정보를 덧붙이므로 추가적additive (Gottlieb 1997: 141)이며, 문학 번역이나 더빙처럼 동위기호적 번역 isosemiotic translation(Gottlieb 1997: 141) 형태로 ST를 TT로 대체하는 것과는 다르다. 1.2장에서 설명한 바와 같이, Gottlieb(1997: 143)는 다중기호적 텍스트(예시: 영화나 TV 프로그램)의 기호학적 채널을 다음 4가지로 구분한다. 비언어적 시각 채널(즉 화면), 비언어적 청각 채널(예: 음악과 음향 효과), 언어적 청각 채널(즉 대화), 그리고 언어적 시각 채널(영상과 자막)이다. 이 모든 채널은 기호적 정보를 전달하며 채널들 간에는 어느 정도 중첩 즉, 기호 간 중첩intersemiotic redundancy이 있다.

다중기호성Polysemiotics이라는 매개변수는 위에서 요약한 바와 같이 Gottlieb의 논거에 기초한다. 다중기호적 상호작용이 높으면 다중기호 채널 간에 상호작용이 높음을 의미한다. 예컨대 메시지 창출을 위한 격렬한 대화와 화면 속 동작은 영상 및 음향 효과와 결합된다. 다중기호적 상호작용이 낮으면 기호 간 상호작용이 거의 없음을 뜻한다. 예컨대, 뉴스 기사를 읽는 앵커만 있을 때 정보는 언어적 청각 채널만을 통해 전달된다.

Gottlieb의 기호 간 중첩이라는 개념은 다중기호성이라는 매개변수와 밀접한 관련이 있다. 차이가 있다면, 기호학적 채널들 간에 상호작용하는 방식과 관련해서 다중기호성은 더 일반적인 개념이라는 점이다. 이는 꼭 다른 채널에 대한 정보가 서로 겹침, 즉 중첩됨을 의미하는 것이 아니다. 대신 채널 간에 상호작용이 더 복잡할 수 있다.

자막제작의 관점에서, TT 관객에게 얼마나 많은 안내가 필요한지를 결정할 때 다중기호성을 고려해야 한다. 예컨대 대화 중 언급되는 것이 동시에 화면에도 선명하게 비춰지는 경우, 자막은 지시체를 대명사로 언급하는 것으로 충분할 것이다(일반화). (5.3)과 같이, 언급하는 과정을 다른 식으로 단순화할 수도 있다. 영화 〈이보다 더 좋을 순 없다〉에서, 여주인공은 집 밖에 주차된 차 중에 의사용 M.D. 번호판이 달린 차를 찾기 위해 집으로 돌아온다. 아픈 아들에게 무슨 일이 생겼다고 생각하니 화가 치민다. 이때 배경음악이 오싹해지고, 그녀의 숨은 턱 막힌다.

(5.3) M.D!

　　스웨덴어 자막:

　　En läkarbil!

　　역번역:

　　A doctor's car!　　　　　　　(〈이보다 더 좋을 순 없다〉 1.04.07)

스웨덴에는 의사용 차량을 'M.D.'로 표기하는 관습이 알려져 있지 않기 때문에, 그녀가 왜 화를 내는지, 배경음악에는 왜 긴장감이 도는지 그리고 그녀의 집에 의사가 와 있다는 것을 어떻게 아는지를 설명할 무언가가 필요할 것이다. 이 예시에서 그녀가 짧게 "M.D."라고 말한 언어적 청각 채널은 (a) 언어적 시각 채널로서 'M.D.'라고 표기된 번호판, (b) 비언어적 시각 채널로서 차가 화면에 비춰진 것 그리고 (c) 비언어적 청각 채널로서 긴장된 배경 음악을 통해 뒷받침된다. 이는 자막에 다음과 같은 효과를 준다. 첫째, 두 언어적 채널 간의 동일한 정보로 인한 중복은 그 메시지를 한 번만 자막 처리해야 함을 의미한다(보통 화면 관련 정보는 자막처리 됨). 둘째, 비언어적 시각 채널(즉 화면)에 차가 존재한다는 것은 자막가가 (5.3)에서 간략히 바꿔쓰기 전략을 사용할 수 있게 한다. 이로써 그녀의 반응에 대해 더 복잡한 설명을 하거나, 설명 없이 TT 관객을 어둠 속에 남겨두지 않아도 된다. 그러했다면 TT 관객은 긴장된 배경 음악의 이유를 알지 못해 혼란스러울 것이다.

5.5 코텍스트: 남은 대화

이 매개변수는 상당히 단순하다. 다중기호적 텍스트의 다른 기호 채널에 중첩이 있듯이 코텍스트(대화)의 어디에나 중첩된 정보가 있을 수 있다. 어떤 ECR이 코텍스트의 초반 혹은 후반의 어느 지점에서 명확히 설명된다면, 자막가는 모든 지점을 자막 처리할 필요가 없다.

물론 이 매개변수는 자막 처리에만 국한된 것이 아니라 모든 형태의 번역과 실제로 모든 형태의 담론과도 관련 있다. 하지만 이어서 설명할 매체 특정 제약이라는 영향 매개변수로 인해, 자막가는 코텍스트적 중첩을 이용하고자 할 수 있다.

5.6 매체 특정 제약

자막 제작에 관한 매체 특정 제약은 앞서(1.2.2절) 다루어졌으므로 여기서 다시 언급할 이유는 없다. ECR 렌더링에는 두 가지 제약이 있다고 말하는 것으로 충분하다. 하나는 구어에서 문어로의 기호 전환semiotic switch이다. 이것은 텍스트가 SL에서 TL로 전달되는 과정에서 어느 정도 공식화됨을 의미한다. 그러나 일부 나라에서는 자막이 '혼종적hybrid' 형태로 나타나는데, 여기에는 문어적 형식에 구어적 특징이 가미되어 있다(예시: 프랑스 자막의 경우 Pettit 2009: 53). 그럼에도 불구하고, 이 제약으로 인해 자막에서 ECR이 완성completion으로 이어지는 경우가 많다. 기호 전환 외에도, "자막 제작에는 유명하고 악명 높은 시·공간적 제약이 있어서"(Gottlieb 2004: 219) 자막가의 선택을 제한하는 경우가 많다. 빠른 대화에서는 대화가 압축condensed될 수 있다는 뜻이다. 필자의 이전 연구는 평균 정량적 압축률quantitative condensation rate이 스칸디나비아의 1/3이며(Pedersen 2003a), 국제 압축률과 일치한다는 것을 보여준다(이는 6.2장에서 더 다룰 예정). 압축은 ECR보다 덜 중심적인 언어 자료에 영향을 미치는 경향이 있는 반면 생략은 빠른 대화 자막 처리에서 ECR 렌더링의 유일한 전략인 경우도 있다. 한편 매체 특정 제약은 (느린 대화에서는) 약할 수도 있으며, 그때 자막가는 첨가나 바꿔쓰기와 같이 공간 소모적인 전략을 사용할 수 있는 충분한 시·공간을 가질 수 있다.

자막가는 매체 특정 제약을 항상 인지하고 있기 때문에 압축은 매체 특정 제약의 제2의 특성이 될 수 있다. 이렇게 보면 매체 특정 제약이 모든 매개변수 중 가장 큰 영향력을 행사할 수 있다.

5.7 자막제작 상황의 영향

지금까지 언급한 매개변수들이 갖는 공통점은 텍스트 단독이나 텍스트와 실세계 사이의 상호작용 분석이 가능하다는 것이다. 이 마지막 매개변수는 텍스트 내의 것이 아니라 텍스트에 관한 것이다. 이 매개변수는 번역 상황 (예: Chesterman 1998: 207 참조)의 중심에 있으며, 개별적 고려 사항을 결합하여 전반적인 번역 목표를 형성하거나, 텍스트 전반에 관련된 중요한 번역 전략, 즉 Toury의 용어로는 형체 규범(2.4.1절 참조)을 형성한다. Nord 가 "번역 의뢰서translation briefs"(1997: 59)라 부르는 것에는 자막제작 상황 Subtitling Situation에 영향을 미치는 요인들이 완벽히 나열되어있다. 불행히 도 번역 의뢰서는 실제 자막제작에서 매우 드물고, 자막 분석자가 가질 수 있는 경우는 더욱 드물다. 이는 자막제작 상황에서 생기는 질문에 대한 대답을 번역사, 번역 지침, 자막회사, 방송사, 인터넷, 심지어 TV 가이드 등 다른 곳에서 찾아야 함을 의미한다. 그렇다 하더라도 자막제작 행위의 주된 설명이 자막제작 상황 속에 있는 경우가 많으므로 이를 고려하는 것이 중요하다.

번역학에서는 미시적 층위의 결정을 위한 최우선적 번역 전략의 중요성이 잘 알려져 있다. "어떤 로컬 전략을 선택할지는 번역사가 텍스트에 어떤 글로벌 전략을 선택할지에 달려있다"(Leppihalme 2001: 140). 그래서 ECR 렌더링과 관련해 자막제작 상황이 매우 중요하다. 앞서 언급된 매개변수들이 로컬 의사결정, 즉 텍스트-언어적 규범에 영향을 미치는 것과 마찬가지로 자막제작 상황은 형체 규범 같은 글로벌 전략에 영향을 끼치고, 이는 다시 로컬 전략에 영향을 준다.

자막제작 상황은 여러 질문군으로 분류할 수 있다. 다음은 각 질문군 핵심 질문의 일부 예에 불과하며 완전한 목록이 아니다.

원천 텍스트

-텍스트의 스코포스skopos는 무엇인가?
-이런 유형의 텍스트에서 제작 규범은 무엇인가?
-ST의 장르는 무엇인가?
-ST에 사용된 문체와 어역은 무엇인가?

"[. . .] 번역의 스코포스는 [. . .]" 번역 활동의 "목표 혹은 목적이다"(Vermeer 1989/2000: 230). 스코포스는 누군가가(TT 의뢰인 및/또는 번역사) 텍스트에 대해 기대하는 바이다. 5.3장의 예시 (5.2)에서 *Mr. Rogers*는 덴마크 자막에서 공식 등가어 *Donald Duck*으로 바뀐다. 이는 스코포스에 관해 고려할 사항을 설명하는 데 도움이 될 것이다. 영화 〈마지막 보이 스카웃〉은 액션 코미디라는 혼종적 장르에 속한다. 따라서 이 영화의 스코포스는 (적어도 부분적으로는) 재미를 주는 것이다. 여기서 덴마크 번역사는 농담을 재창조함으로써 이 스코포스에 대한 인식을 보여준다. 코퍼스에 등장하는 두 개의 스웨덴 버전에서는 자막가들이 보존을 택해서 *Mr. Rogers*를 'Mr. Rogers'로 표현한다. 이는 그 영화의 스코포스에 대한 인식이 거의 없음을 나타낸다.

보존은 Nida의 용어로는 형식적 등가가 높다고 하며 ST 정보에 우선권을 부여한다. 그러나 이는 스코포스를 고려하지 않고 TT 관객이 그 말을 액면 그대로 받아들여서 영화에서 *Mr. Rogers*가 악당을 지칭한다고 생각할 가능성이 있기 때문에 적절하다고 보기 어렵다. 또한, 이것은 덴마크 번역사가 수용성에 비중을 둔 환경 규범을 가진 반면, 스웨덴 번역사는 적절성adequacy에 비중을 둔 환경 규범을 가졌을 수 있음을 보여준다. 그러나 이 주장을 입증하려면 더 많은 영화를 분석할 필요가 있다.

다음 질문은 생산 규범(2.4.2절 참조)에 관한 것이다. TT는 국가 규범national norms, 번역회사 지침 및 번역 의뢰서, 그리고 번역사의 선호도에 따라 생산된다. 이는 어떤 종류의 번역을 해야 할지에 대한 글로벌 전략 즉, 기본 규범(2.4.1절 참조)에 영향을 끼치고, 이는 다시 ECR 렌더링에 영향을 준다.

장르에 관한 질문은 텍스트의 스코포스와 밀접한 관계가 있는데, 장르는 텍스트의 스코포스를 알 수 있는 최고의 단서이기 때문이다. 예컨대 텍스트가 다큐멘터리라면 정보가 가장 중요한 측면이므로 최소 변경 전략이 사용될 것이다. 반면 코미디라면 유머가 가장 중요하므로 결정적인 구절(위에서 논의한 Mr. Rogers 참조)을 살리기 위해 중재 전략이 사용될 수 있다.

문체와 어역에서 어역은 ECR 렌더링에 가장 중요한 고려사항이다. 문체도 중요한데, 자막가가 ST의 다른 등장인물 간의 발화를 재현할 때 어떤 문체와 어느 정도의 격식을 사용해야 할지를 알려주기 때문이다. 이렇게 문체는 ECR 번역에 영향을 줄 수는 있지만 주변적 영향에 그칠 것이다. 최근 연구(예: Chiaro 2008 혹은 Zabalbeascoa 2003: 313)에서 영상 번역 전문가들은 실제로 문체를 많이 고려하지 않는 것으로 나타났다. 그러나 어역이 ECR 렌더링에 미치는 영향은 상당하다. 예를 들면 ST에 전문 용어가 많이 포함되어 있는 경우에는 기층문화 ECR을 수반할 것이다. TT는 어역을 재현하기 위해 보존—공식 등가어가 없다면—을 통해 표현될 수 있다. 장르와 어역이 ECR 번역 전략을 선택하는 데 영향을 미치는 전형적인 사례로는 제2차 세계대전 드라마 시리즈 〈밴드 오브 브라더스〉에서 군장비와 특수 용어가 자막에 나타나는 방식을 들 수 있다. 예컨대 병력 수송기 C-47(6: 38.5)에 대한 지시어들은 덴마크와 스웨덴 자막에서 똑같이 보존된다.

TT 관객

—TT 관객의 연령대는 무엇인가?

—TT 관객의 일반적인 교육 수준은 어떠한가?

—TT 관객은 특별한 지식을 가지고 있는가?

연령대가 중요한 이유는 번역사가 TT 관객의 연령층에 따라 다양한 문화횡단성 가정할 수 있기 때문이다. 성인 관객의 경우, *The Battle of the Bulge* (벌지 전투, 〈밴드 오브 브라더스〉 6: 1.02.59)와 같은 ECR은 적어도 공식 등가어—스웨덴의 경우: 'Ardenneroffensiven'—에서 문화횡단적으로 간주될 수 있다. 반면 어린 관객의 경우, *Beverly Hills 90210*(〈심플 라이프*Simple Life*〉(5: 2.41))은 문화횡단적일 수 있지만, 두 경우는 역으로 적용되지는 않는다.

TV 특집 프로그램은 어느 정도 배경 지식을 갖춘 특정 시청자를 염두에 두기 때문에 번역사가 크게 개입하지 않을 것을 요구한다. 코퍼스는 주로 주류 자료를 포함하도록 설계되었으나 앞서 언급된 〈밴드 오브 브라더

스〉 같은 특집 프로도 몇 가지 있다. 유럽에서는 〈CBS 60분*CBS 60 Minutes*〉

이 특집 프로에 해당된다. 이 프로는 시청자가 미국 사회에 대한 배경 지식

을 갖추고 있다고 가정한다. 이는 ECR, *AOL*(〈아메리카 온라인*America*

Online〉(47: 20.28))이 덴마크와 스웨덴 자막에서 동일하게 보존된 이유를

설명해 줄 것이다. 물론 이 ECR은 다른 맥락에서는 같은 결과를 가져오지

않을 수 있다.

방영

– 영화가 언제 방영되는가?

– 어느 방송사인가?

TV 프로그램 방영 시간은 여러 가지 이유로 중요하다. 이는 보통 TV 자막

가가 제공받는 몇 안 되는 정보 중 하나이며, 자막 분석자도 상당히 쉽게

얻을 수 있다. 방송 시간은 부분적으로 번역사가 TT 시청자의 연령대와 구

성을 가늠하는 데 도움을 준다. 더 중요한 것은 관계자들이 인정하지는 않

지만, 황금 시간대 TV가 낮 시간대보다 더 높은 명성과 관심을 받고 있으므

로 더 노련한 번역사가 작업하는 경우가 많다.

방송사의 정체성도 중요하다. 공영 채널은 시청자를 위해 읽기 속도에

관한 일정한 의무를 지며, 교육적 채널로 간주되는 경우가 많다. 따라서 중

재 전략을 더 많이 사용할 것이다. 상업 채널은 종종 마스터 템플릿 파일

master template file을 사용하는 회사들에게 자막을 의뢰하는데, 이는 해결책

에 영향을 미친다.

현실적 고려사항

−마감 기일은 어떠한가?

−재정적 보수는 어떠한가?

−자막가의 경험과 역량은 어떠한가?

중재 전략은 시간이 소요되며 번역사가 보유하지 못한 것일 수도 있다. 또한 번역사는 주로 산출량으로 보수를 받는데 중재 전략의 경우 시간 소요가 크고 일부 자막 회사들은 대금을 많이 지불하지 않기 때문에, 일부 번역사는 중재 전략을 사용할 시간을 매번 확보할 수가 없으며 모든 ECR을 제대로 연구하기 어렵다는 증거도 있다. 영상번역의 전체 관점으로는 양적 증가, 마감일 단축 그리고 가격 하락의 문제는 사실상 소위 "풀 수 없는 방정식"(미디어 컨설팅 그룹 2007: 74)이 된다.

이 현실적 고려사항은 자막 분석가가 확인하기는 매우 어렵다. 대부분의 경우 마감일과 특히 보수는 긴밀하게 비밀로 유지되기 때문이다. 자막 단가에 대한 국제적 연구(Reyntjens 2005)에서 두 가지 후속 연구가 포함된 설문지 329장을 발송했으나 17장만 답변을 받았다. 이는 이러한 고려사항이 자막제작 과정에 미치는 영향력이 크다 하더라도, 자막 분석가는 대개 그 특성에 대해 추측해야 할 뿐이라는 것을 의미한다. 영화 〈도망자〉를 예로 든 (5.4)의 해결책이 이 매개변수를 통해 설명이 가능하다. 시카고의 성 패트릭 데이 퍼레이드에서, 레프러콘 요정과 토끼풀 같은 아일랜드 전통문화가 많이 언급된다. 영화 배경에 확성기 소리는 퍼레이드에 대해 언급하며 다음과 같이 제안한다.

(5.4) We gotta dress the Alderman up as a shamrock one of these weeks.

스웨덴어 자막:

Vi måste klä ut våra gamla till troll nån gång.

역번역:

We must dress up our elderly as trolls some time.

〈〈도망자〉 1:20:44〉

(5.4)에서 *the Alderman*은 스웨덴 등가어 'our elderly'로, *a shamrock*(토끼풀)은 'trolls'로 번역된다. 'Alderman'은 시카고에서 시장이나 시의원과 비슷한 고위 공직자로 나이는 상관이 없다. 스웨덴어 'troll'은 아일랜드의 또 다른 우상 레프러콘 요정의 상위어로 연장선상에 놓일 수 있지만, 토끼풀의 상위어는 결코 아니다. 이 두 가지 번역 변이―혹은 여기서는 '오류'라는 용어가 정당할 수도 있음―가 나타나는 이유는 자막제작 과정에서 연구가 제대로 이뤄지지 않았기 때문일 것이다. 이 사실은 결국 위의 질문에 대한 대답이 모두 '낮다'는 점에서 현실적인 고려사항에 기인한다 하겠다. 예시 (5.4) 자체로는 이런 결론을 보증하지는 않는다. 같은 문장에 두 개의 다소 중대한 오류가 있다 해도, 한 가지 예시에 근거하여 자막제작 상황의 제약이 무엇일지 추측할 수는 없다. 그러나 전체 TT를 고려할 때, 불충분한 연구로 인해 잠재적으로 발생 가능한 오류가 더 많이 발견된다면 그러한 결론은 정당하다. 다음 예시는 (5.4)의 약 1분 전에 나오며 (5.4)와 동일한 TT이다. (5.5)에서 미국 연방 수사관 몇 명이 시카고 데일리 플라자Chicago's Daley Plaza를 가로질러 킴블 박사Doctor Kimble를 뒤쫓고 있으며 무전기에서 다음과 같은 말을 듣는다.

(5.5) He's going east towards the Picasso.

스웨덴어 번역:

Han springer mot Picassomålningen.

역번역:

He's running towards the Picasso painting.　　　(〈도망자〉 1:20:18)

예시에 언급된 '피카소The Picasso'는 데일리 플라자에 명물인 피카소 동상이
지만 화면에는 보이지 않는다. 번역사는 분명 ECR에 대한 연구 없이 피카소
가 주로 그림으로 유명하기 때문에 이를 그림으로 추측했다. 번역사는 구체
화를 통해 관객이 (5.5)의 ECR을 이해하도록 도우려 했지만 실제로 엉뚱한
방향으로 유도했다는 것은 아이러니하다. 또한 이 예시는 4.2.4절에서 언급
된 바와 같이 구체화가 문제시 될 수 있다는 것을 보여준다. (5.5)에 ECR 지
시체는 구체적인 TT ECR의 일부가 아니라 확장된 ST ECR의 일부이기 때문
이다. 이 예시들은 다른 증거와 함께 본 소절에서 설명한 현실적인 고려사
항 중 하나나 그 이상이 낮을 가능성이 있음을 짐작하게 한다.

Chapter 6

텔레비전에 관한 경험적 자막 규범

이 장에서는, 앞선 여러 장에 걸쳐 제시한 모델을 경험적 데이터인 스웨덴어와 덴마크어-일부는 노르웨이어-TT 자막에 적용한다. 그 이유는 두 가지다. 첫째는 그 모델이 상당한 양의 자료에 적용될 때 어떻게 작용하는지를 보여준다는 점에서 실질적 이유이다. 둘째는 자막 규범을 밝히고 이를 국제 자막 규범의 큰 그림과 연결시킨다는 점에서 본질적 이유이다. 첫 번째 절에서는 연구 데이터를 제시한다. 그 다음 절에서는 주로 정량적 관점에서 읽기 속도, 압축률과 같은 요인을 조사하여 자막의 기술적 규범을 국제적으로 비교해 본다. 세 번째 절은 ECR 렌더링에 대해 정량적, 정성적으로 조사한다. 나머지 부분에서는 연구 결과에 대한 논의를 살펴본다.

6.1 자료Material

자막제작 규범을 밝히기 위해서 많은 자료sources가 사용될 수 있고 또한 사용되었다. Toury에 따르면, "[. . .] 번역 규범을 재구성하기 위한 두 가지 주요 자료는 텍스트와 외부 텍스트이다"(1995: 65). 텍스트적 자료는 단순히 번역된 텍스트이고, 텍스트 외적 자료Extratextual sources는 번역사나 편집자 등이 쓴 텍스트에 대한 진술이며 행동 규제를 위한 처방적 진술이다. Toury는 다음과 같이 지적한다.

> [. . .] 두 유형의 자료에는 근본적인 차이가 있다. 텍스트는 규범적 행동의 주요 산물이며 따라서 텍스트의 즉각적인 표현representations으로 간주될 수 있다. 대조적으로 규범적 진술은 규범이 존재하고 활동하는 것의 부산물일 뿐이다. 규범을 공식화하려는 어떤 시도와 마찬가지로, 규범적 진술은 불완전하고 편파적이기 때문에 최대한 신중하게 다루어져야 한다. (1995: 65)

이러한 차이는 텍스트 외적 자료로 작업할 때 고려된다. 왜냐하면 필자는 이 연구에서 사람들이 실제 하는 것, 본인이 한다고 말하는 것, 특히 타인이 해야 한다고 말하는 것이 반드시 일치하지는 않는다는 것을 여러 번 발견했기 때문이다.

6.1.1 텍스트 외적 자료

자막제작은 여전히 처방적 규범이 실무자들의 행동을 어느 정도 규제하는 분야이다. 예를 들어, 지침은 많은 신참들이 새로운 직업에서 방향을 찾도록 도와준다. 지침을 자료에 포함시켰다고 해서 본 연구가 처방적 패러다임에 놓이지는 않는다. 사내 지침은 종종 허용된 생산 규범을 보여준다. 생산 규범은 자막제작에 영향을 미치기 때문에 특히 기대 규범에 근간한다면 설명력이 있다. 따라서 기본적으로 경험적 연구에서는 처방적 규범을 고려할 여지가 있다. 즉, Chesterman의 비유와 같이 "[. . .] 번역연구의 비경험적 목욕물을 제거하더라도 처방적 아기까지 버릴 필요는 없다"(1999: 18). 다시 말해, 텍스트는 규범적 행동의 주요 산물이기 때문에 이러한 출처들은 항상 번역된 텍스트 자체보다 부차적임을 강조해야 한다.

본 연구에서 처방적 규범은 번역 회사의 사내 지침의 형태로 제시될 것이다. 이 지침은 스웨덴 공영 방송Swedish Sveriges Television(이후 SVT)과 노르웨이 방송 협회Norwegian Norsk Rikskringkasting(이후 NRK) 등 두 개의 공영 방송국과 상업적 자막 회사인 스프라키센텀SpråkCentrum/랭귀지랜드 LanguageLand, SDI 미디어SDI Media 및 브로드캐스트 텍스트Broadcast Text에서 가져왔다. 이 지침은 스웨덴과 덴마크에서 매우 다르게 사용된다. 스웨덴에서는 각 자막 회사가 비록 지침 상에 큰 차이는 없지만 회사 자체의 서면 지침을 따른다. 이 지침은 보안이 철저해서 외부인이 습득하기 어려울 수 있다. Norber(저자 조사, January 2007)에 따르면, SDI 미디어 같은 일부 상업 회사는 다국적 기업으로서, 스웨덴 번역사를 위한 지침의 일부 내용만 수정해서 노르웨이와 덴마크 번역사에게도 적용한다.

덴마크에서는 위에서 언급한 다국적 기업 외에는 각 회사에 공식 지침이 있는 경우가 거의 없다. 대신에 번역사들은 번역 불문율을 따르거나, 1989년부터는 단스크 비디오 텍스트Dansk Video Tekst의 창시자 아이브 린더베리Ib Lindberg가 'TV 자막에 관한 몇 가지 규칙Nogle regler om TV-tekstning'

에서 제시한 견해를 따르며, 타이틀비전TitleVision의 창시자 Niels Søndergaard(www.titlevision.com)의 주석도 참고한다. Cathrine Højgaard(저자 조사, March 2007)에 따르면, 다국적 기업에서 일하는 덴마크 번역사들조차 린더베리에 의존하는 경우가 많다. 따라서 덴마크 자막 회사들 간에 처방적 규범에는 차이가 없으며 실제로 덴마크 회사와 공영 방송에서 일하는 번역사들 간에도 큰 차이가 없다. 이는 잘 알려진 바대로, 덴마크 공영 방송인 덴마크 라디오(Danmarks Radio, 이후 DR로 칭함)가 상업적 회사들에게 종종 자막 의뢰를 하기 때문인데, 이 역시 2006년 가을부터 SVT의 방침이었다. 사내 지침은 기술적 데이터 정보의 출처로서 ECR 데이터를 뒷받침하고 설명하기 위해 (신중하게) 사용될 것이다. 또한 경험적 규범과 처방적 규범들이 어느 부분에서 일치하는지 혹은 불일치하는지 살펴보는 것도 흥미로울 것이다.

본 연구에서 밝혀진 기술적 규범은 경험적 데이터에 근거하지만, 기술적 성격의 2차 자료에 의해서도 뒷받침된다. 기술적인 2차 자료는 자막관련 학술대회의 프로시딩인데, 여기서는 번역사와 정책 입안자는 번역 절차, 행동 과정, 전략 등에 대한 생각을 제시한다(예: Mathiasson 1984, Nordisk Språksekretariat 1989). 다른 2차 기술 규범 자료는 자막과 번역 관련 전공 논문(Ivarsson & Carroll 1998, Tveit 2004, Neves 2005, Georgakopoulou 2010) 및 소논문(Pollard 2002, Wildblood 2002)으로 번역 전문가들의 의견이 제시된다. 마지막으로 2차 기술 규범의 가장 중요한 출처는 정보 제공자로서 번역사와 정책 입안자들이 대면 인터뷰, 이메일 혹은 전화로 직접 질문에 응답한 소중한 도움이다.

6.1.2 ESIST 코퍼스

비영리 유럽 영상 번역 연구 협회European Association for Studies in Screen Translation(ESIST)는 자막 비교 프로젝트를 시작하였다. 이 프로젝트에서 해당 기관은 2000년에 번역된 전 세계 자막 데이터를 수집했다. 그 결과로 구축된 코퍼스는 세 개의 짧은 발췌부에 대한 48개 버전의 자막으로 구성되어 있는데 노래, 문화 요소, 너무 느리거나 빠른 대화 등의 까다로운 번역 문제를 포함하고 있다. 이 버전들은 전 세계 전문 자막 회사들에 의해 생산되었다(자세한 내용은 Imhauser 2002 혹은 www.ESIST.org 참조).

필자는 이 프로젝트의 스칸디나비아 버전을 이용하여 본 프로젝트의 예비 연구를 수행했다. 여기서 ST[46]가 덴마크어 네 개와 스웨덴어 버전 네 개(핀란드 스웨덴어 한 개 포함)를 포함하지만 유감스럽게도 노르웨이어 버전은 없다. 필자가 사용한 일부 ESIST 코퍼스는 비교적 크기가 작아서 모든 것을 자세히 조사할 수 있었으므로 예비 연구에 이상적이었다. 지금까지는 동일한 ST에 대한 수많은 TT 버전을 다룬 연구는 거의 없었다. 하지만 성격상 실험적이라는 단점이 있었다. TT는 전문 번역사가 생산했음에도 불구하고 일반적인 자막제작 상황에서 이루어지지 않았다. ST는 탈맥락화되고, 번역사가 평소에 번역 프로젝트에 들이는 시간보다 더 많은 시간이 주어졌다는 증거가 있다. 따라서 ESIST 코퍼스에서 추출한 데이터는 그 규모가 200배 가까이 큰 스칸디나비아 자막 코퍼스에서 발췌한 데이터만큼 타당하지는 않다.

또한, ESIST는 Jan Ivarsson & Mary Carroll(1998: 157-159, 혹은 ESIST 웹페이지 www.ESIST.org)이 개발한 **올바른 자막제작 규약**the Code of Good

---

46 이 프로젝트에서 노르웨이어 데이터가 부족한 이유는 노르웨이어 TT−NRK가 아주 관대하게 제공한 파일 제외−를 획득하기 어렵고 필자가 노르웨이어에 유창하지 못한 문제에 기인한다.

Subtitling Practice을 채택했다. 이는 국제적으로 유효한 자막 지침서를 작성하려는 시도이다. 가능한 많은 나라에 적용하기 위해 규약은 매우 일반적이어서 대부분의 자막가가 그 규범에 동의할 것이다. 본 연구에서 간간이 언급될 이 규약은 텍스트 외적 자료 범주에 속하며 (설명적 규범에 기초한) 처방적 규범을 포함한다.

6.1.3 스칸디나비아 자막 코퍼스

스칸디나비아 자막 코퍼스는 본 연구의 주요 코퍼스이다. 이와 같은 프로젝트를 위한 코퍼스의 크기에 논쟁의 소지가 있다. 필자는 비교적 쉽게 검색할 수 있는 양적 데이터 외에도 국가 규범에 대한 일반적인 결론을 뒷받침할 수 있을 정도로 크지만 조사하기 불가능할 만큼은 크지 않은 코퍼스를 원했다(6.2절 참고).

영상 번역 연구 분야를 괴롭혀 온 한 가지 문제는 매우 많은 연구가 사례연구case studies라는 점이다. 즉 코퍼스는 영화 한 편에 불과했다(예: Titford 1982, Guardini 1998, Díaz Cintas 1998, Hatim & Mason 2000, Remael 2003, Schröter 2003, Zilberdik 2004, 혹은 Muños Gil 2009). 이런 경우는 일반적인 연구 결과를 도출하기 어렵다. 이에 대해 Gambier(2008a) 같은 학자들이 더 이상 사례연구가 흥미롭지 않다고 언급한 바 있다. 그러나 사례연구는 방법론을 소개하고 시험하는 데 실질적 가치가 있으며, 위에서 언급한 많은 연구가 번역 이론에 대한 증명은 아니더라도 주요점을 설명하기 위해 사용될 수 있다. 또한 Toury(1995: 36ff)가 언급한 바와 같이, 사례연구는 다른 자료를 사용해 재시험해 볼 수 있는 잠정적인 일반화를 제공할 수 있다는 점에서 일반 번역의 기술적 지식에 작게나마 기여할 수 있다.

문제는 번역을 분석하는 데 상당한 시간이 걸린다는 것이다. 더 야심찬 분석조차도 종종 2-4개의 TT를 기반으로 한다(예: de Linde 1995, Pisek 1997, Gottlieb & Grigaravičiūtė 1999, 혹은 Gottlieb 1999). 이러한 연구들은 일반화 가능성이 높은 데이터를 생성하지만, 본 연구의 목표인 국가 규범을 밝히려는 목적을 위해서는 일반성이 충분하지 않다. 모든 스칸디나비아 국가 규범을 확립하기 위해서는 적어도 수천 개의 TT가 필요할 것이다. 본 연구와 같은 대규모 연구에서도 그 정도의 코퍼스를 다루는 것은 아마 불가능할 것이다. 차라리 〈블랙애더*Blackadder*〉의 네덜란드어 자막을 분석한 Pelsmaekers & Van Besien(2002), 또는 〈프렌즈*Friends*〉의 스페인어 더빙을 분석한 Romero Fresco(2006)의 연구처럼 TV 시리즈와 같이 좀 더 구체적인 TT에 초점을 맞추는 편이 나을지도 모른다. 또는 Thorsten Schröter의 학위논문(2005) 코퍼스에 있는 DVD 버전 가족영화 18편의 연구처럼 특정 장르나 매체를 살펴볼 수도 있겠다. DVD는 쉽게 구할 수 있고, 검색이 용이하며, 서로 관련 있는 언어 버전이기는 하지만, 다양한 언어 버전을 포함한다는 큰 장점이 있다. 이런 식으로 코퍼스를 제한하면 신뢰할 만한 데이터를 얻을 수 있을 것이다. 하지만 이것은 제한된 현상에 대한 데이터일 것이고, 필자가 관심을 가진 것은 평범한 사람들과 관련된 좀 더 일반적인 데이터였다.

앞서 언급한 논의를 염두에 두고, 필자는 덴마크어와 스웨덴어 자막이 모두 제공되는 100편의 영화와 TV 프로그램을 분석하기로 결정하였다. 이 코퍼스에서 생성되는 데이터가 스웨덴과 덴마크의 **모든** 자막제작 규범에 대한 결론이 될 것이라 보장하지는 못하지만, 프로젝트 기간 내에 다룰 수 있는 가장 큰 규모의 코퍼스였다.[47] 코퍼스는 자막가 개개인의 특유성을 걸러

---

[47] 그런데다 필자가 아는 한 이런 종류의 연구에 사용된 가장 큰 자막제작 코퍼스이기도 하다.

내고, 국가 규범으로 설명될 수 있는 양상을 드러낼 수 있을 만큼 충분히 커야 한다. 뿐만 아니라, TV 자막은 덴마크에서 가장 널리 읽히는 번역된 매체이고, 이 나라에서 전반적으로 가장 많이 읽히는 텍스트 유형이며 (Gottlieb 1997: 153 참조), 스웨덴의 상황도 이와 유사하므로(SOU 2002, 스칸디나비아 미디어 측정(*Mediamätning i Skandinavien*) 참조), (DVD나 VHS가 아닌) TV 자막을 사용하기로 결정하였다. 본 코퍼스 구축의 궁극적인 목표는 평년 주요 시청 시간대에, 스칸디나비아 TV 화면에 나타나는 것을 대략적으로 보여주는 자료를 모으는 데 있었다. 그러한 조건의 코퍼스는 주류 방송이라 하겠다. 이것이 문제가 없다고 본다. 스칸디나비아에서는 TV 자막제작이 AVT의 가장 주류 형식이므로, 아카데미상 수상 영화처럼 품질 전제조건에 부합하는 자료만 포함시키기보다는 가장 전형적이고 일반적인 자료를 사용하는 것이 타당하다. 다시 말해서, 이 코퍼스는 주류인 TV의 주류 AVT로 구성되어 있다. 고품질의 자막제작을 확보하려는 노력의 일환으로, 스웨덴과 덴마크 주요 시청 시간대의 자료를 수동으로 VHS 테이프에 녹화하였다. 주요 시청 시간대에 방송되는 프로그램에는 일반적으로 유명 연예인이 등장하며, 이로 인해 보통은 자막제작에 더 많은 신경을 쓰게 된다. 대개 인기 있는 프로그램의 자막제작은 낮 시간대 드라마 등보다 경험 많은 자막가가 맡는다. 이렇게 만들어진 코퍼스는 (몇몇 예외를 제외하면) 질적으로 상당히 높은 수준의 자막제작을 포함하게 된다. 영화 및 TV 프로그램의 품질은 〈포레스트 검프*Forrest Gump*〉(오스카상 6개 부문)와 〈피아노*The Piano*〉(오스카상 3개 부문) 같은 고품격 영화에서부터 리얼리티 쇼(〈심플 라이프*The Simple Life*〉)까지 다양하다.

여러 가지 요인의 영향력을 파악하고 궁극적인 목표에 최대한 근접한 코퍼스를 구축하기 위하여, 본 코퍼스는 다음의 기준에 따라 취합되었으며, 최종 코퍼스는 이 기준에 거의 부합한다.

1. 본 코퍼스는 영어권 ST 100개와 이에 해당하는 덴마크어 및 스웨덴어 TT로 구성하도록 한다. SL로 영어를 선택한 이유는 당연히 스칸디나비아 국가를 비롯하여 전 세계 대다수의 영상 자료가 모두 영어이기 때문이다. 이 기준은 충족되었고, 본 코퍼스에는 스웨덴어와 덴마크어 두 언어가 모두 포함된 버전을 비롯하여 노르웨이어 TT도 36개 포함되어 있다.

2. 본 코퍼스의 자료는 1년 동안 주요 시청 시간대에 덴마크와 스웨덴 TV에서 방송된 영화 및 TV 프로그램에서 취합된 것이어야 하므로 무작위로 수집하도록 한다. 해당 자료는 2003년 11월부터 2004년 11월까지 스웨덴과 덴마크에서 수동으로 녹화되었다.

3. 장편 영화와 TV 시리즈의 회당 길이는 다르더라도, 코퍼스에 속한 편수는 같아야 한다. 본 코퍼스는 50편의 장편 영화와 50회의 TV 시리즈로 구성된다. 이 기준은 구성 방식에 따라 번역 전략에 차이가 생길 수 있음을 고려하여 포함되었다. 예를 들어, 시트콤은 장편 영화보다 훨씬 더 촘촘한 대사로 구성되는 경향이 있는데, 이것이 자막에 영향을 미칠 수 있다.

4. TT는 동시대에 방송된 것으로 한다. 이 기준은 본 코퍼스 주요 자료에 시대가 다른 아홉 개의 TT가 보충되어야 했기 때문에 완전히 충족되지는 못했다. 하지만 이 자료로부터 규범 발전의 통시적 관찰이 가능했으므로 본 연구에 도움이 되었다.

5. 지상파와 위성 TV 채널을 모두 반영하도록 한다. 모든 사람들이 지상파를 쉽게 접하므로 대부분의 자료는 지상파에서 나온 것이어야 한다고 여겨졌다. 지상파 채널은 스웨덴의 SVT1, 2와 TV4, 덴마크의 DR1, DR2와 TV2, 그리고 노르웨이 채널 NRK로 한다. 위성 채널은 양국의 TV3와 스웨덴의 Kanal5로 한다.

6. 공영 방송국 및 상업 방송국을 모두 반영하도록 한다. 공영 방송국은 교육자로서의 역할도 한다는 점에서 상업 방송국과 공영 방송국 TV 채널은 맡은 바 책임이 다르다. 이런 점이 생성된 자막에 반영되었을 수도 있다는 점을 주의 깊게 볼 만하고, 따라서 두 방송사 범주를 모두 포함시켜 대조해 볼 필요가 있다.

7. 여러 장르의 픽션뿐 아니라 논픽션들도 포함하도록 한다. (정보의 전달이 주된 목적인) 논픽션과 (흥미유발이 주된 목적이며 자막가의 전략 선택에 더 많은 자유가 주어지는) (Gottlieb 2001: 58 참조) 픽션을 번역할 때 각각 사용되는 전략이 매우 다르므로, 이는 중요한 기준이 된다.

영화 자막을 제작할 때, 장르의 개념은 스코포스의 개념과 밀접한 관련이 있다. 나아가 자막제작의 스코포스에 가장 영향을 미치는 요소는 해당 영화나 TV 프로그램이 속한 장르라고 주장하는 바이다. 예를 들어, 코미디 영화의 경우 TT의 스코포스는 재미를 주는 데 있으므로 이 부분이 관련 번역 전략에 반영되어야 한다. 이 분야에 대해 이미 O'Shea(1996)나 Gottlieb(1998) 등의 연구가 존재하며, 관객이 영화를 보려고 할 때 장르를 고려하는 것처럼 많은 자막가들이 자막 작업을 할 때 장르를 고려한다 말해도 무방하다 (Gottlieb 1994: 70 참조). 예를 들어, 즐거움을 얻고자 하는 사람은 코미디를 보게 되는 것처럼 말이다.

장르라는 개념 자체는 실로 매우 복잡한 개념이다. 장르는 영화학의 중심 개념이며, Chaume(2004a)이 정확히 지적하고 있듯이 영상 번역을 연구할 때 반드시 고려되어야 하는 하나의 규칙성이다. 하지만 영화학에서는 장르가 정확히 무엇인지 규명하지 못하고 있다.[48] Sobchack(2003)을 비롯한 몇몇 사람들은 장르영화가 영화의 한 범주를 구성한다고 주장하는데, 그렇다면 결과적으로 어떤 장르에도 속하지 않는 영화가 존재하게 된다. 정통 장르영화는 뮤지컬, 서부영화, 공포영화, 누아르영화 같은 다소 쉽게 정의되는 영화를 말한다. 그러나 본 연구의 목적을 위하여, 필자는 Neale(2000: 9f)의 보다 포괄적인 정의에 따라, 모든 영화는 아니더라도 대부분의 영화가 한 장르에 속하는 일반적 특성을 가지고 있다고 가정할 것이다.

여기서 장르 분석 문제에 대해서는 구체적으로 논하지 않을 것이며, 다만 Staiger가 사회 관습 구분법social convention method이라 일컫는, 문화적 기대를 근거로 한 구분 방식을 사용하도록 하겠다(2003: 187). 이럴 경우, 필자가 인터넷 영화 데이터베이스Internet Movie Database(이후 IMDb)로부터 제공받은 (지배적이면서) 광범위한 장르 표에 따라 각각의 영화 및 TV 프로그램을 지정하게 되는데, 이는 시청자 중심의 분류이며, (Schröter 2005: 355 등도 사용했듯이) 그 규모가 방대해 안전한 인터넷 기반 정보원으로 간주할 수 있다. 이 분류는 이후 Neale의 주요 장르 분석이 추가되면서 학문적으로 강화된다(2000: 51-141). 하지만 장르는 불명확한 개념이고, 많은 영화가 하나 이상의 장르에 속하기 때문에, 표 6a의 코퍼스 장르 분류를 볼 때는 위의 논의들을 염두에 두어야 한다. 예를 들어, 사람들은 대부분 〈마지막 보이 스

---

[48] 이 문제는 번역학에서 번역이 무엇인지 정확히 규명할 때의 어려움과 유사하다.

카웃〉을 하이브리드hybrid 장르인 '액션 코미디'에 속한다고 말하겠지만, 구분의 간소화를 위해 단순히 '액션'으로 분류되었다. 〈매쉬〉 또한 대개 '드라메디dramedy', 즉 드라마 코미디로 불리지만, 여기서는 〈폴티 타워즈〉와 같은 순수 코미디 시리즈로 분류되었다. 자막의 예시를 논의할 때는, 장르에 관한 미묘한 차이가 더 많이 나타날 것이다.

표 6a. 장르별 코퍼스 분류

장르	영화	TV 프로그램
액션	16	4
어드벤처	3	
코미디	9	28
범죄	8	3
드라마	6	
공포	3	
로맨스	3	
서부극	2	
전쟁		7
다큐멘터리		4
리얼리티 쇼		4
합계	50	50

표 6a에서 볼 수 있듯이, 코퍼스에 포함된 자료가 장르별로 균등하지 않게 배분되어 있다. 이것은 취합 과정과 무작위 장르매칭 과정에 따른 결과이다. 장편과 단편 형식의 장르 간에도 겹치는 부분이 적어 아쉽지만, 이 또한 장르매칭과 취합 과정으로 인한 결과이다. 예를 들어, 지금은 〈밴드 오브 브라더스〉라는 전쟁 TV 시리즈가 있지만, 필자가 아는 한 코퍼스 취합 기간 동안 스웨덴과 덴마크 두 나라에서 방송된 전쟁 영화는 단 한 편도 없었

다.[49] 요즘에는 〈밴드 오브 브라더스〉를 (IMDb 분류 장르 중 하나인) '드라마' 시리즈로 볼 수도 있겠지만, 2차 세계대전 중 일어난 어느 소대 군인들의 피 비린내 나는 이야기를 노년 야구 선수의 낭만적 추억 회상 이야기인 〈사랑을 위하여For Love of the Game〉와 같은 범주에 넣어 깔끔히 표를 작성한다고 해서 실질적으로 도움이 되는 것은 아니다.

TV 프로그램의 경우 절반 이상이 코미디인데 여기에는 그럴만한 이유가 많이 있다. 첫째, 코미디는—특히 시트콤의 경우—매우 대중적이고 인기 있는 형식인데다, 코미디 시리즈는 여러 번 재방송되는 경향이 있어 녹화할 수 있는 기회가 많기 때문이다. 둘째, 일일 연속극과 같은 드라마 형식도 매우 대중적이지만 이들은 상당히 많은 에피소드[50]로 되어 있어, 양국 간 에피소드를 매칭하는 것이 거의 불가능한 일이기 때문이다.

스칸디나비아 자막 코퍼스는 다양한 목표 언어로 영화의 영상 자료를 검색할 수 있는 영상 병렬 코퍼스인 폴릭스트Forlixt와 같은 유형의 코퍼스는 아니다(Valentini 2006). 온라인으로 검색 가능한 1억 단어 데이터를 보유한 방대한 영국 국립 코퍼스British National Corpus(www.natcorp.ox.ac.uk)와 같은 종류도 아니다. 또한 룬드Lund와 예테보리Göteborg 대학(www.englund.lu.se)의 영어 스웨덴어 병렬 코퍼스English Swedish Parallel Corpus와 같은 즉시 비교 가능한 병렬 번역 코퍼스도 아니다. 스칸디나비아 자막 코퍼스는 본 연구를 위해 구축되었지만, 다른 연구자에 의해 재사용될 수 있다. 본 코퍼스는 VHS 테이프와 자막 파일로 구성되어 있으며 사용하기에 아주 편리하지는

---

49 덴마크에서 방송된 〈나바론 요새The Guns of Navarone〉(1961)와 스웨덴에서 방송된 〈쓰리 킹즈Three Kings〉(1999)가 전쟁 영화로 분류될 수 있었겠지만, 양국 간 매칭분이 없었다.

50 예를 들어, 〈우리 생애 나날들Days of Our Lives〉은 지금까지 46개 시즌이 방송되었으며, 각 시즌은 수백회로 구성된다(www.tv.com의 "Days of Our Lives").

않다. 코퍼스 전체를 전사하는 작업에는 수천 시간이 소요되기 때문에, 일부분—자막파일 중에서도 그 일부—만 디지털 형태로 되어 있다. 대신 ECR을 포함하는 구절은 추출하여 전사한 후 주석을 달았고, 나머지는 전사하지 않은 채로 두었다. 하지만 필자는 다양한 영화와 TV 프로그램에서 연속 자막제작이 들어가는 1분짜리 중·고속 대화 열개를 추출하여 빠짐없이 전사하였고, 이를 6.2절의 연구에 사용하였다.

자막가, 자막 방송사, 데이터 수집일 등을 포함한 각각의 영화 및 TV 프로그램에 관한 데이터는 부록 A에 나와 있다. 표 6b에는 본 코퍼스에 대한 일반적인 데이터가 요약되어 있다.

표 6b. 스칸디나비아 자막 코퍼스 관련 데이터

항목	스칸디나비아 자막 코퍼스
목표 언어 수	2 (노르웨이어 자료 포함 3)
TT 수	205 (노르웨이어 자료 포함 241)
자막 수	117,393 (노르웨이어 자료 포함 133,603)
TT 전체 단어 수	약 900,000* (노르웨이어 자료 포함 +110,906)
장르 수	11
참여 자막 방송사 수	덴마크어 6, 스웨덴어 6 (+NRK)
참여 자막가 수	스웨덴어 52, 덴마크어 32 (노르웨이어 +9)**

* 자막 파일로부터 추정함.
** 일부 TT에는 자막가가 표시되지 않았으므로, 자막가의 수는 더 많을 수 있음.

6.2 기술 규범: 변화하는 자막

자막 번역이 다른 형태의 번역과 큰 차이가 나도록 만드는 것은 대부분 자막가가 다루어야 할 기술적technical 측면이다. 따라서 자막가의 결정은 그것이 언어적이든 문체적이든 혹은 문화적이든 간에 이로부터 많은 영향을 받는다. 그러므로 기술적technical 측면은 간과할 수 없는 자막화된 번역의 한 측면이고, 자막제작 규범에 대한 보다 언어적인 분석 이전에 자막제작의 기술 규범을 조사해야 할 것이다. 또한 이 책의 데이터가 대부분 스웨덴어와 덴마크어 자막을 비교한 연구에서 나온 것이므로, 기술 규범과 관련하여 두 문화 사이에 차이가 있는지 확인해 보아야 한다. 예를 들어, 스웨덴어 자막의 압축률이 덴마크어 자막보다 훨씬 높다면, 덴마크어 자막가는 스웨덴어 자막가에 비해 공간을 차지하는 번역 방책을 제시할 여유가 있을 것이다. 따라서 이 절에서는 스칸디나비아 자막의 기저를 이루는 압축과 표출 양상의 양적 규범을 살펴보고자 한다. 이 규범에는 압축률, 읽기 속도, 노출 시간 및 자막 밀도가 포함된다. 다시 말해서, 특정 국가에 아주 긴 TT를 허용하는 기대 규범이 존재한다면, 이는 그 국가의 처리 규범에 영향을 주게 된다.

본 절에서는 자막이 어떻게 배치되고 표출되는지에 대해 설명해줄 세 가지 다른 양적 측정법에 대해 살펴볼 것인데, 이 중 세 번째는 ST와 TT의 관계를, 첫 번째와 두 번째는 TT와 TT 독자의 관계를 분석한다. 이 세 가지 측정법은 다음과 같다.

1. **예상 읽기 속도**Expected reading speed: 노출 시간의 초당 평균 문자 character 수로 측정되는 수치로, 시청자가 자막을 읽을 때 예상되는 속도로 정의

2. **자막 밀도**Subtitle density: 분당 자막 수로 측정되는 수치로, TT 번역이 나누어지는 자막 수로 정의. TT 길이로 나뉘는 분 단위의 자막 양 Subtitle quantity(즉, TT 당 자막 수)에 근거한 수치.

3. **압축률**Condensation rate: ST에서 TT로의 축소 비율을 나타내는 수치로, ST와 TT 사이의 양적 차이를 보여주는 간단한 단어[51] 수로 정의. 이때 정보의 양이나 구조의 차이에 대한 측정은 하지 않음.

예상 읽기 속도는 노출 시간의 측정, 즉 자막 길이에 따라 하나의 자막이 화면에 얼마나 오랫동안 표출되어야 하는지와 밀접한 관련이 있다. 예상 읽기 속도는 자막의 문자 수를 자막이 화면에 노출되는 시간(초)으로 나누어 계산되는데, 결과적으로 시청자가 자막이 노출되는 동안 초당 얼마나 많은 문자를 읽을 수 있을지 예상하는 것이다. 이러한 측정 사이에는 다른 연관성도 존재하지만, 예상 읽기 속도와 노출 시간의 관계만큼 간단하지는 않다. 일반적으로 가장 높은 자막 밀도(즉 분당 최대 자막 수)를 보이는 영화 버전은 예상 읽기 속도 또한 가장 빠를 것이며, 압축률은 가장 낮을 것이다. 이는 대부분의 경우에 해당되지만, 반드시 모든 영화에 적용되어야 하는 것은 아니다. 예상 읽기 속도와 자막 밀도 사이의 관계가 '높은 자막 밀도=빠른 예상 읽기 속도'의 공식에 따라 움직이기는 하지만, 대사가 적은 영화의 경우에도 반드시 그런 것은 아니다. 압축률과 자막 밀도 간의 관계는 훨씬 더 복잡한데, 이것은 짧은 한 줄 자막 여러 개보다 꽉 찬 두 줄 자막이 더 많은 정보를 전달할 수도 있기 때문이다.

　이런 종류의 측정은 학문적이라기보다는 전문적 탐구 분야에 속한다고 여겨지기 때문에 관련 선행 연구가 많지 않다. 실제로 문학에서 발견되는

---

　[51] 또 다른 방법은 단어가 아닌 문자에 대한 압축률을 기준으로 하는 것이다. 하지만 필자의 이전 연구(Pedersen 2003a)에서 영어 ST와 자막화된 스웨덴어 TT의 평균 단어 길이가 약 다섯 개의 문자와 일치하는 것을 확인하였기 때문에-그리고 덴마크어 형태론이 매우 유사하여- 단어 차원의 비교만으로 충분하다고 본다.

현상들은 노르웨이어 자막제작 담당자 Nordang과 같은 전문가들로부터 나온 것이다. Nordang은 1989년에 "완벽하게 자막화된 영화의 경우, 덴마크어 버전은 약 850개, 노르웨이어 버전은 650개, 스웨덴어 버전은 500개의 자막이 나온다"(113, 저자 번역)라고 주장했고, "스웨덴 사람들이 가장 많이 압축하고, 노르웨이 사람들이 조금 덜 압축하며, 덴마크 사람들이 확실히 가장 적게 압축한다"(113, 저자 번역)라는 결론을 내린다. 이로써 그는 자막 수(혹은 자막 양)와 압축률 간에 직접적인 연결고리를 만든 것 같다.

덴마크에는 전통적으로 커트cuts 부분을 엄격히 지키면서 영화의 시각 매체를 정확히 따르는 관행이 있어 왔다. Nørgaard(1989: 122)는 화면 하단에 저 멀리 기병 부대가 보이는 서부 영화의 한 장면을 인용하며, 그 순간 자막이 삽입되면 인디언들이 제거할 수 있는 것보다 더 교묘하게 그 기병부대를 없애 버리게 된다고 말한다. 반면 스웨덴어의 전문적 규범은 대사에 더 많은 초점이 맞춰져 있다(Lomheim 2000: 114-115에 인용된 Mortensen & Ivarsson 참조). 이 결과 텍스트의 축소 없이—즉, 낮은 압축률로—덴마크어 TT의 분당 자막 수는 많아질—즉 자막 밀도가 높아질—것이다. 스칸디나비아의 자막가 사이에서 스웨덴어 자막제작이 다른 국가에 비해 예상 읽기 속도가 느리고 자막 밀도가 낮은 전통을 따른다는 데 이견이 없다(Lomheim 2000: 115에 인용된 Ivarsson, Søndergaard, www.titlevision.dk 참조). 그러나 Nordang의 주장에는 상충되는 부분이 있다. 많이 인용되는 또 다른 자료인 Ivarsson & Carroll의 **자막제작**Subtitling에는 "[. . .] 평균 90분짜리 영화의 자막 수는 영화관 버전 900개, 비디오 버전 750개, TV 버전 650개이다"라고 명시되어 있다(1998: 71). 이에 대해 Nordang과 Ivarsson은 둘 다 자신들의 연구가 경험적 데이터를 바탕으로 하고 있음을 주장했다(2004년 11월, 저자 조사). 하지만, Ivarsson의 TV 버전 TT에 대한 데이터는 그의 결과치에서도 알수 있듯이, 노르웨이어 TT를 기준으로 한 것이 아니라 Nordang이 주장을펼친 거의 비슷한 시기인 1990년대 초반에 스웨덴 공영 방송국 SVT가 제작한 자막을 기준으로 한 것이기 때문에 내용이 일치하지 않는 것이다.

1990년대부터 2000년대까지 기술의 진보와 매스컴의 발달로 인해 규범이 변화했을 가능성이 있다. Nordang의 데이터가 신빙성이 있고 그가 말한자막 밀도와 압축률 간의 관계가 타당하다면 덴마크어 자막가는 자신의 스웨덴 동료보다 70% 더 긴 TT를 생성한다는 말이 되므로, 현 상황이 실제로어떠한지 밝히는 것은 본 연구에서 매우 중요한 부분이다. 그렇다면 덴마크어 자막가는 스웨덴 동료보다—자막제작 시간 내에—매끄러운 자막 처리를할 수 있는 훨씬 더 많은 공간이 생기는 것이기 때문이다.

6.2.1 통시적 연구

우리는 이제 세 가지 기술 규범의 발전을 통시적 관점에서 살펴볼 것이다. 대부분의 주 연구 데이터는 스웨덴어, 덴마크어, 노르웨이어지만, 보다일반적으로 적용되는 규범을 포함시키기 위해 다른 나라 데이터를 추가하여 논의를 확대할 것이다.

1980년대와 1990년대의 통신매체 및 기술의 변화로 인해 각각 다른 두시대의 발전 양상을 살펴보는 것이 타당한데, 1980년대 데이터에서 이전 규범을, 2000년대 데이터에서 당대의 규범을 살펴볼 것이다. 안타깝게도 두시기의 데이터는 약간 다른 상태일 것이다. 2000년대 데이터는 주로 스칸디나비아 자막 코퍼스의 방대한 자막으로부터 얻어진 실증 데이터를 근거로할 것이다. 현실적인 문제로 인해, 1980년대의 실증 데이터는 제한적일 것이다. 스칸디나비아 자막 코퍼스에 그 외 다른 텍스트도 있기는 하지만, 그 당시에 스웨덴어와 덴마크어 자막을 둘 다 보유한 자료는 장편 영화 〈폴리스 아카데미Police Academy〉 한 편과 시트콤 〈매쉬〉의 4회분뿐이다. 따라서 1980년대 대부분의 데이터는 정보 제공원 역할을 할 자막가용 지침과 스웨덴어 및 덴마크어 자막제작 정책 제정자의 진술과 같은 텍스트 외적 자료를 근간으로 할 것이다. 회의 보고서, 전공논문, 스웨덴어 및 덴마크어 자막가 인터뷰 등의 형식으로 된 기술적인descriptive 특성의 2차 자료 또한 정보 제공원의 역할을 하며 사용되었다.

6.2.1.1 예상 읽기 속도

1980년대의 예상 읽기 속도에 대한 데이터는 주로 기술적인 2차 자료를 바탕으로 하고 있다. Ivarsson & Kumlien(1982)의 「북유럽 번역사 세미나 보고서report from the Nordic translators' seminar」(Mathiasson 1984), 「북유럽 TV 자막제작Nordic TV subtitling」(북유럽 언어 사무국Nordisk Språksekretariat, 1989) 수치에 따르면, 1980년대의 노출 시간과 예상 읽기 속도는 표 6c에서 보는 바와 같다.

표 6c. 1980년대 규범에 따른 노출 시간과 예상 읽기 속도

	스웨덴	노르웨이	덴마크
한 줄 자막	4초	4초	3초
두 줄 자막	6-8초	5-6초	5-6초
초당 문자 수에 따른 예상 읽기 속도*	7-10cps	7-12cps	9-12cps

* 이 수치는 1980년대에 28-32 문자가 한 줄 '최대'인 기준에 근거한다.

표 6c의 수치는 스웨덴어의 예상 읽기 속도가 가장 낮고 덴마크어가 가장 빠르며 노르웨이어는 중간 정도임을 보여주는데, 이는 Ivarsson, Lomheim, Søndergaard가 위에서 언급한 국가별 차이를 더 확실하게 보여주는 추가 증거가 된다. 하지만 그 차이가 생각만큼 크지는 않은 것 같다. 빠른 대사와 연속 자막이 포함된 〈폴리스 아카데미〉 1980년대 버전의 발췌분 연구에서, 덴마크어 버전의 경우 9.12cps, 스웨덴어 버전의 경우 6.37cps를 예로 들고 있다. 이는 이 시기의 스웨덴어 자막제작의 경우 덴마크어보다 예상 읽기 속도가 낮았을 뿐 아니라 자막이 종종 규정 최대치보다 더 느린 속도를 따른다는 것을 보여준다.

일반적으로, 예상 자막 읽기 속도는 점점 증가한다. Ivarsson & Carroll은 이에 대해 다음과 같이 말한다. "이전 자막 리스트를 한 번 훑어보기만 해도 요즘 대부분의 국가의 자막 속도가 30-40년 전보다 훨씬 빨라졌음을 확인할 수 있다. 요새 유럽에서는 자막가들이 더 많은 양의 대사를 번역하는 것 같다"(1998: 66). 표 6d의 수치에서 이를 확인할 수 있다.

표 6d. 2000년대 규범에 따른 노출 시간과 예상 읽기 속도

	SVT	스웨덴 상업 방송	노르웨이	덴마크
한 줄 자막	3-4초	3초	데이터 없음	3초
두 줄 자막	5-7초	5-7초	6초	5-7초
예상 읽기 속도*	9-14cps	10-14cps	12cps	10-14cps

* 이 수치는 2000년대에 32-35 문자가 한 줄 '최대'인 기준에 근거한다.

위의 두 표를 비교해 보면 두 가지 사항이 눈에 띈다. 첫째, Ivarsson & Carroll이 지적했듯이, 줄 당 많아진 문자 수와 다른 기술 요인들로 인해 2000년대의 예상 읽기 속도가 더 빨라졌다. 둘째, 국가 간의 차이점이 거의

사라졌다. 노르웨이어 데이터에서는 노르웨이어가 12cps 규칙을 준수한다는 것 정도를 알 수 있다. 또한 스웨덴 상업 방송과 덴마크의 처방적 규범이 동일하고, 12cps 규칙이 중심이 된다는 것도 알 수 있다. 이 규칙(깨질 수 있기 때문에 엄밀히 말하면 규범이 적절함)은 TV 자막의 국제 기준이 되고 있고,[52] 예컨대 플랜더스Flanders와 같은 다양한 국가 및 국제 지침에서 이를 확인할 수 있다(Remael 2010년 10월, 저자 조사). 여전히 국가를 구분하는 유일한 세부 항목은 스웨덴 공영 방송국이 한 줄 자막의 노출 시간을 약간 더 길게 허용한다는 것이다. 이것은 SVT의 Åkerberg가 말하는 "모든 시골 오두막집에 사는 왜소한 할머니들조차도" 읽을 시간이 되는 자막을 만드는 그들의 목표와 일치한다(2004년 10월, 저자 조사, 저자 번역). 하지만 현재 SVT는 DR이 오랫동안 해오던 것을 하고 있고, 많은 자막제작을 상업 방송사와 계약하고 있기 때문에 머지않아 이런 작은 차이조차도 사라지게 될 것이다(Carp 2006 참조). 표 6d의 수치는 실증적 데이터가 아닌 지침을 근거로 한다는 점이 강조되어야 한다. 실제 자막제작의 경우, 요즘 어떤 스칸디나비아 자막제작에서도 7초짜리 자막은 찾아보기 힘들다. 예를 들어, 스칸디나비아 자막 코퍼스의 〈미드소머 머더스Midsomer Murders〉 3회분의 TT에서 7초 이상 지속되는 스웨덴어와 덴마크어 자막 비율은 둘 다 1% 정도에 불과하며, 노르웨이어의 평균은 훨씬 더 낮은 것 같다.

노출 시간은 예상 가독성을 기준으로 한다. 지침 작성자는 위에서 Åkerberg가 인용에 명시한 모든 시청자 혹은 가장 이상적인 평균 시청자의 읽기 속도를 반영하는 노출 시간을 규정한다. 이때 문제는 시청자의 읽기

---

[52] Ivarsson과 Carroll(1998: 65) 참조. 꽉 찬 두 줄 자막의 노출 시간은 6초를 초과해서는 안 되고, 이는 예상 읽기 속도 12cps와 동일하다고 주장.

속도에 대한 연구가 거의 없다는 점이다. SVT에 이것을 조사했던 연구팀이 있었지만 20여 년 전에 중단되었다(Maud Kampmann, 1999년 10월, 저자 조사; Tveit 2004: 59). 필자가 아는 한, 스칸디나비아 시청자의 읽기 속도와 노출 시간 문제에 대한 유일한 최근 연구는 Tveit에 의해 실행되어 2004년에 출판되었다. 그의 연구 결과는, 적어도 젊은 노르웨이인을 대상으로는 노출 시간을 상당히 과감하게 줄일 수 있다는 사실을 보여준다(2004: 59-64). 반면 Åkerberg는 스웨덴의 노인들이 요즘 노출 시간이 너무 짧다는 불평을 하고 있다고 주장한다(2004년 10월, 저자 조사). 따라서 읽기 속도와 노출 시간 사이의 연관성에 대한 상황은 여전히 불분명하며, 이 분야에 대한 추가 연구가 절실해 보인다. '읽기 속도'라는 용어 앞에 '예상'이라는 전치수식어로 제한을 두는 것도 바로 이런 이유에서인데, 자막의 실제 읽기 속도에 대해 합의된 내용은 물론 알려진 바도 거의 없기 때문이다. 이 문제는 읽기 속도가 하나의 자막 안에 몇 개의 문자가 있는지뿐 아니라 그 자막의 어휘와 통사구조가 얼마나 복잡한지, 특히 다른 기호학적 요소와의 상호관계가 어떠한지를 기준으로 하기 때문에 훨씬 복잡하다.

지금까지 살펴본 바와 같이, 스칸디나비아의 처방적 규범이 거의 전적으로 수렴되었고, 이것이 기술적 데이터에 의해 입증되었다. ESIST 코퍼스에 대한 필자의 연구로부터 스웨덴어 버전의 예상 읽기 속도가 덴마크어 버전에 비해 평균적으로 불과 0.3cps 느리다는 것을 알 수 있다. 빠른 대사 발췌분에 대한 결과는 아주 근소한 차이를 보였는데, 스웨덴의 예상 읽기 속도가 겨우 0.21cps 느릴 뿐이었다. 하지만 미세하게 남아있는 1980년대의 규범은 좀처럼 사라지지 않는 것 같다. Tveit(2004: 58)는 2004년에만 해도 스칸디나비아의 처방적 규범 간에 더 큰 차이가 있었음을 주장했다.

결론내릴 수 있는 것은 예상 읽기 속도가 모든 곳에서 빨라지고 있다는 것과 스칸디나비아의 다양한 국가 규범이 거의 완전히 하나의 스칸디나비아 규범으로 대체되었다는 것이다. 그러나 이러한 결론은 주로 꽉 찬 자막에 대한 처방적 데이터와 실험적 데이터를 기반으로 하므로 적절한 검증을 거쳐야 한다. 실증적 데이터가 이 결론을 뒷받침하기는 하지만, 이는 다소 제한적인 데다 빠른 대사만을 기준으로 하고 있다. 따라서 처방적이고 실험적인 데이터에 의해 보다 일반적인 결론이 보장된다 하더라도, 연속 자막을 포함하는 빠른 대사 부분에서만 유효하다는 결론이 나온다.

6.2.1.2 자막 밀도

자막 밀도Subtitle density에 관해서는, 위에서 언급한 대로 Nordang과 Ivarsson이 제시하는 증거가 서로 상충되는데, Nordang은 장편 영화의 경우 덴마크어 버전은 850개, 스웨덴어 버전은 500개라 주장하고, Ivarsson은 스웨덴어 영화를 기준으로 650개라 주장한다. 표 6e의 자막 밀도 관련 데이터는 스칸디나비아 자막 코퍼스의 자막 양에 대한 실증 데이터를 기준으로 한다.

표 6e. 1980년대의 자막 양

영화/시리즈 에피소드	덴마크	스웨덴
폴리스 아카데미	707	542
매쉬 5:4	355	214
매쉬 5:6	325	213
매쉬 5:7	279	215
매쉬 5:24	304	197
합계	1,970 자막	1,381 자막

표 6e의 수치는 1980년대에 양국 규범 간의 중요한[53] 차이를 보여준다. 장편 영화는 Ivarsson과 Nordang의 수치 중간 정도의 양상을 보이지만, 영화마다 자막 수에 상당한 차이가 있기 때문에, 영화 한 편의 자막 양은 당연히 개별적으로 아무 의미가 없다. 예를 들어, 스칸디나비아 자막 코퍼스에서 자막 수는 442개-〈왓쳐 The Watcher〉의 스웨덴어 버전의 경우-에서 1,513개-〈조 블랙의 사랑〉의 덴마크어 버전의 경우-까지 차이가 난다. 더 중요한 것은 〈폴리스 아카데미〉의 덴마크어 TT가 스웨덴어 TT보다 자막 양이 30.4% 더 많고, 이때 TT의 길이는 동일하므로, 따라서 자막 밀도 또한 30.4% 더 높다는 사실이다. 관련된 총 자막 수는 덴마크어 TT가 스웨덴어 TT보다 평균 42.6% 더 많고, 이러한 결과는 그 당시 쌍을 이루지 못한 TT의 데이터를 보면 확실해진다. 그럼에도 불구하고, 이 데이터가 근거로 한 자료가 너무 제한적이라 1980년대 상황에 대해 Ivarsson이나 Nordang이 더 정확했는지 여부에 대해서는 명확한 결론을 내리기가 어렵다. 하지만 우리는 자막 밀도에 관해서는 양국 규범 간에 상당한 차이가 있었음을 확인할 수 있다. 자막 밀도와 압축률 간의 관계는 필연적이지도, 간단하지도 않으므로, 이 수치가 덴마크어 데이터의 압축률이 훨씬 더 낮다는 말과 동일시되어서는 안 된다. 1980년대 데이터에서 덴마크어는 한 줄 자막이, 스웨덴어는 꽉 찬 두 줄 자막이 더 많은 양상을 발견할 수 있는데, 이는 압축의 차이가 아주 클 필요는 없음을 의미한다.

이제 2000년으로 넘어가서, 우리는 자막 밀도 확인을 위한 ESIST 데이터에서 이 실험적 연구를 통해 스웨덴어 평균 자막 밀도가 덴마크어보다 3.3% 낮았다는 것을 확인할 수 있다. 그러나 이것은 700개 미만의 자막을 근거로

---

53 일치 쌍에 대한 t-검정에서 오차 확률 〈 0.05로 나왔다.

하고 있어 해당 수치를 신뢰할 수 없다. 10만 개 이상의 자막을 보유한 스칸디나비아 자막 코퍼스의 100편의 영화 및 TV 시리즈가 훨씬 더 신뢰할만한 결과를 제공한다.

표 6f. 2000년대 규범을 따르는 자막 양과 밀도

	영화		TV 시리즈	
	스웨덴어 TT	덴마크어 TT	스웨덴어 TT	덴마크어 TT
텍스트 당 평균 자막 양	753	812	359	382
한 줄 자막 %	35.9	35.3	27.3	27.3
캡션	5.8	5.8	1.6	1.3
분당 자막 밀도	6.4	6.9	9.2	10.0

표 6f에 제시된 데이터는 본 코퍼스의 자막 양과 밀도에 대한 수치를 포함하고 있다. 한 줄 자막 비율과 영화/에피소드당 자막화된 캡션—Schröter (2005: 349)가 "쓰기 텍스트"라 일컫는 ST의 화면 텍스트—이 얼마나 많은지에 대한 추가 정보도 나와 있다.

표 6f는 몇 가지 관련 있는 사실을 보여준다. 첫 번째는 스웨덴어와 덴마크어 TT[54]의 자막 양에 있어—그로 인한 자막 밀도에 있어서도—여전히 통계적으로 유의한 차이가 있다는 점이다. 그러나 실상은 표에서 보는 것처럼 간단하지 않다. 표에서는 덴마크어 영화의 자막이 7.8% 더 많다. TV 시리즈의 경우는 덴마크어가 6.4% 더 많아 그 차이는 더 적다. 이 자체가 1980년대 상황에서 확인된 것보다 훨씬 더 적은 차이임을 확실히 보여주고 있고, 이는 Nordang이 1989년 상황으로 상정한 70%와는 거리가 멀다. 그러

---

[54] 일치 쌍에 대한 t-검정에서 오차 확률이 영화와 TV 시리즈 모두 < .001로 나왔다.

나 이 데이터는 몇 가지 요인에 대한 조건이 충족되어야 한다. 먼저 스칸디나비아 자막 코퍼스에는 시대가 다른 자료가 포함되어 있으며, 현 상황을 정확히 살피기 위해서는 이런 자료는 물론 마스터 템플릿 파일master template file을 이용하여 제작된 자료도 반드시 삭제되어야 한다. 마스터 템플릿 파일을 이용하여 제작된 TT는 자막 밀도가 (0.1% 미만 차이로) 거의 동일하다. 이런 자료와 시대가 다른 TT를 제거하고 나면, 영화 한 편당 덴마크어 TT의 자막이 10.4% 더 많은데, 전형적인 덴마크어 TT는 832개, 스웨덴어 TT는 756개의 자막을 포함한다.

한 가지 놀라운 사실은 양국의 자료에서 한 줄 자막의 비율에 실질적인 차이가 없다는 점이다. 이는 스웨덴어 자막에 꽉 찬 두 줄 자막이 많은 경향이 있다는 것과(Søndergaard, www.titlevision.com 참조), 1980년대 자막에서 사실로 확인된 덴마크 사람들이 짧은 자막으로 된 빠른 자막 행렬을 넣는다는 이전 개념에 반하는 것이다. 그러나 많은 덴마크어 두 줄 자막이 실제로 짧았고, 한 줄에 들어갈 정도로 짧은 경우도 많았기 때문에, 이런 이전 규범의 효력이 여전히 남아있는 것인지도 모른다. 줄을 분리하는 이유는 아마도 일부 덴마크어 자막가가 화면 하단의 더 많은 부분을 가리는 것보다 자막을 왼쪽 구석에 두는 것이 덜 거슬릴 거라고 생각해서일 것이다.[55] 이런 관행은 자막제작의 시각적인 측면에 중심을 두는 덴마크 방식에 따른 결과일 수 있다(Lomheim 2000: 113-16 참조). 따라서 두 줄 자막 수는 거의 동일하더라도, 스웨덴 사람들이 덴마크 사람들에 비해 두 줄 자막을 더 꽉 채우는 경향이 있다.

---

55 그러나 덴마크어-스웨덴어는 전혀 없지만-TT의 15% 정도에 해당하는 자막이 화면 중간에 나타나기 때문에 이런 경우에는 설명이 타당하지 않다.

캡션에 대한 데이터에 놀라운 사실은 없다. 단지 스웨덴, 덴마크 사람들 모두 필요에 따라 캡션을 번역한다는 것을 알 수 있을 뿐이다. TV 시리즈의 캡션 간에 나타나는 근소한 차이는 그다지 유의미하지 않다. 단지 〈폴티 타워즈〉의 덴마크어 자막가는 매회 앞부분에 나오는 호텔 옆 간판의 매번 달라지는 메시지를 번역했고, 스웨덴어 자막가는 그렇지 않았을 뿐이다.

영화와 TV 시리즈의 자막 밀도를 비교해 보면, 평균적으로 영화보다 TV 시리즈의 자막이 분당 약 44% 더 많다는 것을 알 수 있다. 이것은 시트콤은 말할 것도 없고 일반적으로 TV 시리즈의 대사 강도가 더 세기 때문이다. 대중에게 즐거움을 주기 위한 반 시간짜리(22-23분) 상업 방송이 있다면, 매체가 장편 영화일 때보다 등장인물이 더 많은 대사를 하게 만드는 경향이 있다.

본 절의 결론은, 어떤 방식으로 보든, 스웨덴어와 덴마크어 간의 자막 양과 그로 인한 자막 밀도의 차이가 1980년대 이후로 급격히 줄어들었다는 사실이다. 현재 자막 밀도의 차이는 10.4%이고, 마스터 템플릿 파일을 이용하여 제작된 자막을 포함하면 6.1%까지 낮아진다. Georgakopoulou(2010: 239)는 자신의 연구에서 스칸디나비아 국가의 자막 밀도 차이가 훨씬 더 작음을 확인했지만, 흥미롭게도 데이터를 보면 (프랑스와 같은) 전통 더빙 국가의 DVD 자막이 전통 자막 국가에 비해 훨씬 더 높은 자막 밀도를 갖는다는 것이 나타난다.

6.2.1.3 압축률

자막제작에 있어서 압축률은 본질적으로 대사의 강도에 따라 확연히 달라진다. 이는 ESIST 코퍼스를 근거로 한 데이터에서 볼 수 있는데, 첫 번째 발췌분의 경우에는 대사가 너무 느리며, 평균 덴마크어 자막의 경우에는 압축이 아닌 0.9%의 확장 비율을 보인다. 그러나 대체로 ESIST 수치는 스웨덴어 버전의 경우 24.1%, 덴마크어의 경우 22.2%의 평균 압축률을 보이지만, 이 차이는 통계상으로 유의하지 않다.

이전 절에서 우리는 자막 밀도에서 큰 차이가 나지만, 한 줄 자막 수 또한 크게 차이 나는 것을 보았다. 이것은 같은 양의 텍스트가 꽉 찬 두 줄 자막에 맞춰져 자막 수가 적을 수도, 짧은 한 줄 자막에 맞춰져 그 수가 많을 수도 있기 때문에, 자막 밀도가 압축률을 측정하는 좋은 기준이 아닐 수 있음을 의미한다.[56] 대신 1980년대에는 압축률이 어떠했는지에 대한 예시를 위해 빠른 대사와 연속 자막을 포함하는 〈폴리스 아카데미〉의 일부를 발췌하여 면밀히 조사했다. 이 발췌분의 덴마크어 버전에서의 압축은 원작보다 26.1% 낮았으며, 반면 스웨덴어 버전에서는 41.3% 더 낮았다. 따라서 적어도 이 발췌분에 한해서는, 스웨덴어 자막가가 덴마크어 자막가보다 더 많이 압축한다는 Nordang의 주장이 사실이다.

1980년대 규범의 또 다른 특징은 스웨덴어 자막가가 두 줄 자막의 둘째 줄로 내려가기 전에 첫 줄을 꽉 채우는 경향이 있었다는 것이다. 이런 관행은 1990년경에 제작된 〈베스트 키드*The Karate Kid*〉의 스웨덴어 TT의 자막으로 설명할 수 있다.

(6.1) Mina kompisar skulle också vilja

　　　höra det . . .

역 번역:

---

[56] 이것은 흔히 일어나는 실수이다. 예를 들면, Nordang 1989.

My buddies would also like to

hear it . . .   (〈베스트 키드〉 57.29)

예시 6.1에서, 줄 바꿈은 통사적 혹은 의미적 끊김과 일치하지 않는 부분에서 이루어졌는데, 단순히 첫 줄이 다 차면 줄을 바꾼 것이다(첫 줄의 문자는 32개인데, "höra"를 넣으면 32+띄어쓰기 1칸+4글자=37문자가 되므로, "höra"는 그 줄에 들어갈 수 없다는 말이 된다). Brunskog(1989: 38)에 따르면, '일반적' 글쓰기에 적용되는 규범을 근거로 하는 이런 관행은 80년대 중반에 중단되었으나, 예시 6.1처럼 일부 자막가는 이후에도 고수하였다. 이런 관행을 중단한 데에는 두 가지 중요한 (어쩌면 당연한) 이유가 있다. 바로 (i) 불필요하게 화면에서 거슬리고 (ii) 꽉 찬 첫 줄과 휑한 둘째 줄을 보기 위해 시선이 더 오래 움직여야 하므로 시청자 입장에서는 편하지 않기 때문이다. 요즘 이러한 관행은 일반적으로 지양된다(「올바른 자막제작 규약 Code of Good Subtitling Practice」의 20번째 항목, Ivarsson & Carroll 1998: 158). 요즘도 여전히 첫 줄이 둘째 줄보다 긴 두 줄 자막이 있지만, 통사적으로 끊기는 곳에서 줄바꿈 하는 방식을 통해 행이 정렬된다(「올바른 자막제작 규약」 6, 7번째 항목, Ivarsson & Carroll 1998: 157 참조).[57]

스웨덴과 덴마크의 2000년대 압축률의 예시를 위해 10개의 빠른 대사와 연속 자막 발췌분을 준비하였고 그 수치가 표 6g에 나타나 있다. 덴마크어 평균 압축률은 35.3%, 스웨덴어 압축률은 37.4%지만 이 경우도 마찬가지로 통계적으로 중요한 의미는 없다.

---

[57] 해당 규약은 Jan Ivarsson에 의해 공동 집필되었는데, 그는 1980년대 초반에 이미 SVT의 변화를 시도했으나 조직 내 보수 세력의 반대에 부딪혔던 바가 있다(Ivarsson, 2007년 12월, 저자 조사).

표 6g. 10개의 빠른 대사 발췌분의 압축률(퍼센트)

	덴마크어 TT	스웨덴어 TT
아나콘다(Anaconda)	42.44	43.99
밴드 오브 브라더스(Band of Brothers)	49.50	42.42
칵테일(Cocktail)	46.20	44.30
데이라잇(Daylight)	47.56	47.57
프렌즈(Friends)	24.63	31.34
하이 로 컨츄리(The Hi-Lo Country)	33.33	28.40
더 오피스(The Office)	37.67	43.26
폴리스 아카데미(Police Academy)	26.19	32.97
슬리버(Sliver)	33.50	40.10
트루먼 쇼(The Truman Show)	11.85	20.00

ESIST 자료와 표 6g에 제시된 결과에 유의한 내용이 없다는 것이 요즘 스웨덴어와 덴마크어 압축 간에 차이가 없음을 증명하는 것은 아니며, 단지 분석 자료에서 아무것도 발견되지 않았다는 것이다. 하지만 위의 자료가 두 가지 특정 자막제작 상황을 나타내고 있기 때문에, 만약 존재한다면 중요한 차이를 발견할 수 있으리라 기대했을 것이다. 따라서 (발췌문에서와 같이) 대사가 빠르거나 (ESIST 데이터에서와 같이) 자막가에게 충분한 시간이 있다면 양국의 자막가는 동일한 양을 압축하는 것처럼 보인다. 이러한 상황에서 스칸디나비아 규범이 적용된다고 할 수 있지만, 이를 검증하기 위해서는 더 많은 연구가 필요하다. 다행히도 필자는 좀 더 일반적인 자막제작 상황을 보여주는 데이터를 심층적으로 분석하고 비교할 수 있었다. 필자는 스칸디나비아 자막 코퍼스의 영화 10편과 TV 시리즈 4회분에 대해, 매칭matching 자막 파일에 접근해서 TT를 직접 비교할 수 있었다. 이것이 표 6h에 제시되어 있다.

표 6h. 선택된 TT의 단어 수

영화/에피소드	스웨덴어 TT 단어 수	덴마크어 TT 단어 수
아나콘다(Anaconda)	3,081	3,179
이보다 더 좋을 순 없다(As Good As It Gets)	7,506	8,328
본 콜렉터(The Bone Collector)	5,605	5,656
메디슨 카운티의 다리(The Bridges of Madison County)	6,160	6,359
엔트랩먼트(Entrapment)	4,601	5,077
도망자(The Fugitive)	5,524	5.108
하이 로 컨츄리(The Hi-Lo Country)	6,349	6,316
LA 컨피덴셜(L.A. Confidential)	8,278	9,542
조 블랙의 사랑(Meet Joe Black)	9,464	11,442
내 남자친구의 결혼식(My Best Friend's Wedding)	6,134	6,434
미드소머 머더스 17(Midsomer Murders 17)	5,986	5,809
미드소머 머더스 18(Midsomer Murders 18)	4,826	5,230
미드소머 머더스 24(Midsomer Murders 24)	6,626	6,297
사하라(Sahara)	4,353	4,808
합계	84,493	89,585
평균	6,035	6,399

필자는 전사된 ST에 대한 접근 권한이 없고, ST를 전사하는 것은 본 연구의 범위를 벗어나기 때문에, 모든 TT의 실제 압축률이 어떤지 논하는 것은 불가능했고, 따라서 TT를 비교하는 것에 만족해야 했다. 표 6h에 열거된 평균 단어 수는 대사 강도의 변수뿐 아니라 영화/에피소드의 길이에 따라서도 달라지므로 크게 관련 있는 수치는 아니다. 표 6h의 자료에서 단어 수는 56분짜리─〈사하라〉─와 178분짜리─〈조 블랙의 사랑〉─사이에서 다르게 나타난다. 그러나 관련이 있는 것은 덴마크어 TT가 스웨덴어보다 평균 6.0% 더 많은 단어를 포함한다는 것을 확인한 것이고, 그렇지만 이것은 다시 한 번

t-검정에 따르면 통계적으로 무의미하다. 따라서 표 6h의 데이터는 ESIST와 발췌분의 데이터로부터 덴마크어와 스웨덴어 규범 간의 중요한 차이를 찾는 데 있어서 드러난 어려움을 확인시켜준다. Volk & Harder(2007)는 마스터 템플릿 파일로 생성된 스웨덴어 및 덴마크어 TT로 이루어진 훨씬 더 큰 규모의 코퍼스를 사용하여, 덴마크어 TT가 스웨덴어 TT보다 약간 길지만 어휘는 다양하지 않음을 발견했다. 그러나 이 코퍼스에는 단독으로 자막화된 덴마크어 TT가 전혀 없었기 때문에, 약 500만 개의 자막을 보유하는 훨씬 방대한 병렬 코퍼스를 기반으로 했음에도 불구하고, 그 연구 결과는 단독으로 자막화된 영화에는 타당성이 없다.[58]

1980년대 이후의 데이터는 이런 측정이 매우 드물지만, 예상 읽기 속도와 압축률 간에 ─복잡하기는 해도─ 연관성이 존재하기 때문에, 여기에도 규범의 수렴이 이루어졌을 것이라고 말하는 것이 안전하겠다. 노르웨이어 자막가가 스웨덴어 자막가보다 훨씬 더 많이 압축한다는 것을 보여주는 5편의 영화에서 추출한 노르웨이어 데이터가 있지만, 이 데이터는 (i) 텍스트의 수가 너무 적고 (ii) 공영 방송국 텍스트만을 기준으로 하기 때문에 신뢰하기가 어렵다.

6.2.2 발전에 대한 논의

이렇게 하여 1989년 Nordang이 가정한 덴마크어와 스웨덴어 간의 차이는 물론 1980년대 상황을 조사하여 (더 적은 수준으로) 드러난 차이가 1990년대에는 확연히 작아졌음이 밝혀졌다. 모든 주요 측정값에서 양국의 규범

---

[58] Volk & Harder는 스웨덴어와 덴마크어 자막 사이에 발견된 차이가 스웨덴어에서 덴마크어로의 2세대 번역 특성 때문일 수 있음을 인정한다.

은 10% 미만의 차이를 보였고, 대부분의 경우 어떤 유의한 차이도 찾기 어려웠다. 이러한 내용은 스칸디나비아 국가에 관한 Georgakopoulou(2010: 259)의 결과와 일치한다.

국가 자막제작 규범 간의 차이점이 사라지고 있다는 사실은 이전부터 Mortensen과 같은 전문가들이 이미 언급해 왔다(Lomheim 2000: 114 인용). 이와 유사하게 Ivarsson도 "SVT, DR 및 NRK의 관행이 수렴되고 있어, 1990년대 후반 스칸디나비아 국가 내 자막제작 관습이 그 어느 때보다 비슷해지고 있다"라고 언급했다(Lomheim 2000: 116 인용, 저자 번역). 본 연구의 데이터가 그러한 주장을 적극 뒷받침하고 있다.

기술 규범의 평준화를 설명하기 위해 사례를 한두 개 살펴보면 좋을 것 같다. 다음은 영화 〈데이라잇*Daylight*〉에 대한 측정값이다. 주 코퍼스에는 대략 같은 시대의 세 가지 다른 버전이 포함되어 있다. 이 중 두개는 상업 방송(TV3)과 공영 방송(DR)의 덴마크어 버전이고, 나머지 하나는 상업 방송 TV(Kanal5)의 스웨덴어 버전이다.

표 6i. 데이라잇 데이터

	DK TV3	DR	SE Kanal5
예상 읽기 속도	10.6cps	10.6cps	10.8cps
압축률	45.1%	47.6%	47.6%
자막 양	785	772	754
자막 밀도	7.14	7.02	6.85

표 6i에서 볼 수 있듯이 스웨덴어와 덴마크어 버전 사이에서뿐만 아니라 덴마크 상업 방송과 공영 방송 버전 사이에서도 차이점은 무시해도 될 정도이

다. 또한 덴마크 TV3 버전은 대개는 스웨덴어로 된 마스터 템플릿 파일을 이용하여 제작되었다는 점에 주목해야 한다. 이는 국가 규범이 모호해져 가고 있어, 이전 국가 규범으로는 더 이상 예측이 불가능하다는 것을 의미한다.

스칸디나비아의 규범이 대폭 수렴되었다고 하는 것이 맞겠지만, 수렴의 주체는 누구인가? 다시 한 번 〈폴리스 아카데미〉에서 발전에 대한 예시를 찾아볼 수 있다. 표 6j는 이 영화의 세 가지 버전, 즉 1990년에 제작된 덴마크어 버전, 1992년 공영 방송국에서 제작한 스웨덴어 버전 그리고 2002년 스웨덴 상업 방송사에서 제작한 스웨덴어 버전에 대한 측정을 보여준다.

표 6j. 〈폴리스 아카데미〉 데이터

	DK 1990	SE 1992	SE 2002
예상 읽기 속도	9.12cps	6.37cps	8.25cps
압축률	26.1%	41.3%	32.1%
자막 양	707	542	671
자막 밀도	7.36	5.65	6.99

1990년대 초반에 제작된 두 버전의 자막을 비교해 보면, 둘 다 1980년대의 규범을 고수하고 있음이 분명해진다. 세 가지 측정에서 모두 스웨덴어와 덴마크어 수치 사이에 큰 차이가 나타난다. 그러나 가장 최근의 스웨덴어 버전을 보면 모든 수치가 덴마크어 1990년 TT에 훨씬 가깝다. 또한 2004년에 덴마크 TV에서 이 영화가 재방송되었을 때 덴마크어 버전은 수정 없이 재사용되었지만, 스웨덴어 TT는 새롭게 제작되었다는 사실이 중요하다. 그 이유를 단지 스웨덴어 최초 버전은 공영 방송국 SVT에서 방송된 반면 새 버전은 상업 방송인 Kanal5에서 방송되었기 때문이라고 할 수는 없다. 덴마크어

의 경우도 이와 비슷하기 때문인데, DR에서 최초 버전이 방송된 후, 2004년에 덴마크 TV3에서 방송되었다. 영화가 새로운 채널에서 방송될 때 TT 제작을 다시 의뢰하는 것이 보통이지만, 이 경우에는 시간차가 무엇보다 중요한 요소이다. Kanal5는 이전 자막을 구입할 수도 있었지만, 날짜가 분명히 명시되어 있었기 때문에 그렇게 하지 않았다. 이러한 사실은 5-10년 정도 후에 영화가 재방송되는 경우 SVT의 자막은 새로 제작되어야 한다고 주장한 SVT의 Åkerberg에 의해 더욱 설득력을 얻는다(2004년 10월, 저자 조사). SDI 미디어의 Norberg는 회사 정책상 6-7년 지난 자막은 가능하면 개선되어야 한다고 말한다(2004년 10월, 저자 조사). 〈폴리스 아카데미〉 자막의 덴마크어 버전은 개선되어야 할 이유가 전혀 없어 보였다. 이러한 결과는 Lindberg의 지침이 비록 1989년에 작성된 것이지만, 여전히 덴마크에서 대체로 타당하게 여겨진다는 사실에 의해 잘 입증된다.

이제 1980년대와 2000년대 자막의 차이를 구체적으로 보여줘야 할 것 같다. 도표 O는 두 규범 간의 차이가 어떤 모습일지 보여준다. "스웨덴 SVT2"의 자막은 1980년대 규범을 따른다. 가운데 열은 1980년대와 2000년 이후에 사용된 덴마크어 자막이고, "스웨덴 Kanal 5"의 자막은 2002년에 제작된 것이다. 우리는 현 단계에서 내용이 아닌 기술의 측면에만 관심을 두기 때문에 도표 O에 있는 텍스트의 역번역은 제공되지 않지만, ST 대사를 전사한 내용은 다음과 같다.

  —What's your name, cadet?
  —Thompson, sir.
  —Do you live around here?

—No, sir.

—What's your telephone number, Thompson?

—Come on. Eyes front. Telephone number.

—555-2467, sir.

—Okay, let's see the thighs.

—Come on, come on, I haven't got all day. The thighs.

—What in the hell are you doing?

—Meeting women, sir.

—What's your name, dirtbag?

—M . . . Dirtbag?

—Your name?

—Mahoney, sir.

—Back in line, Mahoney.

—Sir, can I have a second with you?

—Er, listen, Er . . . I don't really belong here. I'm not right for this place.

—Get back in line. NOW!　　　　　　　〈폴리스 아카데미〉(15.18-16.01)

도표 O는 SVT2 텍스트의 느슨한 자막 밀도－덴마크어 버전 자막이 10개인데 반해 7개에 불과함－를 보여준다. 또한 이 부분은 연속 자막제작을 포함하고 있어 예상 읽기 속도 또한 더 낮을 게 분명하다. 덴마크어 텍스트 입장에서 보면, 덴마크어와 또 다른 버전의 단어 수가 68개에서 61개 사이인데 반해, SVT2 텍스트에는 이보다 훨씬 적은 발화가 포함되어 있는 것을 쉽게 알 수 있다. 전반적으로 덴마크어 TT와 새로운 스웨덴어 TT가 매우 유사한데, Kanal5 TT가 덴마크어 TT보다 자막 한 개가 더 많을 뿐이다. 자세히 설명하지 않아도, 이는 당연히 TT가 전달하는 메시지에 영향을 준다. 예를 들어, "meeting women"(여자를 만나는 것)에 대한 머호니Mahoney의 시건방진 발언은 SVT2 자막에서 완전히 빠져 있다.

위의 주장으로부터 알 수 있고, 도표 O에서 볼 수 있듯이, 스웨덴어 규범이 더 많은 발전을 거듭했고 덴마크어 규범과 비슷해졌다.

스웨덴 SVT2	덴마크어	스웨덴 Kanal5
−Vad heter du, aspirant? −Thompson.	−Hvad hedder du, kadet? −Thompson.	−Vad heter du, aspirant? −Thompson, sir.
	Bor du her i nærheden? Hvad er dit telefonnummer?	Vad är ditt telefonnummer? Titta rakt fram! Telefonnummret?
−Vad har du för telefonnummer? −555-24 67.	−Se lige frem. Telefonnummeret. −555-2467, sir.	555-2467, sir.
Får jag se på låren. Snabba på, jag har inte hela dan på mig.	Godt. Må jeg se lårene? Kom nu, jeg har ikke hele dagen!	Visa låren.
		Se så. Jag har inte hela dan på mig−låren!
Vad håller du på med? Vad heter du, din skithög?	−Hvad fanden laver du? −Møder kvinder, sir.	−Vad gör du? −Träffar kvinnor, sir.
	−Hvad hedder du, dit møgsvin? −Møgsvin?!	Vad heter du, sopprot?
	−Dit navn −Mahoney, sir.	−Ditt namn? −Mahoney.
Mahoney. Får jag prata lite med er. Ni förstår, jag passar inte in här . . .	−Tilbage i køen, Mahoney. −Har De tid et øjeblik?	−In i ledet, Mahoney. −Ett ögonblick, sir.
In i ledet . . .	−Jeg hører ikke til her . . . −Gå tilbage i køen.	−Jag ska inte vara här . . . −In . . . i ledet . . . med dig.
. . . genast!!	NU!	Bums!

도표 O. 3개의 〈폴리스 아카데미〉 TT 발췌분

이러한 현상은 시간이 동일할 때, Ivarsson & Carroll이 조사한(1998: 71) 평균 650개의 자막과 비교하여, 스칸디나비아 자막 코퍼스 평균 영화의 스웨덴어 자막이 771개라는 사실에 의해 확실해진다. 그들의 수치는 1990년대 중반까지 SVT에 의해 자막화된 100여 개의 영화를 기준으로 한 것이었다 (Ivarsson, 2004년 11월, 저자 조사). 따라서 그 이후에 스웨덴어 자막의 자막 밀도가 거의 20% 가량 높아졌다.

이로써 스칸디나비아의 자막제작 규범이 수렴되었다는 것을 확인했지만, 왜 그런지에 대해서는 더 살펴봐야 한다. 두 가지 유형의 이유가 있는 것 같은데, 첫 번째는 기술과 관련된 것이고, 두 번째는 세계화Globalization와 관련된 것이다.

기술 향상에는 PC의 사용(Gottlieb 2001: 31 참조)과 자막 당 더 많은 문자를 가능하게 해준 소프트웨어가 포함된다. 영화에 자막이 합쳐진 화면 (Tveit 2004: 26 참조)은 더 쉽고 정확한 큐잉에 도움이 된다. 가장 중요한 기술 변화는 전자 타임코드를 이용한 큐잉의 도입이었다. 이 방식이 사용되기 전에 자막가는 영화나 TV 프로그램이 방송되거나 녹화되었을 때 수동으로 자막 큐잉을 해야 했는데, 불편할 뿐 아니라 다소 불확실하고 부정확했다. 즉 오류가 생길 가능성이 있었다는 말이며, 이것은 더 긴 노출 시간과 훨씬 더 많은 압축으로 이어지게 된다. 전자 큐잉의 도입은 영화의 정확한 장면에 자막을 미리 큐잉할 수 있게 됨을 의미하는데, 이로 인해 노출 시간이 단축되고—예상 읽기 속도는 더 빨라지며—압축을 덜 하게 되었다. SVT의 Åkerberg(2004년 10월, 저자 조사)와 당시 DR의 자막가였던 Gottlieb (2007년 1월, 저자 조사)에 따르면, 이러한 발전은 스웨덴과 덴마크 양국의 읽기 속도를 변화시켰다. 또한 더 많은 자막을 보다 쉽게 넣을 수 있게 되면서 자막제작 밀도에도 영향을 미친다.

1980년대에 스웨덴과 덴마크 사이에 보였던 큰 차이는 두 나라가 각각 다른 시점에 전자 큐잉을 도입했다는 사실로 충분히 설명이 가능하다. DR 은 1981년에 이 방식을 사용하기 시작했다(Gottlieb 2001: 31). 하지만 Ivarsson(2007년 12월, 저자 조사)에 따르면 SVT는 1981년부터 줄곧 기술은 준비되어 있었음에도 불구하고 비용 문제로 1985년에나 이 방식을 사용하기 시작했다. Åkerberg(2007년 2월, 저자 조사)에 따르면 SVT가 이 방식을 전적으로 시행한 시기는 1991년이 다 되어서였을 수도 있다.

짧은 노출 시간과 높은 자막 밀도의 가능성을 포함하여, 전자 타임코드를 이용한 큐잉 실행 후 나타나는 차이점은 1980년대 데이터에서 발견된 많은 차이를 설명해준다. 기술 변화가 실질적인 효력을 미치기까지는 오랜 시간이 걸리고, 이전 규범은 절대적으로 필요한 시점이 지나서도 한동안 유지될 수 있다. 이는 스웨덴의 일부 보수적인 자막가에게 1980년대의 보다 낮은 읽기 속도와 자막 밀도가 1990년대 초반까지 잔재해 있었을지도 모른다는 말이 된다. 하지만 데이터는 덴마크에서 초기에 구현된 새로운 시스템이 1980년대 초에 이미 규범을 변화시켰다는 것을 보여준다.

큐잉을 목적으로 전자 타임코드를 사용한 효과가 유럽의 자막 국가 사이에서 비슷한 효과를 가져 온 것 같다. 변화도 거의 같은 시기에 일어났다. 포르투갈에서는 1984년(Josélia Neves, 2010년 11월, 저자 조사), 그리스에서는 1983년 이전에(Amina Oassfi, 2010년 11월, 저자 조사) 전자 큐잉이 시행되었다. 벨기에의 발전은 플랜더스 TV가 1984년에 타임코드 사용을 시행했기 때문에 스웨덴과 유사해 보이지만, 플랜더스 VRT 책임자 Erik de Snerck(2010년 11월, 저자 조사)에 따르면 완전한 자동화는 90년대 초반에나 가능했다. 국제적인 규모로 볼 때, 덴마크와 그리스는 상당히 일찍 변화를 실행하였고 아주 빠르게 자국의 규범을 그 변화에 맞게 적응시켰다.

세계화 또한 부분적이나마 통신매체의 변화를 통해 자막 규범에 영향을 미친다. Gambier는 "[. . .] EU([당시] 15개국)의 TV 채널수가 1989년 47개에서 2002년에는 1500개 이상으로 증가했다"고 말한다(2003: 182). 많은 신규 채널이 국제적이며, 이 중 상당수가 국제 자막제작 규범의 사용을 선호하는 국제적 자막제작 회사를 이용한다.

1980년대에는 모든 나라에 자체 자막제작 규범이 있었고, 각국의 공영 방송국이 이 규범을 설정했다. 스칸디나비아에서는 1950년대 중반 스칸디나비아 TV 자막제작의 새벽이 열린 이후, 이러한 규범은 동시에 하지만 대체로 독립적으로 발전해왔다(Gottlieb 2001: 28). 1980년대에 일부 전문가와 학자는 부분적이나마 스칸디나비아 국가의 통일감을 이유로 스칸디나비아 규범에 대한 열망을 드러냈지만(예를 들어 Gottlieb 1989: 17; Ivarsson 1989: 110, Nordang 1989: 115 혹은 Lomheim 1989: 135), 아마도 대개는 현실적인 이유에서였을 것이다. 만약 범스칸디나비아 규범이 존재한다면, 마스터 템플릿 파일을 사용할 수 있게 되어 2세대 자막 비용을 줄일 수 있을 것이다. 이는 또한 팽창해 가는 TV 시장이 상업 방송 TV 채널과 상업적 자막제작 회사에 자리를 내 주면서 일어났던 일이기도 하다.

공영 방송사가 설정한 국가 규범은 마스터 템플릿 파일을 이용하여 다양한 언어 버전을 생성해 온 상업적 자막제작 회사의 보다 비용-효율적인 규범과 경쟁했다. 이런 상업적 자막제작 회사의 대표적인 예가 바로 전 세계적으로 자막을 배포하는 SDI 미디어다. 이 회사는 언어 유형에 상관없이 다수의 언어 버전에 사용 가능한 중심축이 될 마스터 템플릿을 생산한다.

2세대 번역을 제작하기 위해 이 마스터 템플릿 파일을 사용하는 자막가는 원한다면 타임코드 조절이 가능하다. 이런 귀찮은 일은 거의 하지 않기 때문에, 이 방식으로 생성된 스웨덴어와 덴마크어 TT의 자막 밀도가 사실상 동일한 이유가 바로 여기에 있다. 마스터 템플릿 파일을 사용할 수 있도록 스칸디나비아 자막제작 규범이 1990년대 초반에 "맞춰졌다". SDI 미디어의 Nordang(2004년 10월, 저자 조사)에 따르면, 위에서 논의된 기술 혁신으로 인해 그 당시에 국가 규범이 이미 상당 부분 수렴되어 있었다. 스칸디나비아 규범의 표준화에 있어 중요한 변화는 덴마크어와의 일치를 위해 스웨덴어 노출 시간이 줄었다는 것과 영화의 커트 부분에 민감하지 않은 스웨덴식 분할을 덴마크 사람들이 '감수해야만' 했다는 것이다. 후자의 변화는 일부 덴마크 시청자들과 전문가들을 불쾌하게 만들었고, 그러한 자막만 모아놓은―www.titlevision.com의 "Viasat―kiks" 같은―'실수모음' 사이트에서 이를 확인할 수 있다. 그래도 스웨덴어 측면에서는 표준화에 대한 이의가 많아 보이지는 않는다. 제작사의 관점에서 보는 훌륭한 마스터 템플릿 파일 제작의 문제점에 대한 더 자세한 논의는 Georgakopoulou(2009: 32f)를 참고하기 바란다.

비록 공영 방송사는 마스터 템플릿 파일을 사용하지는 않았지만, 상업 분야 출신의 프리랜서 자막가의 고용을 통해 그들이 새로운 규범을 들여오면서 '상업적' 범스칸디나비아 규범이 공영 방송사에도 영향을 미쳤던 것 같다. Åkerberg(2004년 10월, 저자 조사)에 따르면, 공식적인 규정 변화가 없었음에도 불구하고, SVT 지침에 의해 입증된 상업적 자막제작 비율까지는 아니더라도, 노출 시간이 감소했다. DR의 자막제작 책임자인 Heide Olsen에 따르면 DR에서도 공식적인 규정 변화는 없었고, 덴마크에서의 노출 시간 변화는 더 적어 보인다. Heide Olsen은 "스웨덴식" 꽉 찬 두 줄 자막을 더 많이 사용하게 만드는 상업적 규범의 영향으로 혹은 덴마크 사람들이 10-15년 전에 비해 영어를 더 잘 알아듣게 되어 DR 자막도 더 "거대해진" 것 같다고 말한다(2004년 10월, 저자 조사).

영어에 대한 더 많은 지식은 규범 변화의 전제조건임이 틀림없다. 요즘 많은 유럽 사람들은 영어권 TV를 볼 때, ST를 이해하는 유일한 수단으로서가 아닌 그저 도움 받는 정도로 자막을 이용하는 경우가 더 많다고 할 수 있다. SL에 관한 이런 지식 때문에 이제는 ST의 요약만을 제공하는 느슨한 자막에 대해 관대하지 않다.

Schröter(2005: 139)가 지적하듯이, 마스터 템플릿 파일의 사용은 아마 다른 미디어, 특히 DVD의 영향으로 활발해졌을 것이다. 영화의 DVD 버전이 번역되기 위해 유통될 때, 영어권 큐잉에 충실한 제네시스Genesis 파일로 전달되는데, 이 파일의 노출 시간은 새로운 스칸디나비아 규범이 허용하는 것보다 훨씬 짧다.[59] 이 제네시스 파일이 언어에 상관없이 모든 번역을 생성하는 데 사용되는 것이다. SDI 미디어(Nordang, 2004년 10월, 저자 조사)를 비롯하여 많은 회사가 DVD 번역도 맡기 때문에, 이런 매체로부터의 영향력이 발생하기 쉽다.

Schröter는 현대 AVT 규범을 조사하기 위해 1995년을 경계 연도로 사용했고(2005: 130), 이것은 아주 적절해 보인다. 1995년 즈음 신기술 및 세계화된 자막제작 시장이 가져온 규범의 변화는 스칸디나비아와 유럽의 나머지 지역은 물론, 변화의 적용이 다소 늦었던-스웨덴 같은-국가에서조차 잘

---

[59] 예를 들어, Estrup(2002: 25)는 덴마크어 DVD 자막에 관한 자신의 연구에서 예상 읽기 속도가 최대 20cps임을 알아냈다.

정착된 것 같다. 이는 스칸디나비아 자막 코퍼스의 데이터에 의해 뒷받침된다. SVT 전문 자막가 Monica Scheer(2004년 10월, 저자 조사)에 따르면 스웨덴에서 1960년대 이후로 거의 변하지 않은 듯한 1980년대 규범이 1990년대 중반까지 계속 이어져 왔는데, 본 연구의 데이터가 이를 잘 보여준다. 덴마크어 데이터는 1980년대 규범이 20년 후에 스웨덴에서 적용되는 규범과 크게 다르지 않음을 보여준다. 코퍼스의 1990년대 초반부터 시작된 버전은 표 6j의 〈폴리스 아카데미〉의 데이터에서 볼 수 있듯이 전부 1980년대의 규범을 따른다. 또 다른 예시로, 〈칵테일〉의 1990년 스웨덴어 버전은 자막이 647개인 데 반해, 2004년 스웨덴어 버전은 766개이고, 코퍼스에는 이와 같은 예시가 더 많이 있다. 1990년대 후반 버전의 데이터는 2000년이 한참 지나 제작된 버전의 데이터와 훨씬 더 유사하다. 그 십 년간에 규범이 양립하는 것은 당연한 일이다. 1980년대 규범이 잘 정립되었던 탓에 일부 자막가는 이 규범을 다른 규범보다 더 오래 사용하는 경향을 보였다. 하지만, 대체로 변화에 대한 큰 저항은 없었던 것으로 보인다. 아마도 전문가에게 있어 새로운 규범은 압축의 부담을 덜어주면서 작업을 더 수월하게 해 주었기 때문일 것이다. 1980년대 규범의 최근 예시는 1995년에 방송된 〈실종자 *Frantic*〉의 스웨덴어 버전인데, 첫 줄이 비대칭적으로 긴 두 줄 자막을 비롯하여 이전 규범의 모든 특징을 보여준다. 정반대로 〈도망자〉의 1996년 스웨덴어 버전은 새 규범이 너무 잘 적용되어 2004년 약간의 수정만을 거쳐 재방송되었고, 이와 유사하게 1996년에 제작된 〈시애틀의 잠 못 이루는 밤〉의 스웨덴어 버전 또한 2004년에 다시 방송되었다.

세계화와 기술 혁신으로 인한 발전은 적어도 유럽에서는 일반적인 추세이다. 미디어 컨설팅 그룹 Media Consulting Group은 다음과 같이 말한다.

"[. . .] 기술산업 활동의 국제화가 전문사업의 발전을 좌우하는 핵심 요소라는 데는 의심의 여지가 없다. 이는 그들의 프로그램을 여러 나라에 판매해주는 해외 고객이 성장한 것이기 때문이다." (2007: 43)

따라서 스칸디나비아에 관한 연구를 더 넓은 유럽의 상황으로 일반화하기는 매우 쉽다. 어쨌든 대부분의 자막 국가가, 비록 수년씩 늦어지는 경우가 있기는 해도, 유사한 발전을 경험한다. 국제 채널수의 급증과 이에 따른 국제 자막 제작사의 증가는 대부분의 자막 국가에 아주 유사한 방식으로 영향을 미쳤을 것이다. 이에 해당하는 예가 바로 BBC 방송국인데, BBC에서 분리되어 레드비 미디어Red Bee Media로 현재 국제적 수준으로 운용 중이다. 이런 국제적인 발전은 많은 자막 제작사의 기술 규범이 스칸디나비아 국가와 비슷하게 맞춰졌을 것이라는 점을 보여준다. 물론 맞춤법과 정렬 부분에서 여전히 차이가 나타나지만(Díaz Cintas & Remael 2007: 102ff 참조), 읽기 속도와 자막 밀도를 비롯하여 어쩌면 압축률까지도 평준화되었다. 하지만 여기에는 주의해야 할 부분이 있는데, 바로 대부분의 자막 국가가 비슷하게 발전했지만, 발전 과정이 일부 다른 국가에서보다 스칸디나비아에서 더 많이 진행되었음을 보여주는 증거(예를 들면, Georgakopoulou 2010: 258)가 있다는 점이다. 또한 벨기에나 핀란드와 같은 이중 언어 사용국가의 경우 기술 규범에 관한 전제조건이 단일어 사용국가와는 다르다. 이를테면, ESIST 코퍼스에 있는 핀란드어 스웨덴어 TT의 경우 핀란드어 자막제작 규범의 영향을 받은 탓에 스웨덴에서 제작된 스웨덴어 자막과는 약간 다른 양상을 보인다. 예를 들어, 두 사람의 발화가 같은 자막에 들어가는 사례가 있다. 스웨덴에는 이를 강하게 규제하는 규칙이 존재하기 때문에 이런 자막은 생기지 않을 것이다. 핀란드의 FST 번역과 버전화Oversättning och versionering: Translation and

Versioning의 Paro(2003년 11월, 저자 조사)에 따르면, 핀란드에서는 이것이 강한 규범일 뿐 절대적 규칙은 아닌데, 핀란드의 규범이 약한 것은 이중 언어 자막에 대한 압박감 때문이라 생각된다.

기술 자막제작 규범과 관련하여 유럽에서 확인되어야 할 중요한 차이가 여전히 존재한다. 그중 하나가 전통 자막 국가와 전통 더빙 국가 간의 자막 제작 규범이다. 더빙 국가는 더빙을 한다는 분명한 이유가 있어 준수할 만한 자막 제작 규범이 잘 갖춰져 있지 않다. 하지만 이런 국가에서도 DVD 시장에서는 현재 자막이 대량으로 제작되고 있다. Georgakopoulou(2010: 235)는 자막제작의 축소 정도를 연구한 학위논문에서 더빙 국가의 자막이 더 많은 원문 대사를 재현하는 경향이 뚜렷하다는 중심 가설을 세운 바 있다. 이런 국가에서 사용되는 규범은 인접 자막 국가에서 들어오는 것이 아니라 SC 국가에서 올 가능성이 크다는 설명이 가능하겠다. 더빙 국가의 자막가는 제네시스 파일과 비슷한 수준으로 압축하고, 큐잉과 노출 시간을 동일하게 적용한다는 것을 보여주는 증거가 있다. 예를 들어 Sokoli(2009)는 그리스어와 스페인어 자막제작 규범을 비교한 연구에서, 스페인어 자막은 생략을 피하고 큐잉이 매우 빠른 반면, 그리스어 규범은 위에서 논의된 스칸디나비아 규범과 유사한 패턴을 따른다는 것을 알아냈다. 이에 대한 또 다른 증거는 독일 TitelBild(2004: 13)의 지침이 읽기 속도를 최대 16cps로 규정하고 있다는 것이다.

Georgakopoulou(2010: 252)는 2003년 자신의 학위논문에서, 소위 "자산 assets"이라 불리는, 즉 ECI가 DVD에 추가하기 위해 구입한 사전 제작된 자막 파일을 관찰했고, 유럽 여러 국가 간의 자막제작 밀도가 매우 다양하다는 것을 알게 되었다. 예를 들어 〈비버리 힐스 캅 2*Beverly Hills Cop 2*〉의 경우, 자막이 그리스어 버전 자막 691개와 포르투갈어 버전 1,118개 사이에서 다양하게 나타났다. 본 연구에서 살펴본 대로, 이러한 다양성은 분명히 1980년대와 1990년대 초반 규범의 징후일 가능성이 크다는 점에 주목해야 한다. 이런 가정은 파일이 사전 표준화를 거쳐 제작되었다는 사실을 바탕으로 하는 것인데, ECI가 자막을 제작하지 않고 구매했다는 사실로 입증된다. 예컨대 2010년에 제작된 자막 파일을 관찰한다면, 그 차이가 훨씬 적을 것이고, 해당 영화의 경우에는 ECI 템플릿 파일에 있던 수와 비슷하게 1,031개 정도로 나왔을 가능성이 크다. 그럼에도 불구하고 본 연구와 Georgakopoulou의 연구 결과를 근거로 하면, 자체적으로 제작한 자막에서 변화에 가장 민감한 규범이 자막 밀도인 것 같다. 하지만 마스터 템플릿 파일을 이용하여 제작된 자막에서 자막 밀도는 제일 먼저 표준화되며, 자막가가 템플릿 파일의 영향을 받은 규범에 익숙해지고 나면 결국 자막 밀도가 자체적으로 제작된 자막 파일의 운명 또한 결정하게 될 가능성이 크다.

현재 연구의 결과는 국가 규범 간의 차이가 너무 작아 영화나 TV 프로그램의 덴마크어 및 스웨덴어 TT가 모두 2000년 규범을 고수하는 한, 압축과 배치 비율의 양적 차이를 고려하지 않고도 비교가 가능하다는 것이다. 이는 우리가 다음 절에서 이전 장에 제시된 모델을 본 코퍼스의 자료에 바로 적용해볼 수 있다는 말이 된다.

6.3 문화지시어 렌더링

이제부터 흥미로운 부분이 시작된다. 이번 절에서는 스웨덴어와 덴마크어 자막가가 스칸디나비아 자막 코퍼스의 단일문화 ECR을 어떻게 처리했는지 살펴본다. 이로써 이런 번역 문제들이 어떻게 처리되는지에 대한 실마리를 제공하고, 나아가 TV 자막제작 규범에 대해 전반적으로 알게 되기를 희망한다. 따라서 본 절에는 ECR과 관련된 스웨덴어와 덴마크어 자막제작의 주 분석 결과가 포함되어 있다. 다음 절에서는 이러한 결과가 좀 더 폭넓은 관점에서 제시되는 국제적 논의를 할 것이고, 자막제작의 일반적인 규범에 대해서도 논의할 것이다.

6.3.1 스웨덴어 및 덴마크어 자막의 쉬운 지시어

이 절에서 논의되는 ECR은 스칸디나비아 자막 코퍼스에 포함된 205개의 스웨덴어 및 덴마크어 TT로부터 추출되었다. 노르웨이어 TT는 양이 너무 적어 데이터를 왜곡시킬 수 있는 위험이 있어 연구에서 제외되었지만, 추후 연구를 위하여 모아 두었다. 추출은 수작업으로 진행되었다. TT-즉, 자막화된 영화나 TV 프로그램-를 정밀 분석하여 모든 잠재적 단일문화 ECR을 해당 맥락과 함께 결과지에 기록하였다. 불충분한 추출 과정으로 인해 단일문화 ECR이 부족하지 않게 하기 위해 필요한 양보다 훨씬 많은 ECR이 추출되었다. 이런 방법으로 2,403개의 ST ECR이 이를 포함하는 5,028개의 TT 렌더링과 함께 추출되었다. TT 렌더링 개수가 ST ECR 숫자보다 두 배 이상 많은 가장 큰 이유는 5개의 ST가 코퍼스에는 각각 3개의 TT로 제시되었기 때문이다.

텍스트에서 토큰okens이 아닌 유형만 추출되었는데, 이때 유형은 ST ECR + TT 렌더링을 의미한다. 따라서 특정 ECR이 같은 TT에 다시 나올 경우, 다른 방법으로 처리되지 않는 한 단 한 번씩만 추출되었다.

각각의 영화나 TV 시리즈 에피소드는 그 자체로 유형 추출이 가능한 하나의 텍스트로 간주된다. 즉, 동일한 ECR이 여러 텍스트에서 여러 번 추출될 수도 있다. 최다 기록은 각각 다른 7개의 텍스트에서 7번 추출된 ECR *high school*이다.

1단계 추출이 끝난 후 추출된 모든 ST ECR은 텍스트 내부Text Internal 혹은 텍스트 외부Text External 중 하나로 범주화되었고, 텍스트 외부일 경우 기층문화Infra-, 문화횡단Trans- 혹은 단일문화Monocultural ECR 중 하나로 분류되었다. ECR이 단일문화적일 경우에는 주 연구에 포함되었다. 그 이유는, 단일문화 ECR은 SC 청중에게는 익숙하지만 TC 청중에게는 익숙하지 않은 유일한 ECR로서 유일하게 번역 문제를 일으키기 때문이다. 텍스트 내부 ECR과 텍스트 외부 ECR을 구분하기 위하여 인터넷을 이용하여 경계가 설정되었다. ST에 ECR이 나타난 양상과 구글 검색 결과를 합쳐 단일문화 ECR에서 기층문화 ECR을 분리하는 데 사용하였다. 간단히 말하자면, ST에서 ECR이 (눈에 띌 만큼) 지시적으로 이해하기 쉽게 제시되었다면, 대부분의 사람들이 해당 ECR을 모를 것이라 의심해볼 수 있고, 이 경우 인터넷을 이용하여-SC 웹사이트의 적은 검색 결과나 그것이 제시된 방식을 통해, 익숙한 정보인지 아닌지-기층문화적이라 확정할 수 있다. 문화횡단 ECR을 단일문화 ECR로부터 분리하기 위해 필자는 다양한 주요 스칸디나비아 신문의 기사로 이루어진 검색 가능한 코퍼스 미디어파일보관소Mediearkivet: Media Archives(www.mediearkivet.se)와 같은 TL 데이터베이스를 TL의 원문 텍스트와 함께 사용하였다. 검색 수만으로도 특정 ECR이 스칸디나비아에서 얼마나 익숙한지에 대해 알 수 있지만, 스칸디나비아의 원저자들이 그 ECR을 어떻게 다루었는지 텍스트를 면밀히 조사해 보는 것이 중요하다.

또한 추출된 모든 ECR의 TT 렌더링은 4장과 5장에서 설명된 모델에 따라 분석되었으며, 4장에 서술된 분류체계 중 하나의-혹은 그 이상-범주에 할당되었다.

TT 렌더링을 전략별로 지정하는 것과 관련하여 문제가 하나 있는데, 이 문제는 아마 기준 전략과 공식 등가어 사용 간의 경계 문제로 나타날 것이라 예상할 수 있다. 이런 문제는 공식 등가어와 기준 전략 사이의 미세한 차이에서 비롯된다. 대부분의 기준 전략에 관한 문제는 간단한 인터넷 검색과 기타 자문으로 해결할 수 있지만, 공식 등가어를 기준으로 한 방안으로부터 보존 방안을 분리하는 것은 다소 어려운 일이다. 보존이 공식 등가어를 이용한 것인지, 아직 확립되지 않은 또 다른 공식 등가어가 어딘가에 존재하는 것인지를 판단하는 일은 어려울 수 있다. 그러나 공식 등가어와 보존 전략은 모두 ECR을 변경하지 않는 최소 변경 전략으로 간주되기 때문에 실제로 구분할 필요는 거의 없다. 따라서 본 연구에서는 필요한 경우가 아니면 구분하지 않았으며, 공식 등가어가 들어가는 수치에서 공식 등가어는 '보존 외의 전략을 바탕으로 하는 공식 등가어'의 줄임말로 이해되어야 한다.

ECR을 범주화한 결과, 추출된 ECR 중 1,497개가 ST 맥락에서 단일문화 ECR로 간주되지 않았기 때문에 주 연구에서 제외되었다. 다만, 이러한 분석도 해당 ECR의 특성과 단일문화 ECR과의 관계 파악에 도움이 되므로 여기서 간단히 논의될 것이다.

일부 문화지시어가 제외된 이유는 이들이 사실상 언어외적인 것이 아니라 언어내적인 것으로 파악되었기 때문이다. ST ICR$^{Intralinguistic\ Cultural}$ ^{Reference} 53개와 이에 대한 114개의 TT 렌더링이 추가 연구에서 제외되었다. 물론 코퍼스에는 이보다 더 많은 ICR이 있었지만, 추출 과정에 포함된 것은 53개뿐이었다. 제외된 ICR은 대부분 'sir'이나 'madam' 같은 존칭어나

비속어 혹은 SL도, TL도 아닌 제3언어의 ST 단어였다. 자막가는 대부분 이런 ICR을 번역 대상물 그 자체로 취급했다. 이것은 ICR이 대부분 번역되거나 보존되었다는 것을 의미하며, 보존된 경우는 ICR이 제3언어인 경우였다. 이는 예컨대 네덜란드어 자막의 제3언어 어휘 항목에 대한 Delabastita의 연구 결과(2010: 213)와도 일치하는 부분이다. 생략된 경우도 더러 있었지만 주로 매체 특정 제약으로 인한 것이었다.

추출된 후 주 연구에서 제외된 또 다른 ECR 그룹은 텍스트 내부Text Internal ECR이었다. 물론 코퍼스에는 수천 개나 되는 텍스트 내부 ECR이 있었는데, 이는 모든 등장인물과 허구적 장소의 이름이 텍스트 내부 ECR이기 때문이다. 여기서 우리가 눈여겨 볼 것은 추출 과정에서 걸러진 것들 중 경계선상에 있을 가능성이 있는 경우이다. 152개의 ST 텍스트 내부 ECR이 그에 해당하는 316개의 TT 렌더링과 함께 주 연구에서 제외되었다.

텍스트 내부 ECR은 가끔 기층문화 ECR과의 구분이 어렵기 때문에 이때 경계구분의 문제가 나타났다. 이런 문제는 특히 지리적, 제도적 명칭에서 나타난다. 조사를 할 때도 특고의 심혈을 기울이지 않고서는 지명이나 회사가 허구인지 아니면 너무 작은 지역에 있어 조사가 불가능한지에 대한 구분이 매우 어려울 수 있다. 분석자는 가끔 이런 것들에 대한 정보를 빠르게 얻을 수 있는 인터넷으로 문제를 해결하기도 한다. 하지만 가끔은 폴티 타워즈의 주소가 허구인지 확인하기 위해 토키Torquay에 직접 가서 *16 Elwood Avenue*(〈폴티 타워즈〉 2: 0.42)에 주택이 한 채 있는지 확인해야 할 수도 있다. 이러한 문제가 생기는 아주 간단한 이유는 **텍스트 내부 ECR**이 실제처럼 보이려면 **텍스트 외부 ECR**을 모방해야 하기 때문이다. 이것의 전형적인 예는 Seahaven(〈트루먼 쇼〉 9.16)이라는 가상 마을에 나오는, 실제 이름 같으면서 미국 전역의 여러 마을에 같은 이름이 있을 법한 *Wells Park*(6.22)나 *Lancaster Square*(28.39) 같은 거리명 등이다. 특히 이 경우에는 TV 방송사가 트루먼의 삶을 설정하기 위해 만들어낸 도시 전체가 명확히 텍스트 내적이기 때문에, 해당 ECR의 텍스트 내적 특성을 단정하기가 쉬웠다. 자막제작 관점에서 보면 이런 것들은 처리 과정이 매우 비슷할 수 있어 그다지 어려운 문제는 아니다. 이는 원작의 발송자가 두 범주의 ECR 모두 원작 시청자들에게조차 백과사전적 지식을 바탕으로 이해되지 않을 수 있음을 반드시 고려해야 하기 때문이다. 지시적으로, 즉 다중기호(5.4절 참조)나 코텍스트(5.5절 참조)을 통해 이해 가능하도록 만들려고 노력한다.

본 코퍼스에는 ECR이 두 ECR 범주에 모두 속하는 매우 흥미로운 이중지시어의 사례가 세 건 나타난다. 여기서 말하는 이중지시어는 두 가지 다른 지시체를 가리키는 언어 기호로, 하나는 텍스트 외적(문화횡단적)이고 다른 하나는 텍스트 내적이다. 첫 번째 예는, 해당 문맥에서는 비밀첩보원의 코드명(텍스트 내적)이지만 현실 세계에서는 에어로졸 윤활유의 이름(텍스트 외적)인 *WD-40*(〈스파이 하드*Spy Hard*〉 0.06)이다. 물론 이것은 이중지시어에 해당하는 말장난을 의미한다. 다른 두 예는 〈오피스*The Office*〉에서 나온 사례이다. 하나는 극중 데이비드 브렌트David Brent라는 인물이 만들어낸 게임 쇼의 제목인 *Upstairs, Downstairs*(〈오피스〉 11: 16.19)인데, 이것은 유명한 ITV 시리즈(1971-1975)의 제목과 일치한다. 나머지 사례 또한 극중 브렌트가 작성한 시의 제목인 *Excalibur*(〈오피스〉 8: 27.51)이다. 해당 문맥에서 지시체는 간접적으로 아서 왕King Arthur의 **텍스트 외적** 검을 가리키지만, 직접적으로는 시의 소재가 된 브렌트의 페니스를 가리킨다. 이 세 가지 사례에서, 작가들은 문화횡단적 텍스트 외부 ECR을 '차용'하여 말장난이나 빈정거림의 효과가 나도록 텍스트 내적으로 이용했다.

텍스트 내부 ECR은 보통 지시적으로 이해 가능한데, 번역 문제를 일으키지 않아 자막가가 취급하기 수월하다. 대부분의 경우, 이런 ECR은 단순히 보존될 가능성이 크다. 만일 ECR이 적절한 구성적 의미를 갖는다면 쉽게 번역될 수 있다. 이런 ECR이 지시적으로 이해 가능해지면 매체 특정 제약을 따라야 할 때를 제외하고는 이렇다 할 중재 전략을 사용해야 할 이유가 거의 없다. 덴마크어와 스웨덴어 자막가의 텍스트 내부 ECR을 다루는 방법 사이에 나타나는 유의미한 차이는 없었다.

이제 우리는 텍스트 내부 ECR과 상당히 유사한 ECR의 텍스트 외적 범주, 즉 기층문화 ECR에 이르렀다. 필자는 주 연구에서 총 396개의 ST ECR과 이에 해당하는 838개의 TT 렌더링을 제외하였다. 이 ECR은 위에서 설명한 인터넷 기반 방식을 통해 매우 효과적으로 단일문화 ECR과 분리되었다. 하지만 ECR이 문화횡단성의 세 범주 사이에서 모호해질 수밖에 없는 흥미로운 경우가 존재한다. 예시 (6.2)는 리얼리티 쇼 〈심플 라이프〉에서 가져온 것이다.

(6.2) Tinkerbell

　　　스웨덴어 자막:

　　　Tinkerbell

　　　덴마크어 자막:

　　　Klokkeblomst　　　　　　　　　　　　　　〈〈심플 라이프〉 6: 20.16)

(6.2)에 있는 ECR의 지시체는 패리스 힐턴Paris Hilton의 개인데, 상황을 더 자세히 설명하지 않는 이유는 해당 지시체가 여러 상황에 등장하고, 그 지

시어는 항상-개가 보이거나 소리가 들리는-다중기호를 통해 명확해지기 때문이다. 해당 텍스트는 논픽션이고, 팅커벨Tinkerbell은 텍스트 밖에 존재하므로 그 지시체가 텍스트의 일부라는 사실이 개를 텍스트 내적으로 만들지는 않는다. 하지만 TT 청중을 고려한다면, 그것이 단일문화적이라는 주장이 제기될 수 있다. 〈심플 라이프〉의 일반 시청자는 패리스 힐턴은 물론 그녀와 연관된 사물이나 애완동물에 대해 관심이 있어 이에 대해 잘 알고 있을 것이다. 하지만 프로그램의 첫 시리즈였고 패리스 힐턴의 개는 이후의 인지도만큼 유명하지는 않았던 때라 이 지시어가 기층문화적으로 분류되었다. 〈피터팬Peter Pan〉에 나오는 요정의 이름을 따라 만들었을 가능성이 큰 그 개의 이름이 그 요정의 이름과 일치하기 때문에 해당 ECR은 이중지시어를 갖게 된다. '원조' 팅커벨Tinker Bell은 (a) 두 단어이고 (b) 문화횡단적이다. (6.2)에서 덴마크어 자막가는 원조 팅커벨의 공식 등가어를 사용하여 ST ECR을 바꾸었으므로, 그 자막가 또한 이 ECR을 문화횡단적이라고 판단했다는 점이 흥미롭다. 이 공식 등가어는 문화횡단적 팅커벨의 동음이의어로 간주될 수 있어 보통은 다른 지시체에 적용을 고려하지는 않을 것이다(3.2.3의 논의 참조). 이 프로그램의 다른 모든 스웨덴어 및 덴마크어 자막가를 비롯하여 (6.2)의 스웨덴어 자막가가 이 ECR 렌더링에 보존을 사용했다는 점을 주목해야 한다. 요약하자면, 덴마크어 자막가는 필자의 의견에 동의하지 않을 수도 있지만, (6.2의) 해당 ECR은 본 연구에서 기층문화적으로 결정되었다.

텍스트 내부 ECR의 경우 비교할 수 있는 대상이 전혀 없었지만, 이를 번역하는 데 공식 등가어가 사용된 세 건의 사례가 있었다. ECR이 기층문화적이라고 해서 공식 등가어가 있을 가능성을 배제하지는 못한다. 〈쥬라기 공원Jurassi Park〉의 예시 (6.3)에 예로 든 많은 동식물군의 경우가 이에 해당하는 특정 사례로, 엘리 새틀러 박사Dr. Elli Sattler가 아래의 식물을 삼킨 트리케라톱스의 건강을 염려한다.

(6.3) West Indian lilac

덴마크어 자막:

Melia azedarach

스웨덴 자막:

Västindisk syrén   (〈쥬라기 공원〉 49.3)

덴마크어 자막가가 사용한 라틴어 용어는 ST ECR의 공식 등가어이다. 스웨덴어 용어는 직접 번역으로, 공식 등가어는 아닐 테지만 이 용어가 확립되기만 했다면 라틴어 단어보다는 관련시키기가 수월하므로 공식 등가어가 될 수 있었다. 이 예시는 (i) 기층문화 ECR에 공식 등가어가 있을 수 있는지, (ii) (근본적으로 최소 변경 전략인) 공식 등가어의 사용이 원문 ST에서보다 TT 시청자의 이해를 더 어렵게 만들 가능성이 있는지에 대해 논의하기 위해 제시되었다.

기층문화 ECR에 대한 결과를 정리하면 다음과 같다. 기층문화 ECR도 텍스트 내부 ECR처럼 보통 지시적으로 이해 가능하며, 따라서 번역 문제가 생기지 않아 취급하기 수월하다. 기층문화 ECR 사례 중 2/3는 그대로 보존되었고, 1/5은 생략이나 일반화를 통해 옮겨졌다. 기층문화 ECR 중 1/10 정도만 번역된 것이다. 이 모든 것이 기층문화 ECR이 상대적으로 주변적이라는 것과 대부분 지시적으로 이해 가능하다는 것을 나타낸다. 기층문화 ECR이 지시적으로 이해 가능한 탓에 매체 특정 제약에 의한 경우 외에는 어떤 중재 전략도 거의 필요하지 않다. 일반화를 제외한 그 외 다른 중재 전략은 본 연구에서 추출된 기층문화 ECR 렌더링 중 1/50 정도를 차지한다. 기층문화 ECR을 다루는 데 있어 덴마크어와 스웨덴어 자막가 사이에 유의미한 차이는 없었다.

추출 과정을 거쳐 단일문화 ECR과 거의 같은 수의 문화횡단 ECR이 모아졌다. ECR이 문화횡단적인지 혹은 단일문화적인지 결정하기 어려운 경우가 많아, 더 많은 추출이 이루어졌다. 범주화 과정 후, 문화횡단적 ST ECR 898개와 이에 해당하는 TT 렌더링 1,873개가 주 연구에서 제외되었다. 문화횡단 ECR은 다른 ECR과 마찬가지로 지시적으로 이해 가능할 수는 있지만, 반드시 그래야 하는 것은 아니다. 그 이유는 ST 생산자가 ST의 일관성을 이유로 문화횡단 ECR을 반드시 지시적으로 이해 가능하게 만들 필요는 없기 때문이다. 다만 문화횡단 ECR은 백과사전적 지식을 바탕으로 이해 가능하다. 문화횡단 ECR은 어떤 번역 문제도 일으키지 않는다는 점에서 텍스트 내부 ECR 및 기층문화 ECR과 공통점을 지닌다. 이런 ECR은 TT 청중에게 익숙한 것이기 때문에 공식 등가어가 있거나 보존을 이용하여 옮겨지는 경우가 많다. 사실 서로 어느 정도 관련된 이 두 전략이 본 코퍼스에서 추출된 전체 TT 렌더링의 약 80%를 차지한다. 단일문화 ECR에 근접하다고 여겨지는 문화횡단 ECR만이 아니라 코퍼스에 있는 모든 문화횡단 ECR이 추출되었다면, 공식 등가어와 보존의 비율은 훨씬 높았을 것이다. 중재 전략은 전체 TT 렌더링의 10% 미만을 차지했는데, 이 중 일반화가 대부분을 차지한다. 이전 범주에서와 마찬가지로 일반화는 TT 청중을 돕기보다는 메시지의 축소를 위해 주로 사용되었다. 이러한 결과는 문화횡단 ECR의 경우 자막가의 내러티브 외적 중재 없이도 이해가 가능하다는 사실을 뒷받침한다. 텍스트 내부 ECR과 기층문화 ECR은 보통 지시적으로 이해되는 반면, 문화횡단 ECR은 백과사전적 지식을 바탕으로 이해가 가능하다. 문화횡단 ECR을 다루는 방식에 있어서 덴마크어와 스웨덴어 자막가 간에 유의미한 차이는 없었다.

흥미로운 점은 정확히 문화횡단 ECR의 범주에 속하면서 전적으로 공식 등가어만으로 표현되는 특정 영역이 있다는 점이다. 이 영역은 바로 '도량형'이다. 도량형에서 공식 등가어를 사용한다는 것은—스칸디나비아에서 피트 단위로 측정되는 비행 고도의 경우를 제외하면—일반적으로 미터법으로의 변환을 의미한다. 이것은 덴마크어와 스웨덴어 자막에 모두 적용되며, 유일한 차이점은 덴마크에서와는 달리 스웨덴 사람들은 역사적인 이유로 10km의 거리에 끈질기게 'mil'이라는 용어를 사용한다는 점이다. 따라서 이때 적용되는 규칙 혹은 최소한 아주 강한 규범이라도 다음과 같이 정리하는 것이 타당하다. 도량형은 스웨덴어 및 덴마크어 자막가에 의해 (대개는 미터법인) 공식 등가어를 사용하여 표현된다. 당연히도, 이런 규칙은 스웨덴어 및 덴마크어 지침이 규정하는 바와 일치한다.

6.3.2 스웨덴어 및 덴마크어 자막의 어려운 지시어

이 절에서는 현재 분석 중인 주 연구 대상인 단일문화 ECR에 대한 결과를 제시한다. 단일문화 ECR은 더러 지시적으로 이해될 수 있음에도 불구하고, 이 범주에 속한다는 이유로, TT 청중의 백과사전적 지식을 바탕으로 이해된다는 것을 가정할 수는 없다. 본 연구에서 단일문화 ECR에 초점을 두는 이유가 바로 여기에 있다. 단일문화 ECR은 번역 문제를 유발한다. 이때 자막가가 내러티브 외적으로 ECR 청중이 TT를 이해하도록 돕는 전략적 행위를 사용해서 이 번역 문제를 해결하는 방식이 자막가의 전반적 번역 접근법을 보여주는 것이라 할 수 있다.

이전 절에서 단일문화 ECR이 다른 ECR 범주와 어떻게 구분되었는지 설명하였으므로 이에 대해 더 자세히 논하지는 않겠다. 906개의 ST ECR이 해당 맥락에서 단일문화로 결정되었고 이에 해당하는 1,887개의 렌더링이 – 제로 렌더링zero rendering도 렌더링으로 취급하여 – 모아졌다는 설명으로 충분하다. 우리는 이전 절에서 자막가가 다른 범주의 ECR을 상당히 수월하게 처리하는 방법에 대해서도 살펴보았다. 이런 범주의 ECR은 지시적으로 혹은 백과사전적 지식을 통해 이해 가능하고, 이로써 최소 변경 전략을 사용하여 쉽게 처리할 수 있다. 단일문화 ECR의 의미는 TT 청중의 백과사전적 지식을 바탕으로 이해되기를 기대할 수 없고, 혹여나 그렇다 하더라도, ST 생산자가 이를 지시적으로 이해되도록 만들 필요는 딱히 없으므로, 단일문화 ECR은 더 많은 중재 전략을 필요로 한다고 예상할 수 있다. 표 6k에 나타낸 대로, 단일문화 ECR이 번역되는 방식에 대한 데이터는 실제로 단일문화 ECR에 중재 전략이 훨씬 더 많이 사용되고 있음을 증명해준다.

표 6k. 단일문화 ECR의 번역

	스웨덴어 TT		덴마크어 TT	
	수	퍼센트	수	퍼센트
보존	361	37.8	390	40.4
구체화	58	6.1	43	4.5
직접 번역	69	7.2	76	7.9
일반화	224	23.4	221	22.9
대체	103	10.8	123	12.8
생략	109	11.4	89	9.2
공식 등가어	32	3.3	22	2.3
합계	956	100.0	964	100.0

표 6k는 단일문화 ECR이 다른 ECR과는 다르게 처리되는 것을 잘 보여준다. 다른 범주 ECR의 경우, 보존은 사례 중 대략 2/3에서 사용되었고, 최소 변경 전략—즉, 보존, 직접 번역 및 공식 등가어 사용—이 총 75-85%를 차지했다. 중재 전략—즉, 구체화, 일반화 및 대체—은 10% 정도에 불과했고, 텍스트 내부 ECR의 경우에만 이보다 약간 높았다. 이와 더불어 가장 보편적인 중재 전략인 일반화가, TT 청중이 내러티브 외적으로 ST ECR을 이해하도록 돕기보다는, 매체 특정 제약을 수용하기 위해 ECR의 언어 기호를 축소하는 데 주로 사용되었다는 것을 덧붙일 수 있다.

표 6k는 최소 변경 전략이 그다지 자주 사용되지 않는다는 것을 잘 보여준다. 보존이 여전히 가장 일반적으로 사용된 전략이지만, 주변적인 범주에서만큼 압도적이지는 않다. 전체적으로, 스웨덴어 자막가는 최소 변경 전략을 48.3%, 덴마크어 자막가는 이보다 약간 많은 50.7% 사용하였다. 하지만 표 6k의 국가별 선호도의 차이는 카이제곱검정 결과에 따르면 통계적으로 유의미하지 않다. 마지막으로 중재 전략의 경우, 스웨덴어 자막가는 385개 즉 40.3%의 사례에서, 덴마크어 자막가는 387개 즉 40.2%의 사례에서 사용하였고, 이는 덴마크어 자막가가 스웨덴어 자막가에 비해 전략을 약간 더 혼합했기 때문이다.

따라서 단일문화 ECR은 다른 범주의 ECR보다 확실히 더 많은 중재 전략이 요구된다고 말할 수 있다. 국가별 차이에 관해서는, 다른 범주의 ECR에서와 마찬가지로 이 범주의 ECR에서도 중요하지 않다. 모든 전략을 각각 분석하는 것이 국가별 차이를 더 많이 드러낼 수 있는지 여부와, 각각의 사례별로 어떤 문제와 해결 방안이 있었는지에 대해서는 계속 연구되어야 한다. 따라서 이 절의 나머지 부분은 각각의 전략과 그 하위 범주를 분석하는

데 할애될 것이고, 다음 절에서는 마스터 템플릿 파일과 같은 여러 가지 외부적 요인을 고려하는 일반적 논의가 이어질 것이며, 현재 연구의 결과가 국제 자막제작 규범과 결부될 것이다.

6.3.2.1 보존

4.2.1에서 설명한 대로 보존 전략에는 세 가지 하위범주가 존재한다. ST ECR은 아무런 변경 없이 TT에 그대로 옮겨지는, 필자가 말하는 완전 보존 Complete Retention이 될 수도 있고, (TL화된) TL 기준을 충족시키기 위해 약간 수정될 수도 있다. 변경 없이 보존되는 경우 이탤릭체나 인용 문자를 사용하여 나머지 텍스트와 구별할 수 있고, 필자는 이를 유표적 보존Marked Retention, 그 외의 보존을 무표적Unmarked 보존이라 부른다. 또한 보존은 다른 전략과 혼합되기도 한다.

여기에서 본 코퍼스의 데이터가 스웨덴어와 덴마크어 규범 간에 유의한 차이가 없음을 보여준다. 보존은 사례의 약 70%에서 무표적 형태로 사용되었고, 약 17%에서 약간 수정Adjusted이 사용되었다. 유표적인 경우는 매우 드물었고 그 외에는 대부분 다른 전략과 혼합되었다. 보존이 생략과 같은 다른 전략과 결합하는 경우도 있지만, 전형적인 혼합은 보존과 직접 번역의 결합이다.

보존 이 TT 청중의 ECR에 대한 이해를 돕는 것은 아니므로, 이것이 단일문화 ECR 렌더링에 가장 적절한 전략은 아니라는 것이 4.2.1에서 강조되었다. 하지만 단일문화 ECR 렌더링에 보존이 가장 적절한 전략이 되는 상황이 존재하기 때문에, 스웨덴어와 덴마크어 자막가가 보존을 사용하여 생성한 751개의 TT 렌더링이 전부 잘못되었다는 말은 아니다. 첫째, ECR이 이해되도록 처리하기 위해 보존은 다른 전략과 결합될 수 있다. 둘째, ST 생산자가 단일문화 ECR을 지시적으로 이해 가능하게 만들 필요는 없다 하더라도, ST 청중의 백과사전적 지식을 바탕으로 이해된다고 가정할 수도 있으므로, 어떤 식으로든 지시적으로 이해 가능할 수 있다. 지시적으로 이해 가능한 **단일문화** ECR의 전형적인 예시가 〈골드핑거*Goldfinger*〉에서 나온 (6.4)이다. 이 예시에서 본드Bond는 자신의 필수품인 다기능 장치를 전달받으며 어쩔 수 없이 큐Q의 브리핑을 듣는다. 이 장면에서 큐는 차 한대를 가리키며 본드에게 다음과 같이 말한다.

(6.4) You'll be using

this Aston Martin DB-5 with modifications.

스웨덴어 자막:

. . . ni ska använda den här

specialutrustade Aston Martin DB-5.

역번역:

You'll be using this

specially equipped Aston Martin DB-5

덴마크어 자막:

Du skal kore

i denne ombggede Aston Martin DB-5

역번역:

You'll be driving

this remodelled Aston Martin DB-5   (〈골드 핑거〉 22.15)

(6.4)의 ECR은 코텍스트―지시 대명사의 사용과 그 차가 이후 다시 언급된다는 사실―와 다중기호의 매우 활발한 상호작용을 통해 지시적으로 이해 가능한데, 이는 차가 가리켜질 뿐 아니라 카메라도 바로 나머지 사물을 제외시키면서 그 차를 주시하기 때문이다. TT 청중이―코텍스트나 다중기호를 통한―맥락을 통해 단일문화 ECR을 이해하게 되는 유사한 사례가 많이 있다.

또한 ST ECR의 특성도 TT 청중이 단일문화 ECR을 지시적으로 이해 가능하게 만드는 것인지도 모른다. 보존을 통해 표현되는 대부분의 단일문화 ECR은 이름, 특히 지리적 명칭이며, 이들의 코텍스트가 그 특성을 파악하도록 해 준다. 예를 들어, 〈노팅 힐*Notting Hill*〉에서 등장인물들이 가장 빠른 길에 대해 이야기할 때, 그 거리에 대한 사전지식 없이도 상황이 그들이 언급하는 거리명이 정확히 그것―거리명―을 나타내고 있음을 명확히 해준다. 이것은 시청자에게 ECR에 관한 아주 얕고 제한된 지식만을 주고 있어, 시청자들은 어떤 형태의 함축적인 정보도 얻지 못한다. 보존을 통해 이런 식으로 처리되는 전형적인 ECR은 미시적인 수준에서조차 주변적일 것이므로 보통은 크게 상관없다. ECR이 대사에 지역적 색채를 추가하기 위해 사용되는 경우가 종종 있는데, 생략의 대상이 되고 만다. 보존된다는 것은 ST의 이국성이 TT 자막에서도 유지된다는 것이다. 그렇다면 겉보기에 이해 가능한 것은 부수적인 스코포스에 불과하므로 크게 중요하지 않다.

보존을 사용하는 대부분의 표현이 아주 적절하기는 하지만, 해당 ECR은―직시나 전략 혼합 같은―다른 방법을 통해서 TT 청중에게 이해되기 때문에, 여전히 단일문화 ECR 렌더링에 보존이 적절하지 않은 경우는 존재한다. 이에 대한 예시가 〈LA 컨피덴셜*LA Confidential*〉에서 나온 (6.5)인데, 태평양

연안까지 이어지는 고속도로의 최종 구간 건설을 추진 중인 한 정치인이 과거 미국 팽창주의자가 한 유명한 말을 인용하고 있다.

(6.5) "Go west, America" was the slogan of Manifest Destiny.

스웨덴어 자막:

"Åk västerut, Amerika"

var Manifest Destinys slogan.

역번역:

"Go west, America" was the slogan of Manifest Destiny.

덴마크어 자막:

"Drag vestpå, Amerika,"

sagde de I gamle dage.

역번역:

"Go west, America," they said in the old days.

(〈LA 컨피덴셜〉 1.02.05)

ECR인 *Manifest Destiny*(명백한 사명)는 스웨덴 자막가에 의해 무표적 보존으로 처리되었다. Hirsch(1987: 186)에 따르면 문화적 기본 지식이 있는 미국인이라면 누구나 'Manifest Destiny'라는 문구에 익숙하지만, 문제는 이것이 대다수의 스웨덴 사람에게는 무의미한 표어인데다 문구만으로는 전혀 이해가 되지 않는다는 점이다. 번역 전략을 선택할 때 *Manifest Destiny*가 명백한 단일문화 ECR이라는 점이 고려되지 않았고, 대다수의 TT 청중이 자막가의 중재 없이 해당 지시어를 이해하지 못할 것이다. 이것이 오류는 아니며, TT 청중은 이제 Manifest Destiny의 슬로건이 무엇이었는지 알게 되는 것이다. 하지만 *Manifest Destiny*가 무엇을 지시하는지 TT 청중은 모르기 때문에 크게 상관은 없다. 이것은 코텍스트와 다중기호를 통해서 지시적으로 이해가 불가능하며, 자막가도 그들의 백과사전적 지식도 이해를 도울 수는 없다. TT 청중은 그 정치인이 환기시키고자 했던 전통과 미국의 애국심에 함축된 의미를 이해할 수가 없다. 이런 ECR은 상당히 복잡한 번역 문제를 일으키는데, 매체 특정 제약은 다소 복잡한 개념 설명을 허용하지 않고, 다중기호적 상호작용은 현실적으로 일어나지 않는다. 또한 이 개념은 해당 상황에서만 유일하게 언급되고 있어 코텍스트가 도움 되는 것도 아니다. 거시적 수준에서 보면 주변적이라는 의미이다. 미시적 수준에서도 상당히 주변적인데, 전통의 분위기를 자아내기 위해 딱 한 번 사용되었을 뿐 다시 언급되지는 않는다. (6.5)의 덴마크어 자막에서 ECR인 *Manifest Destiny*는 원문의 느낌을 거의 유지하지 못한 바꿔쓰기로 대체되었다. 정확히 말해—애국적 의미 함축은 해당 대사의 "America"에서 유지되었고, 여기에 불필요한 중복이 존재하여—함축된 의미 중 전통의 의미 하나만 남겨두었다. 그러므로 스웨덴어 자막가와는 달리 덴마크어 자막가는 (6.5)의 ECR을 TT 청중이 이해 가능하도록 만든 것이다.

6.3.2.2 구체화

구체화는 분류체계의 기본 전략 중 가장 드물게 사용된 전략이다. 표 6k의 데이터에 따르면 구체화는 본 코퍼스의 단일문화 ECR 렌더링에 101회에 걸쳐 사용되었다. 구체화가 드물게 사용되는 이유는 분명히 구체화의 특성이 자막제작에 있어 매우 중요한 두 요소와 어긋나기 때문일 것이다. 첫째,

구체화는 노력의 측면에서 미니맥스minimax 전략을 유지하기가 어렵다. 구체화는 불완전한 ECR을 완성하는 데 필요한 자료를 찾거나, 적당한 설명 문구를 찾아내기 위한 노력이 들기 때문이다. 둘째, 구체적인 ECR의 경우 ST ECR보다 더 많은 공간이 소모되므로 매체 특정 제약과 배치된다.

4.2.2 절에서 설명한 대로 구체화는 두 가지 형태 중 하나로 타나난다. 첫째는 추가되는 자료가 언어 기호의 표현적인 측면과 관련된 경우인데, 대개는 이름이나 축약된 표현을 완성하거나 두음문자를 풀어쓰는 것을 의미한다. 필자는 이것을 완성Completion이라 부른다. 두 번째는 추가되는 자료가 ECR의 분위기나 함축된 의미의 일부가 될 수도 있는 경우이다. 필자는 이것을 추가Addition라고 부른다. 구체화에 관해서는 하위범주 단계에서조차 국가 규범 간에 나타나는 유의미한 차이가 없다. 추가는 양국에서 모두 완성보다 좀 더 일반적이며, 다른 전략과는 거의 결합하지 않는다.

구체화를 통해 처리되는 ECR은 다양한 영역으로부터 나온다. 구체화의 경우에는 보존에 대한 결과와는 반대로 뚜렷한 패턴이 없는 것 같다. 보존은 개인적이든, 지리적이든 또는 드물지만 제도적이든 간에 이름이 거의 대부분의 사례를 차지했다.

결론적으로 구체화는 기본 전략 중 가장 일반적이지 않다. 이는 구체화가 더 많은 노력과 자막 공간을 요하기 때문일 것이다. 따라서 구체화는 ECR이 상당히 단일문화적이고 대사에서 중요한 부분이라 느껴질 때, 그리고 자막가에게 TT 청중이 내러티브 외적으로 ECR을 이해할 수 있도록 만들 수 있는 시간과 공간이 주어질 때 자막가가 의지하는 전략일 것이다.

6.3.2.3 직접 번역

직접 번역은 자막제작의 전형적인 전략이라고 할 수 있다. 하지만 표 6k 에서 볼 수 있듯이, 직접 번역은 전체 렌더링의 8% 미만을 차지할 뿐, 단일 문화 ECR 렌더링 방식으로서는 그다지 일반적이지 않다.

4.2.3절에서 언급했듯이 직접 번역은 두 개의 하위범주로 구성된다. SL 과 TL의 구조적 차이로 인한 불가피한 변이를 적용 후, 형태소 분석 별 분석 을 통해 ST ECR로부터 TT 렌더링이 만들어진다면, 이는 모사Calque가 된다. 그런 경우가 아니라면 번역은 선택적 변경을 거치게 되고 따라서 번안된 직 접 번역 변이Shifted Direct Translation가 된다. 모사는 직접 번역으로 생성된 렌더링 중 반 이상을 차지한다. 모사는 이국적이거나 부자연스러울 것 같지 만, 이런 경우는 결코 흔하지 않다는 점에 주목해야 한다. 대부분의 모사는 전혀 이국적이지 않고, 따라서 자막가와 TT 청중 사이에 있는 착시 계약 (1.2.3절 참조)이 깨지지는 않을 것이다. 표본 예시로부터 받은 전반적인 인 상은 대부분의 사례의 결과가 두 언어에서 모두 매우 자연스럽다는 점이다. 카이제곱검정에 따르면 하위범주에서 발견되는 국가별 차이는 통계적으로 유의미하지 않다.

혼합은 전체 사례의 약 1/4에서 1/3 사이를 차지한다는 점에서 특히 흥 미롭다. 이것은 방법론적 이유로 다른 두 전략인 구체화와 일반화와의 결합 이 배제되었음에도 불구하고 그렇다. 보존과의 결합이 가장 일반적인 양상 이지만 생략이나 공식 등가어와 결합하는 경우도 있다. 네 건의 사례에서, 세 가지 방식이 혼합되기도 했다. 그러한 예시가 (6.6)이다. 이 예시는 〈도 망자〉에서 추출된 것으로, 리처드 킴블 박사Dr. Richard Kimble가 아내를 살해 한 혐의로 아래의 장소로 보내지고 있다.

(6.6) Illinois State Penitentiary at Menard

　　스웨덴어 자막:

　　Menard-fängelset

　　역번역:

　　Menard prison (alt. penitentiary)

　　덴마크어 자막:

　　Statsfængslet

　　역번역:

　　The state prison (alt. penitentiary)　　　　　　　(〈도망자〉 12.05)

예시 (6.6)의 스웨덴어 자막에서, 복잡하고 긴, 자막 친화적이지 않은 ST ECR 이 의심의 여지없이 매체 특정 제약으로 인해 아주 많은 변화를 겪었다. 감옥의 지리적 위치는 그대로 보존되었다. 기관의 유형인—penitentiary(교도소)—는 번역되었지만 일리노이Illinois 주에 대한 지시어는 생략되었다. 덴마크어 자막가는 더 쉬운 길을 선택했고 보다 일반적인 표현을 택했다. 만일 머나드Menard에 여러 개의 교도소가 있다면 스웨덴어 지시어 또한 보다 일반적이라고 주장할 수는 있다. 덴마크어 렌더링에서는 정관사가 ST ECR의 지시어의 유일함을 보존하기는 하지만, 표현 자체는 여전히 ST ECR보다 일반적이다. 하지만, 일리노이 교도국Illinois Department of Corrections 사이트에 따르면 머나드에는 교도소가 하나밖에 없으므로, 스웨덴어 지시어는 일반적이지 않은 것이다. 스웨덴어 자막가가 Menard 대신 Illinois State를 유지하기로 했다면, 일리노이에는 아마도 가장 유명한 졸리엣Joliet의 감옥을 비롯하여 여러 개의 주립 교도소가 있으므로 TT ECR이 더 일반적으로 들렸을 것이다.

(6.6)의 자막가들이 위와 같은 논의에 근거해서 이런 선택을 했을 가능성은 매우 낮다. 단지 TT 청중이 ECR을 이해하도록 돕기 위해 충분한 의미 전달이 가능해 보이는 해결책을 선택하고 넘어갔을 것이다. 영화의 후반부에서 덴마크어 자막가가 스웨덴어 자막가와 똑같은 해결책을 선택하여 비슷한 의미로 사용한 것이 이에 대한 증거가 된다.

직접 번역과 그 영역에 관한 결과는 구체화에 대한 결과와 어느 정도 유사한 부분이 있다. ST ECR은 대부분의 영역에서 나온다. 3.2.3절에서 논의된 것처럼 간혹 특정 형태의 개인 이름이 번역될 수도 있지만, 본 코퍼스에서 번역된 것은 하나도 없었다. 가끔 기관명에 직접 번역이 사용되기는 하지만, 이는 해당 ST 문맥에서 잘 알려진 현실 세계의 실체이기 때문에 이러한 사용은 제한된다.

요약하면 직접 번역은 단독으로, 즉 다른 전략과 결합하지 않고 단일문화 ECR을 렌더링하는 매우 드문 방식이다. 직접 번역 중에는 모사가 가장 일반적이고, 모사가 이국적인 경우는 극히 드물다. 직접 번역 전략의 사용과 관련하여 국가별 관행 사이에 발견된 유의미한 차이점은 없었다.

6.3.2.4 일반화

표 6k에서 보았듯이, 일반화는 중재 전략 중에서 확실히 가장 일반적이다. 또한 다른 범주의 ECR 렌더링에도 빈번하게 사용되는 유일한 중재 전략이다(6.3.2절 참조). 다른 ECR에 대한 결과에서는 시청자가 ECR을 이해하도록 돕기보다는 압축을 위한 이유로 일반화를 선택하는 경향을 보였다. 따라서 이런 경우의 거의 모든 TT 표현이 ST ECR보다 짧았다. 단일문화 ECR에 대한 결과를 보면, 일반화를 거친 축소된 TT 표현이 주변적인 범주에서만큼

그렇게 일반적이지는 않다. 단일문화 ECR이 ST ECR보다 더 짧은 경우는 40-50% 정도에 불과했다. 또한 대부분의 경우, 축소된 렌더링은 주로 시청자의 ECR 이해 가능성에 대한 우려로 인한 것이고, 매체 특정 제약은 단지 부수적인 이유로 보인다.

4.2.4절에서 언급했듯이 일반화에는 두 가지 종류가 있다. 부분어, 환유어 혹은-더 일반적으로-하위어를 대체하기 위해 상위어가 사용되는 경우, 그리고 TT 표현이 바꿔쓰기Paraphrase에 해당하는 완곡어가 사용되는 경우이다.

다시 한 번, 일반화와 관련된 국가별 관행 사이에 유의미한 차이는 없었다. 상위어의 사용은-약 3/4의 사례에서 사용된-일반화를 이용하여 ECR을 처리하는 단연 가장 일반적인 방식이다. 일반화를 포함한 혼합(보통 보존+일반화)의 사례는 거의 없는데, 이는 번역 과정의 특성으로 인한 것이다. 흔히 번역은 일반화 과정에서 필수적인 부분이다. 게다가 바꿔쓰기의 완곡적인 특성은 번역을 비롯하여 매우 다양한 언어적 과정을 필요로 하지만, TT 표현을 이끌어 낸 문법적 혹은 그 외 다른 종류의 변형을 특정하는 대신 '바꿔쓰기'라는 포괄적 용어를 사용하는 것이 좋을 것 같다.

바꿔쓰기는 이질성에도 불구하고 흥미로운 것이 아니라 그 이질성 때문에 매우 흥미롭다. 예를 들어, ST ECR이 다중기호의 도움으로 인칭대명사로 번역될 때, 바꿔쓰기한 문장은 아주 짧아질 수 있다. 하지만 기준은 분명히 바꿔쓰기한 문장이 ST ECR보다 긴 경우이다. 이에 대한 전형적인 예가 〈베스트 키드〉에서 추출한 (6.7)의 예시이다. 주인공 문제아 조니 로런스Johnny Lawrence는 고등학교에서 저지른 자신의 과오를 상쇄할 수 있는 올해의 마지막 기회임을 깨닫고 "술" 제안을 거절하며 다음과 같이 설명한다.

(6.7) As of 8 A.M. tomorrow, I'm a senior.

스웨덴어 번역:

Jag har ett år kvar i high school

덴마크어 번역:

Jeg har et år tilbage i high school.

역번역:

I have one year left in high school   (〈베스트 키드〉 11.04)

ST ECR인 *a senior*(최고학년)를 처리하기 위해 사용된 바꿔쓰기-"one year left in high school"(고등학교의 남은 1년)-는 ST ECR보다 세 배나 길다. 결과적으로 대사의 문두 부사어가 희생되면서 TT 청중은 다음날이 개학일이라는 사실을 알 수 없지만, 두 자막가 모두-영화의 다른 장면에서도 언급되는-이 사실을 희생하여 TT 청중이 직접적인 스칸디나비아 대응어가 없는 *a senior*의 의미를 이해하도록 도울만한 가치가 있다고 느꼈을 것이다. 어쨌든 (6.7)에 있는 두 TT의 역번역이 같은 것은 우연이 아니다. 두 번역은 대개는 서로 다른 언어에서 동일한 TT가 만들어지는 마스터 템플릿 파일을 이용해 생성되었다. 필자가 이 영화의 이전 스웨덴어 TT를 확인해 보니, 해결 방법이 유사하지만 정확히 같지는 않다. 그 TT에서 조니의 대사는 스웨덴어로 "This is the last year of school"(올해가 마지막 학년이다)로 바꿔쓰기되었다.

　일반화와 그 영역에 관한 한, 여기에 표현된 모든 영역 즉 식음료, 운동, 엔터테인먼트를 비롯한 모든 종류의 이름에 ECR이 존재한다. 단일문화적인 것을 지칭하는 보통 명사는 대부분 문화횡단적 상위어로 대체된다. 특정 브랜드명을 제외한 모든 종류의 이름이 보통 명사로 일반화되는 경향이 있다. 이것은 〈폴티 타워즈〉에서 추출한 예시 (6.8)의 사례처럼 인명이나 지리적 명칭에도 적용된다. 메이저 고웬Major Gowen이 한때 사귀었던 여자친구 얘기를 했고, 그녀를 감동시키기 위해 인도India에 데려가려 했었다고 말하자, 이에 대해 질문하는 바질 볼티Basil Bawlty에게 다음과 같이 대답한다.

(6.8) . . . at the Oval.

스웨덴어 자막:

På cricketstadion.

역번역:

At the cricket stadium

덴마크어 자막:

Til cricket-kamp.

역번역:

At a cricket match.   (〈폴티 타워즈〉 6: 5.24)

예시 (6.8)의 ST에서 메이저가 – '인도 크리켓 국가대표 팀'을 의미하는 – 환유적 의미로 *India*라는 단어를 사용한 것이 드러나면서, 이것이 말장난식으로 사용되고 있다. 스웨덴어 자막가는 크리켓 경기장의 고유명사 *the Oval*을 그것이 속한 범주를 통칭하는 보통 명사로 대체하였다. 이는 일반화를 이용한 매우 전형적인 방식이다. 덴마크어 해결책은 훨씬 더 일반적인데, *the Oval*이 지리적 위치와 관련된 활동으로 바뀌었다. 두 해결방안 모두 일반화를 사용하고 있으며 둘 다 말장난을 보존한다.

6.3.2.5 대체

4.2.5절에서 대체에는 두 가지 매우 다른 형태가 있다고 설명했는데, 둘의 공통분모는 ST ECR이 제거되고 다른 것으로 대신했다는 것이다. 문화 대체어의 경우, TT 표현은 TC ECR이나 문화횡단 ECR 중 하나로 구성된다. 상황 대체어의 경우에는 ST ECR이 제거되고 그 상황에 맞는 다른 것으로 대체된다. 다른 전략과 마찬가지로 상황 대체어가 다른 전략과 결합될 가능성도 있다. 대체는 눈에 띄는 규범 변화의 중심에 있으므로, 이 장의 논의 절(6.4)에서 대체의 역사적 발전을 논할 것이다. 그러한 이유로 결과를 좀 더 자세히 보여주는 것이 도움이 될 같아 표 61에 대체에 관한 결과 분석을 제시한다.

표 61. 하위범주별 대체 빈도

	스웨덴어 TT		덴마크어 TT	
	수	퍼센트	수	퍼센트
문화횡단 ECR	5	4.9	12	9.8
목표 문화 ECR	89	86.4	103	83.7
상황적	6	5.8	5	4.1
혼합	3	2.9	3	2.4
합계	103	100.0	123	100.0

표 61에서 볼 수 있듯이, TC ECR을 사용하는 문화 대체는 대체를 이용해 ST ECR을 처리하는 단연 가장 일반적인 유형이다. 문화횡단 ECR을 사용하는 문화 대체와 상황 대체는 둘 다 드물며, 문화 대체는 다른 전략과 거의 결합하지 않는다. 빈도가 매우 낮은 '혼합' 범주를 제외시킨 후의 카이제곱 검정에서 국가별 관행 사이에 유의미한 차이는 나타나지 않았다.

목표 문화 대체Target Cultural Substitution는 다양하면서도 제한적인 영역인 표제, 교육, 식음료, 기관명과 같은 ECR에 사용된다. 이러한 영역에 사용될 경우에는 신뢰성 격차가 나타나지 않는다. TC 대체어로 인명을 표현한 경우는 없었는데, 유일한 예외로는 예시 (6.9)에 제시된 다소 복합적인 사례가 있다. 본 예제는 만화책이 원작인 영화 〈마스크*The Mask*〉에 나오는 대사로, 주인공이 뇌물을 주고 비공개 파티장 안으로 들어가고자 하는 장면이다.

(6.9) Bouncer: Are you on the list?

The Mask: No. But I believe my friends are. Perhaps you know them.

(Shows bundles of cash) Franklin, Grant and Jackson.

덴마크어 자막:

Plovmand, Hund og Tudse.

스웨덴어 자막:

Franklin, Grant och Jackson   (〈마스크〉 35.32)

덴마크어 자막의 경우, 영어 대사에 나온 달러 지폐에 그려진 미국 대통령의 이름을 덴마크 지폐를 지칭하는 *Plovmand, Hund og Tudse*로 대체하였다. 이 용어는 덴마크 화폐 500크로네, 100크로네, 1,000크로네를 나타내며, 또한 실제 인물의 성이나 별명을 나타내기에 희극적 요소도 완성할 수 있다. 하지만 덴마크 화폐를 언급함으로써, 갑작스럽게 무대가 덴마크로 옮겨져 신뢰성 격차가 야기된다. 하지만 ST가 다소 초현실적이라서 자막가는 이것을 사소한 문제로 여겼었을 수도 있다. 물론 언어적 표현은 역사적 인물의 이름이지만, ST ECR은 사람을 지칭하지는 않는다. ST ECR의 지시체는 사람이 아닌 지폐이다. 보존을 사용한 스웨덴어 해결책은 신뢰성 격차를 야기하지는 않았지만 ST ECR을 TT 시청자가 이해할 수 있도록 번역하지는 못했다.

문화횡단 ECR을 사용한 문화 대체는 매우 드물지만, 종종 매우 적절한 결과물을 가져온다.[60] 덴마크어 자막의 경우 12번 나타났는데, 그중 두 가지는 이미 제시되었다. 하나는 *The Three Stooges*를 *Laurel and Hardy*로 바꾼 경우이고(4.11 참고), 다른 하나는 *Mr. Rogers*를 덴마크어의 공식 등가어인 *Donald Duck*로 바꾼 경우이다(5.2 참조). 스웨덴어 자막의 경우는 다섯 개의 사례가 있는데, 그중 하나는 다소 애매하다. 아래는 시트콤 〈오피스〉에서 나온 대사로, 직장 내에서 남을 괴롭히는 것을 즐기는 크리스 핀치Chris Finch가 재미삼아 몸을 이리저리 움직이며 성교하는 흉내를 내고 소란을 피우면서 다음과 같이 말한다.

(6.10) Squeal, piggy!

    스웨덴어 자막:

    Kom igen, Miss Piggy!

    역번역:

    Come on, Miss Piggy!   (〈오피스〉 11: 2.38)

---

[60] 다른 국가에서 문화횡단 ECR을 이용한 문화 대체를 사용한 증거가 있다(아마도 더 자주 사용했을지도 모른다). 우르타도 드 멘도사 아자올라(Hurtado de Mendoza Azaola, 2009: 78)는 Gilligan이 〈포레스트 검프〉의 스페인 자막에서 Robinson Crusoe로 대체되는 예를 제시했다. 본 연구의 코퍼스에서는 대화의 속도가 빠르고 심지어 ECR의 주변장치도 사소한 수준이어서 두 자막가는 그러한 ECR 발생에 대해 생략(Omission)을 사용하였다.

예시 (6.10)에서 핀치는 영화 〈서바이벌게임*Deliverance*〉(1972)의 유명한 강간 장면에서 나오는 대사를 인용하고 있다. 스웨덴어 자막에서는 대신 〈머핏 쇼*The Muppet Show*〉에 나오는 등장인물을 지시어로 사용하므로 문화횡단 ECR에 의한 문화 대체를 사용하였다 할 수 있다. 그러나 본 자막번역을 다른 방법으로 분석하는 것도 가능하다. 만약 〈서바이벌게임〉의 대사를 인용했다는 것을 스웨덴 자막가가 알지 못하고 ST 지시어가 정말로 *Miss Piggy*라고 생각했다면, 사용된 전략은 문화 대체가 아니라 완성이다. 사고발화 프로토콜think-aloud protocols(예: Mossop 2000 혹은 Lörscher 1991)과 같은 번역사의 의사결정 과정에 대한 자기 성찰적 평가 방법(Chesterman 1997: 136ff)을 사용하지 않고서는 어느 분석이 더 정확한지 밝히는 것은 불가능할 것이다.

상황 대체는 ECR을 처리하는 모든 전략 중에서 가장 드물게 사용하는 전략으로, 기본적으로 Gottlieb(1997)가 말하는 감내resignation에 해당하기 때문에, 아마도 그리 나쁜 전략은 아닐 것이다. 이 전략은 ST ECR을 처리하는 방법이라기보다는, TT를 일관성 있게 만드는 방법이라고 할 수 있다. 상황 대체의 또 다른 예는 (6.11)에서 나오는 〈폴티 타워즈〉의 자막번역에서 찾아볼 수 있다. 본 에피소드에서 바질 폴티Basil Fawlty는 한 손님에게 불쾌감을 느끼는데, 그는 이 손님을 인간이 아닌 유인원 정도로 생각한다. 바질은 그 손님의 용모와 행동 때문에 불쾌감을 느낀다. 손님이 한 소녀를 방으로 몰래 데리고 들어가려고 하자 바질은 그 일에 개입한다. 손님이 바질보다 영악하여 아무 것도 밝힐 수 없었으나 바질은 좌절하지 않고─손님의 등 뒤에서─불쑥 끼어들었다.

(6.11) I'll get you, you Piltdown ponce!

> 스웨덴어 자막:

Jag ska ta dig, din slipprige sutenör!

> 역번역:

I'll get you, you slippery ponce!

> 덴마크어 자막:

Jeg skal nok få ram på dig, din Neandertal-alfons!

> 역번역:

I'll get you,

you Neanderthal pimp! 〈폴티 타워즈〉 8: 28.37)

(6.11)의 자막들은 거의 비슷하며 원천 텍스트의 발화를 다소 정확히 축어적으로 번역하였다. 한 가지 차이점은 경멸적인 의미가 담긴 마지막 명사 구문이다. 스웨덴어 용어가 덴마크어보다 고어체이기도 하지만, 첫 부분은 직접 번역을 사용하였다. ECR의 관점에서 보자면, 흥미로운 점은 명사구 전치 수식어인 *Piltdown*[61]이다. 스칸디나비아 시청자는 Piltdown에서 선사시대와 사기꾼이라는 함축적 의미를 떠올리지 못한다. 또한 예시 (6.11)에서는 매체 특정 제약이 매우 약하지만 이를 설명하는 것이 ST의 스코포스 —시트콤이지 선사시대 인간에 대한 다큐멘트리가 아님—에 부합하지 않을 것이다. 덴마크어 자막에서 ST ECR은 *Neandertal*이라는 다른 지리적 장소로 옮겨졌는데, 이는 구체적으로 선사시대 인간의 화석이 실제로 발견된

---

[61] 필트다운(Piltdown)은 지리적으로 서리(Surrey)에 있으며, 이곳에서 선사시대 화석으로 추정되는 초기 인류의 화석—이른바 '미싱링크'라고 불림—이 발견되었다고 하였으나, 나중에 이 화석은 위조된 것으로 판명되었다.

독일의 골짜기를 지칭한다. 하지만 *Neandertal*이라는 용어는 보통 인간의 아종을 지칭하므로, 덴마크어 자막에서 사용한 해결책은 일반화로 볼 수 있다. 스웨덴어 자막에서는 선사시대 인간을 지칭하는 용어를 사용하지 않았다. 대신 자막가는 의미가 아닌 ST의 두운법을 재현하여 원문의 욕설 표현의 문체를 모방하는 전략을 선택했다. 이는 전형적이지는 않지만 ECR이 포함된 원문의 명사구 문체와 관련이 있기 때문에 상황 대체 사례로 볼 수 있다.

6.3.2.6 생략

일반화와 같은 다른 형태의 축소reduction전략을 생략omission의 하위범주로 포함한 Leppihalme(1994)와는 달리, 필자에게 있어서 생략이란 원문을 완전히 삭제하는 것이며 생략의 하위범주는 없다. 그리고 제로 렌더링zero rendering에 대한 예시를 제시하는 것은 실질적으로 별 도움이 되지 않기에, 본 소절에서는 예시는 제시하지 않겠다. 생략의 경우 다른 전략과 함께 사용되는 경우가 매우 드물며, 생략을 사용했을 때 스웨덴어 자막과 덴마크어 자막 간에 의미 있는 차이는 없었다.

생략과 그 영역을 고려할 경우, 만일 ECR이 충분히 주변적이라면 어떤 종류의 ECR일지라도 생략이 가능하다. 때때로 보다 중심적인 ECR이 생략되는데, Leppihalme의 용어로 표현하자면 이는 무책임한 것으로 간주될 수 있다. 그러나 중심성Centrality이 주관적으로 정의되는 경우가 많고, 본 연구가 자막제작의 품질 평가에 관한 것이 아니므로, 여기에서는 이 문제에 대해 더 이상 논의하지 않을 것이다.

6.3.2.7 공식 등가어

단일문화 ECR 렌더링에 공식 등가어를 사용하는 경우는 상당히 드물다. 목표 문화권에서는 단일문화 ECR의 의미를 잘 모르기 때문에, 이는 그리 놀라운 일이 아니다. 코퍼스에서 스웨덴어의 경우 32개(그중 세 개는 결합형태), 덴마크어의 경우 22개(그중 두 개는 결합형태)만 발견되었다.

6.3.1절에 설명한 바와 같이, 보존에 기반한 공식 등가어 사례를 다른 보존 사례와 구분하는 것은 상당히 많은 시간이 요구되며 구분할 수 없는 경우가 다반사이므로 본 연구에서는 다루지 않는다. 구체화에 공식 등가어를 사용하는 경우는 매우 드물며, 문화 대체와 직접 번역과 같이 적용하는 사례가 가장 흔하다.

직접 번역에 기반한 공식 등가어는 다음의 두 가지 이유에서 경계구분 문제를 야기하지 않는다. 첫 번째는 이러한 전략이 영화나 책 제목, 혹은 스포츠 분야와 같이 공식 결정을 알아내는 게 쉬운 영역에서 자주 사용된다. 또 다른 이유는 SL과 TL의 의미가 바뀌지 않을 때 공식 등가어는 쉽게 정착되며 '동일한 대상을 의미'하기 때문에 단일문화 ECR에도 공식 등가어를 사용할 수 있다. 이 두 가지 이유로 참고 자료와 웹사이트에 근거해서 직접 번역이 공식 등가어의 자격을 지니는지 여부를 결정하는 것이 크게 어렵지 않다.

TC 대체에 기반한 공식 등가어를 TC 대체를 사용한 다른 사례와 구분하는 것은 무척 힘들다. 이는 의미 내용이 유사한지 여부로는 구분할 수 없다. 그 유사성이 사회적 기능면에서 볼 때 명확하지가 않으므로, 이 경우는 직접 번역에 기반한 공식 등가어만큼 쉽게 정착되지 않는다. 또한 TC 대체에 기반한 공식 등가어는 통제가 덜 되는 영역에서 나타나기도 하는데, 식음료와 같이 공식 결정이 드문 영역을 예로 들 수 있다. 하지만 대부분은 직함이나 기관명과 같이 공식 결정이 예상되는 영역에서 비롯된다. 그럼에도 실제 공식 결정은 거의 없는 듯하다. 이에 대한 증거는 기대하지 않았던 다양한 영역에서 많이 나타나는데, TC 대체에 기반한 공식 등가어로 여겨졌던 많은 용어들이 실상은 준 공식어라 할 수 있는 TC 대체로 설명하는 것이 더 정확한 경우이다.

따라서 대다수의 공식 등가어는 문화 대체어를 기반으로 한다. 군사 계급의 경우가 이에 해당한다. 예를 들면, *second lieutenant*(소위)는 스웨덴어의 경우 공식 등가어인 'fänrik'(예: 〈매쉬〉 8.39)가 있다. 하지만 모든 문화 대체어가 공식 등가어는 아니다. 공식 등가어로 보이는 일부 렌더링에서 실은 어느 정도 정착된 문화 대체용어를 대신 사용한 것으로 밝혀졌다. (6.12)의 〈미드소머 머더스〉에서 네 개의 예시를 볼 수 있다. 본 예시에서 수사경감Chief Inspector *Barnaby*의 직함을 다양하게 번역하였다. (6.12)의 덴마크어 자막에서 (a)와 (b)는 같은 에피소드를 동일한 자막가가 제작했다는 사실을 우선 밝힌다.

(6.12)　　스웨덴어 자막:　　덴마크어 자막:

    a. kommissarie　　vicekriminalkommissær (〈미드소머 머더스〉 24: 22.2)

    b. kommissarie　　kriminalinspektør (〈미드소머 머더스〉 24: 1.02.10)

    c. överkommissarie　kriminalkommissær　(〈미드소머 머더스〉 17: 8.27)

    d. kommissarie　　kriminalkommissær (〈미드소머 머더스〉 18: 35.05)

예시 (6.13)에 제시한 미국 경찰 계급 *Captain*의 경우 스칸디나비아어는 이에 대한 공식 등가어인 'kommissarie'/'kommissær'가 있는 듯하다.

(6.13) Captain

스웨덴어 자막:

Kommissarie

덴마크어 자막:

Kommissær   (〈탱고와 캐시*Tango and Cash*〉 11.08)

그러나 경찰 영화가 꽤 많이 포함되어 있는 코퍼스 전체에 걸쳐 *Captain*을 'kommissarie'/'kommissær'로 표현할 뿐만 아니라 스웨덴어로는 'polischef'(〈LA 컨피덴셜〉 6.47)와 'intendent'(〈폴리스 아카데미〉 6.28)로, 덴마크어로는 'chefinspektør'(LA 컨피덴셜: 6.47)와 'kriminalinspektør'(〈스트라이킹 디스턴스〉 1.11.43), 'politiinspektør'(〈폴리스 아카데미〉 6.28)뿐 아니라 신조어인 'politikaptajn'(〈미드나잇 런〉 51.38)으로도 표현한다. 위의 과정을 뒤집어서 생각해보면, 'kommissarie'/'kommissær'가 *Captain*뿐만 아니라 *Lieutenant*(〈24〉 3 15: 25.12), *Detective*(〈머큐리〉 25.44), 그리고 *Sergeant*(〈LA 컨피덴셜〉 2.03.29)를 대체할 수 있다. 어쨌든 어느 정도 확립된 직함의 수가 이렇게 많다는 것은 상당히 놀라운 일이다.

따라서 문화 대체어와 공식 등가어의 사용은 긴밀한 연관성을 지닌다. 공식 등가어처럼 보이는 문화 대체용어가 실은 모두 공식 등가어는 아니라는 사실이 일반 독자들에게는 그다지 문제가 되지는 않는 듯하다. 이런 이유로 직함, 정부, 기관명, 교육, 식음료와 같이 공식 등가어가 발견되는 영역에서 문화 대체용어가 매우 흔하고 적절하게 사용되는 듯하다. 이러한 문화 대체용어는 공식 등가어로 확립되지는 않았지만, 공식 등가어에 '가까운' 문화 대체용어로 어느 정도 굳혀졌다. 이에 대한 증거는 어느 정도 굳혀진 문화 대체용어를 'ung. Motsv'('대략 동등한'의 줄임말)와 같은 수식구와 병용한 이중 언어 사전(예: Norstedts 2000)에서 찾아볼 수 있다. 이 문화 대체용어는 준공식 등가어quasi-official equivalent라고 부를 수 있다. 이 용어들이 정식 공식 등가어가 될 만큼 확립되지는 않더라도 어느 정도 정착이 되면 시청자는 이를 공식 등가어로 인식할 것이고 따라서 신뢰성 격차를 야기하지 않을 것이다.

요컨대 다양한 종류의 ECR 렌더링과 이를 다양한 수준에서 분석을 하여도 스웨덴어 관행과 덴마크어 관행 사이에서 통계적으로 유의한 양적 차이는 발견되지 않았다.

6.4 자막제작의 직접성

ECR 렌더링 모델 적용에 있어서 스웨덴과 덴마크의 국가 규범 사이에서 유의한 양적 차이는 발견되지 않았다. 다시 말해 이 지역의 자막 규범은 거의 완전히 통합되었다고 볼 수 있다. 이제 TT의 원문 등 다른 요인들을 살펴보고 Toury(1995: 58)의 '번역의 직접성directness of translation' 규범에 대해 알아보자. 이제 국제적 논의로 넘어감에 따라 스칸디나비아 자막 코퍼스 Scandinavian Subtitles Corpus에 기반한 연구 결과를 다른 출처에서 가져온 연구 결과와 함께 수정해 나갈 것이다.

6.2절에서 밝혀진 바대로, 동일한 큐잉-즉, 마스터 템플릿이나 제네시스 파일의 도움으로 생산된 2세대 번역-을 가진 TT는 해당 장에서 조사된 기술 데이터와 매우 유사했다. 비용절감 장치를 사용하면 당연히 이러한 결과가 나오기 때문에 결과 자체로는 놀라운 것이 아니었다. 이런 비용절감

장치는 SDI 미디어SDI-Media나 유럽 캡셔닝 협회European Captioning Institute 와 같은 다국어 미디어 시장에 진출해 있는 수많은 회사에서 사용한다 (Georgakopoulou 2010: 225 참조). 1.2.1절에서 논의한 바와 같이, 마스터 템 플릿 파일과 함께 제공되는 1세대 번역은 2세대 번역을 위한 피벗 번역pivot translation으로 자주 이용된다. 1세대 자막가보다 보수를 적게 받는 2세대 자 막가는 피벗 번역을 사용하는 관행 덕분에 작업에 소요되는 노동력을 줄일 수 있다. 이 관행의 문제점에 대해서는 1.2.1절에서 이미 논의하였으니 본 절에서 다시 언급하지 않겠다. 2세대 자막가는 원천 언어에만 집중해야 한 다는 주장이 제기되었음에도(Norberg 저자 조사, 2004년 10월), 피벗 번역을 사용함으로써 얻는 효율성이 가져다 준 이득으로 인해 자막가가 피벗 번역 을 활용할 가지는 충분히 있다. 그러므로 마스터 템플릿 파일로 생성된 스 칸디나비아의 다중기호적 텍스트는 기술 데이터와 마찬가지로 번역에서도 독립성이 거의 없다고 의심할만하다. 하지만 2세대 번역사가 1세대 번역어 에 친숙하거나 1세대 번역어와 2세대 번역어가 서로 의사소통이 가능한 언 어인 경우에만 마스터 템플릿 파일이 번역에 영향을 줄 수 있다는 사실을 짚고 넘어가야겠다. 따라서 스웨덴어 1세대 번역에서 발견된 번역 해결책이 일례로 그리스어 2세대 번역에서도 재현된다는 사실을 의심할 이유가 없다.

스칸디나비아 자막 코퍼스에는 마스터 템플릿 파일을 사용한 매치된 텍 스트matched text62(MTF 텍스트)가 17개가 있어서, 이러한 MTF 텍스트들의 유사성과 유사 정도를 조사할 수 있다. ECR 처리 방식이 TT의 구성 방식을 나타낸다고 가정했을 때, ECR 렌더링은 TT의 유사성을 측정하는 도구로 사

---

62 '매치된 텍스트'(Matched text)는 코퍼스(4.3.1절 참조)에 있는 동일한 원천 텍스트를 번역 한 덴마크어 TT와 스웨덴어의 TT를 말한다.

용될 수 있다. 코퍼스에서 추출한 단일문화 ECR의 취급 방식과 문화횡단 ECR의 취급 방식을 통해 MTF 텍스트들이 독립적으로 생성된 TT와 비교했을 때 얼마만큼 유사한지 조사하였다. 여기서 문화횡단 ECR을 통제 그룹으로 사용한다. 문화횡단 ECR 렌더링은 복잡하지 않기에 비전략적 행위 (Lörscher 1991 참조)를 나타낸다고 말할 수 있는 반면, 단일문화 ECR은 번역 문제를 초래할 수 있기 때문에 전략적 행위를 드러낸다.

이번 조사에서 사용한 방법은 다음과 같다. 코퍼스에는 MTF 텍스트와 독립 텍스트가 모두 포함되어 있으며, 각 그룹에서 추출한 문화횡단 및 단일문화 ST ECR을 분리시켰다. 그런 후 매치된 텍스트에서 ECR 렌더링 시 사용한 전략을 각각 비교하였다. 만일 아래 (6.14)와 같이 스웨덴 TT와 덴마크 TT에서 동일한 전략을 사용했다면, 텍스트는 어느 정도 유사도를 보인 것이다. 본 예시는 〈본 콜렉터The Bone Collector〉의 대사로, 뉴욕경찰이 살인범을 추적하고 있는 장면으로, 살인범을 추적하기 위해 짜증나는 일인 정화 작업 구역을 점검을 해야 한다고 아멜리아 도나이Amelia Donaghy가 말하는 장면이다.

(6.14) There's about a dozen clean-ups scattered across the five boroughs.
스웨덴어 자막:
Det pågår ett dussintal
saneringsarbeten.
덴마크어 자막:
Der foregår omkring
et dusin oprydninger.

두 번역의 역번역:

There are about a dozen clean-ups going on. (〈본 콜렉터〉 38:48)

(6.14)에서 볼 수 있듯이, 뉴욕시(행정구분)를 지칭하는 단일문화 ECR *the five boroughs*는 두 TT에서 모두 누락되었다. 스웨덴어 자막가와 덴마크어 자막가는 분명히 *the five boroughs*가 지엽적이라고 생각했을 것이다. 또한 도나이가 영화 속 설정된 도시에 위치한 정화 작업 구역을 일컫고 있음을 시청자가 맥락에서 추론할 수 있다고 생각했을 것이다. 혹은 스웨덴어 자막 가가 이렇게 생각했고 덴마크어 자막가는 제1세대의 번역을 기반으로 TT를 생성했을 때 단순히 스웨덴어 자막을 따라 했을 가능성이 있다. 어쨌건 (6.14)는 두 TT에서 동일한 전략뿐 아니라 동일한 해결책도 사용한 대표적 인 사례라고 할 수 있다. 그러나 항상 이렇게 간단하지만은 않다. 동일한 전 략을 사용했더라도 실제 해결책은 상당히 다르게 보일 수 있다. **보존**이나 **생 략**과 같은 전략에서는 그렇지 않지만, 〈사랑을 위하여*For Love of the Game*〉 에서 나온 예시 (6.15)와 같이 **바꿔쓰기** 전략을 살펴보면 잘 드러난다. 영화 내내 계속되는 야구 경기에서, 때때로 상대팀 선수들 사이에 격렬한 반감이 일어나자 해설자들이 심판umpire인 빌 머디Bill Murdie에 대해 다음과 같은 말 을 하기에 이른다.

(6.15) Bill Murdie goes from umpire to referee.

스웨덴어 자막:

Bill Murdie måste kanske döma en annan sorts kamp.

역번역:

Bill Murdie may have to arbitrate a different kind of fight.

덴마크어 자막:

Bill Murdie kan snart blive boksedommer.

역번역:

Bill Murdie may soon

become a referee. (〈사랑을 위하여〉 30.30)

예시 (6.15)의 역번역에서 TT 시청자들이 단일문화 ECR인 *umpire*과 *referee*의 차이를 이해할 수 있도록 두 자막가는 바꿔쓰기 전략을 사용했지만 서로 상당히 다르게 표현했다. 여기서 문제는 ECR *umpire*과 *referee*는 보통 스웨덴어와 덴마크어에서 같은 단어로 번역된다는 것인데, 대개 '심판judge'을 의미하는 'domare'/'dommer'로 번역한다. 이 두 가지 예시는 독립 TT의 자막가가 동일한 전략을 사용하는 것이 상당히 일반적이지만 MTF 텍스트에서는 동일한 전략뿐만 아니라 실제로 동일한 해결책을 사용하는 경우가 많다는 것을 보여준다. 독립 TT의 경우, 보존 및 생략과 같은 전략은 자연스럽게 동일한 해결책으로 이어지지만 일반화 및 구체화와 같은 보다 복잡한 전략을 사용할 때 해결책은 상당히 다르게 보일 수 있다.

　6.3.1절에서 언급한 바와 같이, 코퍼스에서 문화횡단 ST ECR 898개를 추출했다. 이 중 덴마크어 TT와 스웨덴어 TT에서 총 728개의 ST ECR이 동일한 전략으로 처리되었다. 이는 두 TT에서 약 80%를 동일한 전략을 사용하여 번역하였다는 것을 의미한다. 만일 이것을 독립적으로 자막 처리된 텍스트와 MTF 텍스트로 세분화하면, 그 결과는 표 6m과 같다.

표 6m. 두 TT에서 동일한 전략으로 번역된 문화횡단 ECR

ST ECR의 번역	다른 전략 사용	동일 전략 사용	동일 전략 %
독립적으로 자막처리 된 텍스트	147	535	78.4
MTF 텍스트	23	193	89.4
합계	170	728	81.1

표 6m의 데이터에서 볼 수 있듯이, 대부분의 문화횡단 ECR은 동일한 전략을 사용하여 처리하였다. 문화횡단 ECR은 비전략적 번역만 필요하기 때문에 이는 그리 놀랍지 않다. 많은 경우 문화횡단 ECR은 보존 이외의 다른 전략이나 공식 등가어를 사용하여 처리할 필요가 없으며, 이는 MTF 든 독립적인 텍스트이든 상관없이 대부분의 렌더링이 어느 TT에서나 동일하다는 것을 의미한다. 그러나 독립 텍스트의 ECR의 경우 좀 더 변수가 있음을 주목해야 한다. MTF 텍스트의 문화횡단 ECR은 거의 90% 가까이 동일한 전략으로 처리되었으나 독립 텍스트의 ECR은 75%를 약간 상회하는 수준[63]으로 동일 전략을 사용하였다.

동일한 전략 해결책Same-strategy solutions을 사용한 단일문화 ECR 처리 비율은 훨씬 더 낮을 것으로 예상된다. 이러한 ECR은 종종 번역 문제를 일으키기 때문에 TT 시청자가 이러한 골치 아픈 ECR을 이해할 수 있도록 자막가는 중재적 해결책을 모색할 것이며, 이 때문에 다양한 전략을 빈번히 사용한다. 실제로 6.3.2절의 〈표 6k〉을 보면 중재적 해결책 사용이 렌더링의 약 절반을 차지한다. 중재적 해결책은 자막가 측의 창의성을 다소 요구하며(즉, 전략적 자막제작), 이로써 결국 최종자막은 더 다양하게 변할 것이다. 〈표 6n〉은 이러한 ECR 범주에 대한 결과를 제공한다.

---

[63] 이 차이는 카이제곱검정(chi-square test)에 따라 유의하다($p = 0.000361$).

표 6n. 두 TT에서 동일한 전략으로 번역된 단일문화 ECR

ST ECR의 번역	다른 전략 사용	동일 전략 사용	동일 전략 %
독립적으로 자막처리 된 텍스트	293	385	56.8
MTF 텍스트	30	198	86.8
합계	323	583	64.3

〈표 6n〉의 데이터는 독립적으로 자막처리 된 텍스트와 MTF 텍스트가 본질적으로 얼마나 다른지를 명확히 보여준다. MTF 텍스트에서는 단일문화 ECR의 동일 전략 렌더링 비율이 문화횡단 ECR에 사용된 만큼 높게 사용된 반면, 독립적으로 자막처리 된 텍스트의 경우는 50%를 약간 넘는 수준에 불과하다.[64] 독립 텍스트의 단일문화 ECR을 동일한 전략을 사용하여 처리하는 비율은 여전히 높았는데, 이는 두 가지 요인 때문이다. 첫째 모든 단일문화 ECR이 번역 문제를 일으키는 것은 아니다. 예시 (6.4)에서 설명한 바와 같이, Bond의 자동차에 대한 지시어는 각기 독립적으로 번역한 두 자막가가 동일한 해결책을 사용하였다. 다시 말해 번역에 영향을 미치는 매개변수가 결합하여 독립적으로 하나의 해결책으로 이어질 수 있으며, 이것이 자막가에게는 유일한 논리적 선택이다. 둘째 (6.15)의 umpire/referee를 통해 설명한 바와 같이 비록 해결책은 상당히 다를 수 있지만 동일한 전략을 사용한 결과이다. 이러한 결과—즉 동일한 ST에서 독립적으로 생성한 TT가 서로 매우 상이함—는 ECI가 DVD에 재사용되기 위해 구입한 독립적으로 생성된 자막(이른바 '자산')을 조사한 Georgakopoulou(2010: 233ff)의 연구결과와 매우 잘 맞아 떨어진다. 또한 이 연구—본인도 인정했듯이 소량의 샘플만을 사용했으며, 아마도 지나치게 일반화됐을 수 있다—는 스칸디나비

---

[64] 이 차이는 카이제곱검정(chi-square test)에 따라 유의하다($p = 2.42 * 10^{-16}$).

아 자막 간의 유사성이 스칸디나비아 자막과 유럽 다른 지역의 자막 간의 유사성보다 훨씬 더 높다는 사실을 밝혔다. 따라서 여기서 밝혀진 대로 스칸디나비아 자막들이 서로 다르다면, 동일한 ST에서 독립적으로 생산한 TT는 매우 상이할 것이라고 말하는 것이－아마도 불필요할 정도로－합리적일 것이다.

MTF 텍스트에 대한 결과는 MTF 텍스트 간의 유사성이 얼마나 높은지를 보여준다는 점에서 매우 놀랍다. 한 영화에서 두 가지 MTF 버전을 자세히 살펴보면 두 버전이 얼마나 비슷한지 알 수 있다. 예시 (6.16)는 〈아나콘다〉에서 발췌한 다소 긴 대사로 등장인물들은 모험가가 아나콘다를 잡는 것을 도와야 할지 상관하지 말아야 할지 논쟁을 벌이고 있다. 여기서는 ST-TT의 관계가 아닌 TT1-TT2의 관계가 주된 관심사이므로, ST를 자막과 병치하지 않고 우선 먼저 제시했다. 또한 자막이 무슨 의미인지 이해할 수 있고 ST와의 비교를 용이하게 하기 위해 두 TT에 대한 역번역도 주어진다. 예시 (6.16)의 텍스트에는 ECR이 없다. 대신 ECR 렌더링에 국한하지 않고 일반적으로 MTF 텍스트 간의 유사성이 존재함을 보여준다.

(6.16) 원천 텍스트의 대화:

　　―Have you lost your mind?

　　―Have I lost my mind? No, I haven't lost my mind. If anything, I'm completely lucid right now. I think it's you guys who need to open up your eyes.

　　―Yo, hold up. How we go from taking Cale to the hospital to catching a goddamn snake?

—You know where you are? You're in the middle of the jungle. Okay, all you guys do is you question and you criticize. But just remember, you don't know shit about the shit we're in out here. And neither do I. Okay. But I guarantee I know who does. This guy.

스웨덴어 자막:

—Är du galen?

—Nej, jag är helt normal.

Det är ni som borde öppna ögonen.

När bestämde vi
att vi skulle fånga orm?

Fattar ni att ni är mitt i djungeln?
Ni bara ifrågasätter och kritiserar—

—men ingen av oss vet ett skit om läget just nu.

Men jag vet vem som gör det.
Han där.

덴마크어 자막:

—Er du sindssyg?

—Nej, jeg er helt normal.

Det er jer, der skulle åbne øjnene.

Hvornår besluttede vi,
at vi skulle fange slanger?

Fatter I ikke, at I er midt i junglen?
I stiller spørgsmål og kritiserer—

—men ingen af os ved en skid om situationen lige nu.

Men jeg ved, hvem der gør.
Ham her.

역번역:

Are you insane?

No, I am completely normal.

It is you who should open your

eyes.

When did we decide
that we should catch snake?

Do you understand that we are

in the middle of the jungle?

You just question and criticize-

—but none of us know shit

about the situation right now

But I know who does.

That guy.

역번역:

Are you insane?

No, I am completely normal.

It is you who should open your

eyes.

When did we decide
that we should catch snakes?

Don't you understand that we are

in the middle of the jungle?

You ask questions and criticize—

—but none of us know shit

about the situation right now

But I know who does.

This guy.

(〈아나콘다〉 51.56-52.22)

(6.16)에서는 한 TT가 다른 TT에 기초하고 있음이 확실하다. 즉 동일한
ST에 대한 두 TT는 동시에 생성된 것이 아니고 순차적으로 생성되었다. 두

TT는 서로 독립적이라기엔 유사성이 높은데, 특히 두 TT의 역번역은 거의 비슷하지만 ST와 비교해보면 상당한 차이를 보인다. TT를 만든 SDI 미디어의 번역작업 과정을 보면, 스웨덴어 버전은 1세대 번역, 덴마크어 버전은 2세대 번역본으로 추정할 수 있었다. 스웨덴어 TT가 덴마크어 TT보다 약간 더 관용적 표현이라는 사실이 이러한 가설을 뒷받침한다. 두 TT 사이에서 나타나는 모든 비의무적 변이non-obligatory shifts는 굵은 글씨로 표시했다. (6.16)의 텍스트 범위에서는 세 가지의 다소 경미한 변이만 있다. 의무적 변이는 TL 때문에 어쩔 수 없이 번역사가 사용해야 하는 변이로 본문에는 표시하지 않았다. 첫 번째 비의무적 변이는 수사의문문에서 나타나는 전도로 긍정문에서 부정문으로 바뀌는 것이다. 그 다음 변이는 *question*에서 *ask questions*로 변화하는 것으로 이러한 변이는 그리 중요한 것도 아니고 마지막 자막에서 볼 수 있는 원칭지시대명사에서 근칭지시대명사로 바뀌는 변이도 아니다. 특히 ST와 비교했을 때 역번역이 상당히 다른 것에서 두 TT 간의 유사성이 높다는 사실을 확실히 알 수 있다.

(6.16)의 격렬한 대화는 MTF 텍스트에서 무작위로 선택한 것이다. 더 차이가 나는 MTF 텍스트가 있지만, 전반적으로 (6.16)은 이런 종류의 대표적 텍스트라고 할 수 있다. (6.16)은 표 6n의 결과를 실례로 잘 보여준다. 즉 MTF 텍스트는 두 개의 독립적인 TT라기보다 서로 다른 언어로 이루어진 거의 동일한 텍스트이다.

표 6n의 데이터는 MTF 텍스트에서 번역 문제가 더 이상 번역행위에서 나타나는 문제로 볼 수 없음을 시사한다. 사실상 마스터 템플릿 파일의 도움을 통해 생성된 2세대 번역을 다룰 때 번역 문제는 더 이상 번역상의 문제가 아니다. 즉 자막가가 취하는 전략적인 행위와 비전략적인 행위 사이에

는 큰 차이가 없다는 말이다. 서로 이해할 수 있는 언어 및 스웨덴어와 덴마크어처럼 서로 구조적으로 매우 비슷한 언어에 기반한 2세대 번역의 경우, ST에서 나타나는 번역 문제는 이미 1세대 번역사에 의해 해결된다. 2세대 번역사가 해야 할 일은 이 해결책을 자신의 TT에 복제하는 것뿐이다. 즉, 2세대 번역사에게 남은 것은 전략적인 행동에 의존하지 않고, 다소 자동적으로 번역할 수 있는 일련의 텍스트뿐이다. 1.2.1절(Volk & Harder 2007 참조)에서 언급한 1세대 번역에 기초한 기계 번역의 실험이 아마도 이러한 인식에서 촉발되었을 것이다.

본 프로젝트를 위한 예비 연구에서, 필자는 TT의 최종본에 가장 큰 영향을 준 변수는 국적, 규범, 지침 혹은 그 밖의 외부적인 것이 아닌, 오히려 자막가 개인의 선호도라고 주장했다. 물론 이러한 주장은 필자만의 것이 아니며 Schröter(2005: 364, 367)도 이를 피력하였고 번역학에서는 매우 일반적인 것으로 간주될 수 있다. 그러나 MTF 텍스트의 경우 이러한 주장이 더 이상 적용되지 않는다. 개별 2세대 자막가는 TT에 별 다른 흔적을 남기지 않는다. 물론 2세대 자막가는 1세대 자막가가 만든 TT와는 매우 다른 TT를 만들 수도 있다. 하지만 2세대 자막가에게는 그렇게 할 만한 특별한 동기가 없으며, 본 절에서 제시한 증거가 보여주듯이 2세대 자막가는 미니맥스 전략을 따라 매우 유사한 TT를 생성한다.

본 절의 연구결과는 아마도 스웨덴어와 덴마크어처럼 밀접히 관련된 언어거나 글로 적었을 때 이해할 수 있을 만큼 연관성 있는 언어의 경우에는 어떤 상황에도 적용할 수 있을 것이다. 심지어 네덜란드어와 독일어 혹은 스페인어와 카탈로니아어 쌍에서처럼 다양한 언어 쌍에 적용할 수 있을 것이다. 이는 2세대 번역사가 ST를 참고하면서 1세대 번역사가 어떤 종류의 번역 해결책을 사용했는지 이해할 수 있을 정도의 언어 연관성만 지니면 되기 때문이다. 그러면 번역사가 해결책이 적합하지 않다고 여길 때를 제외하고는, 미니맥스 전략으로 2세대 번역사가 동일한 해결책을 따를 것임을 예측할 수 있다. 이는 스웨덴어와 크로아티아어와 같이 현저히 다른 언어쌍에는 적용되지 않을 것이다. 하지만 그런 경우에도 큐잉의 제약이 2세대 자막가의 선택을 제한할 것이다.

템플릿 파일의 사용 여부에 관계없이 ST가 동일하게 유지된다는 것은 의심할 여지없이 사실이며, "언어 파일이 각 국가의 자막 스타일에 적절하게 부합할 수 있도록 세계 각국의 실무자가 중심적인 역할을 해야 한다"라는 주장이 제기되었다(예: Georgakopoulou 2009: 34). 물론 맞는 말이지만, 실현 가능성은 상당히 낮아 보인다. 왜냐하면 재무적 요인과 Georgakopoulou가 "결코 간과할 수 없는 그들(즉 템플릿 파일)이 자막 공급업체에 제공하는 유연성"(2009: 33)이라고 여기는 요인 때문이다. 오늘날 자막은 점점 더 빠르고 효율적으로 제작되어야 하며 템플릿 파일은 이를 가능하게 한다. "언어 파일이 각 국가의 자막 스타일에 적절하게 부합될 수 있도록"하는 대신, 자막가가 템플릿 파일에 내재된 규범에 부합할 가능성이 훨씬 더 높아 보이며, 이는 국제 자막제작 규범을 균등하게 할 것인데, 그 영향은 본 연구의 스웨덴과 덴마크 자막에서 이미 보여주었다.

6.5 시간 경과에 따른 규범 변화: 문화 대체의 경우

코퍼스에서 MTF 텍스트를 제거하면, 스웨덴어 자막과 덴마크어 자막 사이에 통계적으로 유의한 차이가 나타나는데, 이는 덴마크 자막가가 스웨덴 자막가보다 대체 전략을 57% 더 자주 사용한다는 것이다. 이러한 차이는 코퍼스 안에 있는 오래된 텍스트 때문에 나타난다. 왜냐하면 이런 오래된 텍스트를 제거하면 스웨덴과 덴마크 자막제작 규범 사이에 더 이상 유의한 차이가 없기 때문이다. 이는 두 나라의 자막규범 사이에 다소 현저한 차이가 존재했지만 지금은 그 차이가 사라졌다는 것을 의미한다. 따라서 과거 덴마크와 스웨덴의 자막가가 사용했던 대체에 대해 심도 있는 연구를 하는 것이 타당해 보인다. 본 연구는 문화 대체에 초점을 둘 것인데, 이는 전체 코퍼스에서 상황 대체에 기반하여 표현한 TT는 11개밖에 없을 만큼 상황 대체가 드물기 때문이다.

스칸디나비아 자막 코퍼스는 통시적 연구에 그다지 적합하지 않다. 이는 스칸디나비아 자막 코퍼스의 주요부분은 코퍼스 구축의 목적인 현대 자막으로 구성되어 있기 때문이다. 따라서 6.1절에서 설명된 바와 같이 오래된 자료로 일부 보충하였다. 특별히 80년대 후반과 90년대 초반에 자막이 제작된 〈매쉬〉의 에피소드 네 개가 수록되어 있다. 물론 네 개의 에피소드는 통계에 별 도움이 되지 않는다. 특히 대체처럼 흔치 않은 전략에 관한 한 더욱 그러하다. 그럼에도 불구하고 본 에피소드에서 덴마크어 자막은 대체 전략에 관한 세 가지 예시를 보여주나 스웨덴어 자막은 단 한 가지만을 보여준다. 예상대로 단 하나의 스웨덴어 자막 예시는 문화 대체가 신뢰성 격차를 야기하지 않는 식음료 부분에서 나타난다. 따라서 덴마크의 기대 규범이 한때는 고도의 자국화 번역 전략을 더 자주 사용하는 것을 용인했을 가능성이 있다.

이 전략에 대해서 덴마크와 스웨덴의 생산 규범이 예전에는 더 상이했는지 추가로 조사하기 위해서, 필자는 덴마크와 스웨덴의 자막 전문가와 정책 입안자를 대상으로 일련의 인터뷰를 실시했다. 공공 서비스(Kampmann 저자 조사, 1999년 10월, Åkerberg 저자 조사, 2006년 6월)와 상업(Norberg 저자 조사, 2006년 6월, Jörgen Bengtsson 저자 조사, 2004년 10월) 자막 회사를 대표하는 스웨덴 정책 입안자에 따르면, 스웨덴의 규범은 어느 정도 굳어진 준공식 등가어를 제외하고는 문화 대체어를 사용하는 데 반대해왔다. 실제로 이러한 관행을 준수했다는 사실을 30년 이상 활동한 스웨덴의 한 자막가(Scheer, 저자 조사, 2006년 6월)가 확인해주었다.

덴마크의 상황은 다른 듯하다. 덴마크의 정책 입안자(Heide Olsen 저자 조사, 2006년 6월)와 자막가(Højgaard 저자 조사, 2006년 5월)에 따르면, 기관명, 교육, 정부, 직함, 식음료의 영역 외에서 문화 대체어를 사용하는 것은 분명히 옛날 방식이다. 공공 서비스 자막(Heide Olsen에 따르면)과 상업 자막(Højgaard와 그 동료들에 따르면)의 경우 1990년대 초에 문화 대체어가 덴마크어 자막에서 차츰 사라지기 시작하면서 정책의 변화가 있었다. 흥미롭게도 두 정보 제공자 모두 멜 스미스Mel Smith와 그리프 라이스 존스Griff Rhys-Jones가 주연으로 출연한 TV 시리즈를 정책 변화의 촉발 요인으로 지적했다. Heide Olsen은 〈낫 더 나인 어클락 뉴스Not the 9 O'Clock News〉의 자막제작과 〈스미스 씨, 마사존스를 만나다Alas Smith and Jones〉의 자막제작을 인용했다. 이는 아마도 우연의 일치일 것이다. 하지만 두 프로그램은 영국의 ECR을 다량으로 포함하며 비교적 짧은 기간 내에 덴마크−영국은 아니지만−에서 방영된 공통점이 있다. 덴마크의 〈낫 더 나인 어클락 뉴스〉의 자막가는 영국인 사업가를 덴마크인 사업가로 대체했을 때 '신뢰성의 경계를 넘어섰다'(필자의 번역 1994: 50)라고 인정한 사실을 Gottlieb가 밝힌 바 있다.

이러한 현상은 6.2절에서 논의된 기술 규범의 발전 양상과 관련 있어 보인다. 6.2절에서 대체 규범 전환이 덴마크에서 일어났던 시기와 거의 동시대에 자막 기술 규범에도 중요한 규범 전환이 있었다고 밝혔다. 다시 말하자면 1980년대에는 시청자 기대 규범이었던 것이 1990년대에서는 아니었다는 말이다. 기술 규범 전환의 근본적 원인이 된 요인들이 또한 이 규범 전환의 원인이 된다는 것은 타당해 보인다. 세계화Globalization와 함께 유럽에서 소수 언어를 사용하는 공동체의 많은 사람들이 영어와 영미 문화를 접하게 된 덕분에 자막 규범이 통일되고 자막을 더 빠르게 읽을 수 있는 길이 열렸으며, 이는 ST 사운드 트랙의 도움 덕분이기도 하다. 또한 이러한 요소들이 오래된 덴마크어 대체 규범의 붕괴 원인이 될 수도 있다. 덴마크의 시청자들이 영어권 문화에 대해 알기 시작했을 때—혹은 알고 있다고 생각했을 때, 이 가능성이 더 높지만, 효과는 마찬가지다—그들은 더 이상 영어권 ECR에 대한 덴마크어 대체를 받아들이지 않았을 것이다. 또한 DVD 자막과 마스터 템플릿 파일로 많은 자막가가 다른 언어 버전을 접했을 때, 국가 간 차이를 보이던 규범이 비슷하게 되었을 가능성도 있다.

오늘날의 상황을 살펴보면 회사 내 지침이 규범적으로 제시하는 것처럼 그 결과는 본 연구에서 제시한 경험 자료와 일치한다. 덴마크 지침을 선택하는 것은 다소 불충분하다. 이제는 다소 구식인 린드베리Lindberg의 덴마크 자막 지침에서는 문화 대체에 대해 전혀 언급하고 있지 않지만, 공식 등가어가 있다면 그것을 사용해야 한다고 지적한다. 스웨덴의 현행 자막 지침은 위에서 언급한 영역에서의 문화 대체어 사용과는 별도로, 문화 대체의 사용을 실제로 금지하거나 반대한다. 대신 일반화(LanguageLand/SprSkCentrum, SDI 미디어), 보존(SDI 미디어) 혹은 구체화(SVT)의 사용을 권장한다.

따라서 이 모든 사실은 오늘날 덴마크의 자막이 문화 대체에 의존하고 있는 정도가 과거보다 현저히 떨어졌다는 사실을 보여준다. 스웨덴의 자막가는 문화 대체에 의존하는 전략을 그다지 좋아하지 않은 것처럼 보인다. 코펜하겐에서 열린 무트라MuTra 학술대회(Pedersen 2006)에서, 본 연구에서 다룬 덴마크 자막의 문화 대체 사례 일부를 덴마크 자막가 학생들에게 제시하자 이러한 사례가 '구닥다리'라는 반응을 얻은 것은 아마도 문화 대체어에 대한 의존도가 낮아지고 있다는 것을 보여준다. 최근 스웨덴에서 〈심슨 가족〉의 자막가가 만화 시트콤의 초현실적인 맥락에서 이해될 것으로 간주하고 이 전략을 사용하자 시청자들이 눈살을 찌푸린 사례에서도 이러한 증상이 나타남을 뚜렷이 알 수 있다. 스웨덴에서 이따금씩만 문화 대체 전략을 사용하며 이 전략을 본 시청자들이 눈살을 찌푸리는 사건은 문화 대체 전략이 스웨덴에서는 규칙이 아닌 규범이라는 것을 보여준다(2.3절 참조).

문화 대체어에 대한 규범은 다음과 같이 변화하였다. 덴마크의 기대 규범은 스웨덴의 기대 규범보다 ECR의 문화 대체를 더 많이 허용하였다. 그 후 1980년대 후반에서 1990년대 초에 기대 규범이 바뀌었고, 그로 인하여 문화 대체에 대한 스웨덴어 자막의 기대 규범과 덴마크어 자막의 기대 규범은 유사해졌다. 또한 문화 대체어는 주로 직함, 식음료, 정부, 교육, 기관명과 관련된 영역의 ECR에 사용한다. 이러한 영역에서 ECR을 대체하는 용어는 종종 준공식 등가어의 지위를 갖거나 시청자가 공식 등가어라고 여기는 경우가 많으며, 이로 인해 이 영역에서 문화 대체어를 사용하는 경우가 빈번하다고 여겨진다. 이러한 영역에서 문화 대체어를 사용하는 것이 신뢰성 격차를 야기하지 않는다는 것을 함축하며, 이는 시청자가 자막에서 보는 것이 ST에서 존재하는 것과 상응한다고 가정하기 때문이다.

덴마크의 기대 규범이 앞에서 언급한 영역 밖에서의 문화 대체를 사용하는 것을 반대한다고 하더라도, (4.15)의 *NYU*, (4.16)의 *Telly Addicts*와 *Noel's House Party*, (6.9)의 *Franklin, Grant and Jackson*에서처럼 오래된 기대 규범의 흔적이 여전히 발견된다. 이 세 가지 예시에서 SC에 존재하는 등장인물이 TC ECR을 마치 SC ECR인 것처럼 여길 때 신뢰성 격차가 발생한다. 단, 위에서 언급한 영역 내에서 ECR 렌더링에 문화 대체를 사용하는 경우는 신뢰성 격차가 나타나지 않는다. 따라서 문화 대체어가 일반적으로 사용되지 않는 영역에서 SC에 존재하는 등장인물이 TC ECR을 마치 SC ECR인 것처럼 취급하는 것으로 보일 때 신뢰성 격차가 나타나는 것으로 정의할 수 있다. 이 정의는 문화 대체어를 사용한 사례 중 어떤 경우에 신뢰성 격차가 나타나는지 또 어떤 경우는 아닌지를 객관적으로 설명할 것이다. 이렇게 정의하면 특정 해결책에서 나타나는 특이한 점을 주관적인 느낌에 의존해서 판단할 필요가 없다. 문화 대체어만이 신뢰성의 차이를 야기한다는 것을 지적해야 한다. 왜냐하면 보존과 구체화—그리고 어떤 경우에는 직접 번역—는 텍스트를 더 이국적으로 만들기 때문이다. 반면 일반화와 생략은 텍스트를 보다 획일화 시킨다. 그리고 공식 등가어 및 대부분의 직접 번역의 경우는 텍스트에 아무런 영향을 미치지 않는다.

본 코퍼스에는 문화 대체어 사용으로 인해 신뢰성 격차가 나타난 것으로 보이는 사례가 10개 있었는데, 그중 5건은 애매하다. 이러한 사례를 좀 더 자세히 살펴보고 위에서 제안한 정의가 신뢰성 격차를 설명할 수 있는지 알아보자. 위에서 언급한 세 가지 사례 중 다기능적 ECRmultifunctional ECR *NYU*는 확실히 기관명 혹은 교육 시스템의 일부라고 불릴 수 있지만, 여전히 신뢰성 격차를 야기한다. 그 이유는 ECR은 ST는 뉴욕을, TT는 코펜하겐과 같이 각기 다른 지명을 포함하고 있기 때문이다. 대체는 지리적 명칭에는 전혀 사용하지 않는다. TV프로그램을 구성하는 일반적인 관행 때문에, *Telly Additcs*와 *Noel's House Party*에 포함된 신뢰성 격차는 그리 크지 않을 수 있다. 따라서 문화 대체어가 때때로 허용되는 영역에서 ECR을 처리할 때 문화 대체가 사용된다. 예시 (6.9)의 *Franklin, Grant and Jackson*은 확실히 신뢰성 격차를 야기한다. 왜냐하면 요즘 화폐단위는 문화 대체를 사용하지 않는데, 덴마크와 스웨덴 모두 보존을 통해 화폐단위를 처리하였기 때문이다. 화폐단위 코퍼스에서 보존—혹은 모든 일반화를 초월하는 전략인 생략—이외의 전략을 사용한 사례는 하나밖에 없다. 본 사례는 〈오피스〉에서 가져온 것으로, 엄청난 성차별주의자이자 마초인 리Lee가 그의 여자친구에 대해 다음과 같이 농담을 한다.

(6.17) She'll get the old nookers[65] out for a tenner.

　　　덴마크어 자막:

　　　Hun viser yver for en hund.

　　　역번역:

　　　She shows teats for a dog.　　　　　　　　　(〈오피스〉 9: 7.52)

(6.17)의 자막에 대해서는 아마도 보충설명이 필요할 것이다. 자막가는 원문에서 사용한 속어 표현을—성공적으로—살리고자 '유방breasts'에 대한 덴마크어의 속어 표현을 사용하였다. 자막가는 이와 같은 기법을 ECR

---

[65] *Lee*는 물리적으로나 언어학적으로 모두 'knockers' 즉, '유방'(breasts)을 지칭하고 있지만, 그 단어는 위와 같이 발음한다.

'tenner'(10파운드 지폐)를 덴마크어 속어 표현인 100크로네 지폐-이미 예시 (6.9)에서 언급했던-로 바꿀 때도 사용한다. 따라서 화폐단위 ECR에 문화 대체를 사용함으로써 나타나는 신뢰성 격차가 덴마크-그리고 지폐에 대한 기발한 속어 표현이 거의 없는 곳-에서는 스웨덴에서 만큼 심하게 나타나지는 않을 가능성이 있다.

코퍼스에서 ST ECR이 아닌 보상compensation 때문에 또 다른 신뢰성 격차가 나타난 사례를 찾아볼 수 있다. 번역학에서 보상이란 어느 부분에서 생긴 번역 손실을 보상하기 위해 ST가 의도하지 않은 TT의 다른 부분에서 번역사가 다양한 번역 전략을 구사하는 경우를 말한다. DTS에서는 보상이 이루어졌는지 조사하는 것이 일반적인 관행이다. 예를 들어 Schröter(2005: 119-120)는 그의 학위논문에서 ST의 말장난이 삭제되었을 때 삭제된 부분과 근접한 영역에 말장난이 만들어 졌는지 살펴보았지만 그런 사례는 좀처럼 찾아보기 힘들었다. 이는 스칸디나비아 자막 코퍼스에서도 찾아보기 힘들다. 그래서 필자는 ST ECR와 근접한 영역뿐만 아니라 TT 전체에서 TT ECR 부분도 자세히 살펴보았다. 총 5,028개의 TT 중 총 33개의 사례를 발견했는데, 처음에는 ECR을 생략하였다가 그 후로는 다른 전략을 사용하여 처리하였다. 그러나 이 33개의 사례는 모두 이전에 삭제한 ECR을 재현함으로써 렌더링 한 TT로 볼 수 있어서 사실상 보상이라고 보기 어렵다. 사실 TT에 자유롭게 도입할 수 있는 ECR은 매우 주변적이어야 하며, 단순히 지역적 색깔을 더하기 위해 ECR을 삽입하는 것은 매체 특정 제약에 어긋나지만, 이것이 주변적 ECR이 할 수 있는 전부일 것이다. TT에 ECR을 삽입한 것이 확실한 사례가 단 한 건 있었는데, 이는 ST의 ECR과는 전혀 상관이 없으며, 다음의 두 가지 이유 때문에 여기에서 언급할 필요가 있다. 첫째, ST에 없었던 ECR이 TT ECR에 삽입된 유일한 사례로서 그 자체로 흥미롭다. 둘째, TT ECR 포함이 신뢰성 격차를 야기하였기 때문에 중요하다. 예시 (6.18)는 〈마스크〉의 대사로, 주인공 스탠리 입키스Stanley Ipkiss가 감방에 갇혀 있는데, 그의 충성스러운 개에게 근처에서 잠을 자고 있는 경찰관의 호주머니에서 열쇠를 꺼내오라고 명령한다. 하지만 개는 명령을 잘못 알아듣고 경찰관의 샌드위치에서 치즈를 꺼내온다. 이에 입기스는 다음과 같이 강아지를 나무란다.

(6.18) Not the cheese! The keys!

　　　덴마크어 자막:

　　　Ikke Høngen! Ringen!

　　　역번역:

　　　Not the Høng! The ring!　　　　　　　　　　　(〈마스크〉 1.13.29)

덴마크어 자막을 이해하기 위해서는 맥락을 몇 가지 추가할 필요가 있다. 입키스가 그의 개에게 열쇠를 가져오라고 할 때, 덴마크 자막가는 이것을 개에게 *ring*을 가져오라는 명령으로 번역하였다. 이런 번역은 다중기호학이 지원하는 맥락에서 작용한다. 즉 실제로 *ring*에 열쇠가 달려 있는 것으로 보인다. 그 후 *key ring*은 *ring*으로 축약되었고, 입키스는 계속해서 개에게 가져오라고 재촉한다. *ring*을 덴마크어로 빠르게 발음하면 덴마크의 치즈 브랜드인 *Høng*으로 잘못 들릴 수도 있다. 그것은 원문의 말장난과 같이 자음을 잘못 들은 효과를 반영했을 뿐만 아니라 평순 모음을 원순 모음으로 잘못 들은 효과도 반영한다.

Toury(1995: 83)는 ST에서 의도하지 않은 번역 기능을 보상이라는 형태로 삽입하는 것에 대해 경고한다. (6.18)에서 사용한 해결책은 다른 곳에서 삭제된 ECR을 보상하기 위해 다른 ECR을 추가하고자 사용한 것이 아니라, 오히려 ST의 동음이어 말장난 효과를 살리기 위해 사용한 것이라고 말해도 무방할 듯하다.[66]

이 논의를 마무리 짓기 위해 두 가지 요점을 말하고자 한다. 첫째, 브랜드명(Høng 등)은 일반적으로 문화 대체로 처리 하지 않으므로 예시 (6.18)에는 신뢰성 격차가 존재한다. 둘째, 진정한 ECR 보상 전략 사례는 본 코퍼스에서 찾을 수 없다.

코퍼스에서 신뢰성 격차가 발생한 11건(ST ECR에 의해 발생한 10건 + 예시 (6.18)) 중 10건은 코미디 장르에서 발견되었다. 그 이유는 Gottlieb가 지적했듯이, "코미디 장르에서는 정보적인 부분이 부차적"(2001: 51)이기 때문이다. 이는 코미디 장르에서 가장 중요한 것은 유머이므로 정보적 측면이 가장 중요한 장르보다는 코미디 장르에서 문화적 상호 교환성의 여지가 더 많기 때문이다. 유일한 예외는 리얼리티 쇼인 〈심플 라이프〉(5: 7.47)에서 발견되었는데, 〈심플 라이프〉에서 'co-op'(협동조합)을 'Brugsen'(부르그센 덴마크 슈퍼마켓 체인)으로 번역하였다. 이와 관련하여 리얼리티 쇼와 코미디 장르의 스코포스는 모두 오락이므로, 이는 앞서 언급한 경계선의 신뢰성 격차로 여겨지는 경우를 설명해줄 수 있다.

문화 대체어로 인한 문화적 상호 교환성 여부는 국가마다 분명히 다르다. 이전에 살펴본 바와 같이, 덴마크 사람들은 문화적 상호 교환성을 받아

---

[66] 이러한 말장난 효과를 살린 다른 덴마크어 TT는 *Ruko*와 *Buko*라는 **두** 개의 덴마크 ECR을 삽입하는 결과로 이어졌다. *Ruko*와 *Buko*는 각각 자물쇠와 치즈의 상표명이다(Gottlieb 저자 조사, 2007년 5월).

들이곤 했으나—Nedergaard-Larsen은 일찍이 1993: 231에 이런 종류의 "신뢰성 문제"를 언급했지만—이제는 규범이 바뀌었다. 스웨덴 사람들은 문화적 상호 교환성을 진정으로 받아들인 적이 없다. 핀란드에서 Leppihalme는 이러한 문화적 상호 교환성이 일반적으로 번역에서 야기할 수 있는 놀라운 점을 언급한다(1996: 214). 또한 "목표 문화적인 대체물이 인쇄물보다 영화나 텔레비전에서 더 자주 용인될 수 있다"(1994: 158)라고 주장해왔는데, 현재 연구는 이러한 주장을 입증하지 못했다. 하지만 기대 규범을 경험적으로 살펴 볼 필요가 있다. Gottlieb(2009)는 덴마크 영화의 영어 자막에서 사용한 전략 사례를 많이 제공한다. Gottlieb의 연구결과는 Venuti가 소수 언어에서 영어로 번역할 때 반대했던 그러한 자국화 성향을 보여준다.

기대 규범이 허용하는 영역에서 사용될 때, TC 대체어는 공간을 많이 차지하지 않고서 함축적 의미를 전달할 수 있는 편리한 도구가 될 것이다. 그러나 함축적 의미를 적절하게 전달할 수 있는 올바른 문화 대체용어를 찾기 위해서 자막가는 상당한 노력이 필요할 것이다. 이 전략은 극도로 목표 지향적이며 ST ECR을 지칭하는—모든 함축적 의미를 없애는 것이 아니더라도—모든 지시어를 없애므로, 자막가는 그 사용에 크게 책임을 진다. 자막가가 때때로 이러한 책임에 관심을 갖지 않거나 이러한 책임이 자막가의 능력을 벗어난다고 생각한 사례를 코퍼스에서 찾을 수 있다. 예를 들어 (6.19)에 나타난 덴마크어 자막을 생각해 보자. 월터 '레이더' 오라일리Walter "Radar" O'Reilly 상병은 피어스Pierce 대위와 허니컷Hunnicut 대위의 도리에서 벗어난 책략으로 인해 소위로 진급되었다. 오라일리는 훌리한Houlihan 소령과 함께 그의 새로운 계급과 새로운 계급에 따르는 책임과 특권에 대해 이야기하고 있다.

(6.19) O'Reilly: Is it OK if I try the officers' latrine?

Houlihan: Of course.

O'Reilly: O boy! National Geographic!

덴마크어 자막:

Så kan jeg læse Bo Bedre.

역번역:

Then I can read Bo Bedre.　　　　　　　　　(〈매쉬〉 5: 4: 14.37)

예시 (6.19)에서는 이 자막제작 당시에는 문화횡단 ECR이 아니었던 ST ECR *National Geographic*(잡지)을 덴마크의 인테리어 잡지 *Bo Bedre*로 바꾸었다. 여기서 전달된 함의는 광택이 나는 고급 잡지라는 것과 이 잡지는 장교들이 화장실에서 읽는다는 것이다. 하지만 원문의 말장난이 재밌는 것은, 1950년대 초에 이 잡지의 민속 기사 덕분에 *National Geographic*은 젊은 남자가 합법적으로 반나체 여성을 볼 수 있는 유일한 곳이라는 함의 때문이다. 그러나 *Bo Bedre* 잡지에서 반나체의 여자를 볼 확률은 매우 희박하다. 따라서 함축적 의미의 일부는 전달되었으나 정말로 중요한 함의는 사라졌다. 여기서 중요한 점은 자막가가 함축된 의미를 전달하기 위해 SC ECR을 삭제하고 TC ECR을 삽입하는 경우, 함의가 적절하게 전달되었는지 확인할 책임이 있다는 것이다. 그렇지 않으면 자막가가 Chesterman의 책임 규범을 어겼다고 할 수 있다(2.4.2절 참조).

　결론적으로 덴마크의 기대 규범은 스웨덴의 기대 규범보다 신뢰성 격차에 대해서는 다소 더 관대해 보인다. 이는 일반적으로 문화 대체어가 발견되지 않은 영역에서 문화 대체어를 사용하여서 생긴 신뢰성 격차의 경우,

덴마크어 TT에서 뚜렷한 사례가 여섯 건, 경계에 있는 사례가 다섯 건 발견된 반면, 스웨덴어 TT에서는 전혀 없었다는 점에서 확실히 알 수 있다. 이러한 차이는 순전히 질적인 것으로 국가 간 문화 대체어 사용에 있어서 양적 차이는 유의하지 않다. 이러한 차이를 보이는 이유는 아마도 덴마크의 기대 규범이 일반적으로 문화 대체를 더 많이 허용하였다는 사실과 관련이 있을 것이다. 6.6.4절에서 방향성에 대해 논의할 때 문화 대체와 기타 원천 지향적인 전략에 대해 다시 논의하고자 한다.

6.6 자막 규범의 공식화

본 절에서는 지금까지 진행한 연구에서 도출된 결과를 요약하고 일반적인 상황에 적용하여 자막규범에 새로운 통찰을 제시하고자 한다. 본고에서 공식화하는 자막제작 규범은 지금까지 스웨덴과 덴마크에서 만든 자막제막 규범을 포괄적이고 실증적으로 조사하였으므로 스웨덴어 자막과 덴마크어 자막에는 당연히 적용 가능하다. 다른 지역의 자막에도 적용할 수 있는지에 대해서 본 절에서 논의하겠지만, 타 지역 데이터는 주로 연구논문과 사례연구에서 발췌한 2차 자료이므로 규범의 적용여부가 절대적이지는 않다. 아마도 전통적 자막 국가가 본고에서 확립한 규범을 더 많이 적용할 수 있을 것인데, 이는 전통적 더빙 국가보다 스칸디나비아 국가들과 상황이 비슷하기 때문이다. 이에 관해서는 아래에서 더 자세히 다룰 예정이다.

　본고에서 공식화 한 일부 혹은 많은 자막 규범은 그다지 획기적이지 않기에 자막가에게 당연한 것으로 여겨질 수 있다. 이러한 반응은 이 규범의 서술적이고 실증적인 성격에서 오는 결과로서, 그러한 반응이 실제 이 규범의 입지를 강화시켜준다 하겠다. 자막가는 규범 중 일부를 이미 알고 있을 것이며, 자신들이 자막을 만들면서 비롯된 규범이 학문적으로 공식화되는 것이 타당하지 않다고 생각지는 않을 것이다. 오히려 대부분 본고에서 처음으로 다루어진 전문가 규범 공식이 그들의 의사결정과정을 학문적으로 인정하는 것으로 볼 수 있다. 다시 말해, 본고에서 제시한 자막 규범은 그저 자명한 이치가 아닌 전적으로 확실한 규범이다.

여기서 공식화한 기술적 규범과 유사한 처방적 규범prescriptive norm은 종류가 다양하며 지침에도 다양하게 적용될 수 있다. 이러한 사실이 본 공식을 효력 없게 만드는 것이 아니라 오히려 본 연구의 결과가 실증적 성질임을 입증한다. 실제로 본 연구가 밝혀낸 결과에 따르면, 지침의 처방적 규범이 자막가의 행위와 상당히 일치하며 이는 지침의 규범이 실제 자막제작에 영향을 미침(혹은/또한 영향을 받음)을 보여준다. 이러한 결과는 처리 규범process norms이 생산 규범(혹은 기대 규범)의 변화에 따른다는 Chestman의 주장과 매우 일치한다(2.4.2절 참조). 즉 기대 규범에 반영되는 TT 청중의 취향이 변화하면 그에 따라 처리 규범도 변화하고, 이로 인하여 지침이 지속적으로 갱신된다. 이는 지침에서 발견되는 많은 규범이─심지어 처방적 규범이라고 인식되는 경우와 현재 연구에서처럼 광범위한 기술 조사에 기초하지 않는 경우에도─궁극적으로 기술적 규범(즉 사람들의 행동 경향에 기반)이라는 것을 보여준다. 그러나 지침에서 주창하는 특정 관행은 기대 규범이 아닌 기술 제약이나 경제적 동기와 같은 다른 동기에 의해서 진행된다는 점을 지적해야 하겠다. 6.1.2절에서 마스터 템플릿 파일에 관하여 논의된 바와 같이, 이 경우 기대 규범은 처리 규범의 영향을 받으며, 이는 저항을 초래할 것이다.

규범을 공식화하는 과정은 다음과 같다. 규범의 기초가 되는 데이터를 간략하게 정리한다. 그리고 규범의 강도를 평가하여, 그 규범이 얼마나 데이터에서 입증되는지에 따라 규칙, 규범[67] 혹은 관습(2.3절의 그림 A 참조)으로 정의한다. 단순한 규칙성에 대해서는 논의하지 않으며, 또한 보편적인 법칙을 만들려는 시도도 하지 않는다. 규범은 스칸디나비아의 현재 상황과 관련되어 있기 때문에 볼드체 및 현재 시제로 주어진다.[68] 공식화한 규범은 그 일반적 성격 때문에 일부러 모호하게 기술하며, 숫자는 포함하지 않는다. 대신 규범을 설명할 때는 '일반적으로normally'라는 부사를, 관습을 설명할 때는 '관습적으로conventionally' 등과 같은 부사를 사용한다는 단서를 달았다. 여기에서 공식화 한 규범에 대한 확률적 예측에 관해서는 주의가 요구된다. 즉 번역 규범이 지속적으로 변화하기 때문에 본고에서 공식화 한 규범은 모두 변경될 수 있다. 이러한 이유로, 그 규범의 역량이 쇠퇴될지 확장될지에 대한 논의가 진행된다.

본고에서 공식화 한 규범은 영어에서 번역한 것을 기초로 하고 있다는 점을 다시 강조하고자 한다. 또 다른 SL은 다른 방식으로 취급될 수 있으므로 본 규범은 비영어권 SC의 ST에서는 일반적으로 유효하지 않다. 본 규범은 스웨덴어와 덴마크어 자막제작에 대해서만 명시적으로 공식화하므로 이 두 국가에 국한된 데이터는 보편적인 해결책을 보증하지 않는다. 그렇다고 해서 이 두 국가의 규범이 독특하다는 뜻은 아니다. 그와 달리 다른 나라의 자막가도 아마 이 규범을 인정할 것이다. 그럼에도 불구하고 이 규범은 스

---

[67] 하위어(hyponym)과 상위어(hypernym)의 사용을 혼동하는 것처럼, '규범'(norm)이라는 용어를 사용할 때 혼동을 피하기 위한 논의는 2.3절을 참조하면 된다.

[68] 규범은 실제로 코퍼스에서 표본을 추출한 때의 상황과 관련이 있다. 즉, 본고에서는 2004년에 표본을 추출하였지만, 의도 및 목적과 관련한 규범은 가능한 한 최신의 것으로 추출하였다.

웨덴과 덴마크 환경에서만 실증적으로 사실이다. 따라서 각 규범과 관련하여 연구 자료 밖의 규범에 대한 타당성, 즉 규범의 국제적 수용성 및 보편성에 대한 논의가 따를 것이다. 이러한 논의는 2차 자료와 본 연구 자료의 데이터에서 나온 추론에 기초하고 있으며 따라서 증거에 기초하기보다는 규범 그 자체에 근거가 있다.

6.6.1 긴 형식 대 짧은 형식: TV 시리즈 대 장편 영화

본 연구가 설계, 조사했던 문제는 형식의 장·단 차이가 자막제작 전략에 차이를 유발하는지 여부였다. 즉 영화와 TV 프로그램 간의 차이점에서 볼 수 있듯이, ST의 길이와 구조가 야기하는 차이점을 언급하고자 한다. 평균적 장편 영화보다 TV 프로그램의 대사 밀도가 높기 때문에 6.2.1.2절(표 6f)에서는 두 형식 간에 자막 밀도 차이가 있다는 것을 보여주었다. 따라서 이러한 자막 밀도의 차이는 ECR 렌더링 시 전략 선택에 영향을 미칠 것으로 예상할 수 있다. 예를 들어 구체화나 바꿔쓰기 등과 같이 많은 공간이 필요한 전략은 밀도 높은 대사에서는 기피될 것이다.

조사 결과는 예상을 빗나갔다. 이 결과는 전반적으로 코퍼스에서 나타난 결과와 크게 다르지 않았다. 스웨덴의 자막가는 전체적으로 짧은 형식에서 구체화를 선호하고 있는 듯 했다. 반면 덴마크의 자막가는 일반적 경우보다 짧은 형식에서 대체를 더 많이 사용하는 성향을 보였다. 하지만 이 결과는 통계적으로 유의하지 않으며 이 전략을 사용하지 않아도 전반적 코퍼스와 비교해서 1% 혹은 2% 포인트 이상 달라지지 않았다. 따라서 스칸디나비아의 자막가가 ST의 형식과 관계없이 동일한 방식으로 작업을 수행한다고 간주해도 무방하며, 스칸디나비아 지역 이외의 자막가도 마찬가지인 것으로 보인다. 물론 다른 요소들이 자막가의 의사결정에 영향을 미칠 수 있다. 예로서 장르를 들 수 있는데, 이는 형식과 함께 나타나는 영향력 있는 하위 매개변수로 ECR을 처리하는 방식에 영향을 미칠 수 있다. 또한 매체 medium와 직접성directness이 형식보다도 자막가의 행동에 더 많은 영향을 미칠 수 있다. 흔히 DVD 자막제작이 TV 자막제작과 다른 양상을 보여준다 (예: Ivarsson & Carroll 1998: 30ff 참조).

6.6.2 장르의 차이

앞 절에서 언급했듯이, 장르가 ECR 렌더링에 영향을 미칠 수 있다. 필자는 이에 대해 연구하고자 하였다. 이 연구를 위해, 어느 특정한 장르의 ECR을 다룰 때 한 나라의 자막가는 다른 나라의 자막가와는 다른 전략을 사용할 것이라는 가설을 세웠다. 예컨대 코미디 장르에서 덴마크 자막가는 스웨덴 자막가보다 문화 대체를 더 많이 사용할 것이다.

스칸디나비아 자막 코퍼스에는 11개의 장르가 들어 있다. 그러나 대부분 장르에는 텍스트가 많이 없어 데이터를 왜곡하는 요인이 될 수 있다. 가장 중요한 두 가지 요인은 텍스트에 있는 ECR 개수에 결정적 영향을 미치는 개별 텍스트의 성격 및 ECR 렌더링에 결정적 영향을 주는 개별 자막가의 선호도이다. 따라서 필자는 가장 광범위한 장르인 코미디와 액션 코퍼스를 비교하기로 결정하였다. 두 장르의 텍스트 수를 비슷하게 맞추기 위하여 스코포스가 매우 비슷한 범죄 장르를 액션 장르에 추가하였다. 이렇게 해서 37개의 매치된 텍스트로 구성된 코미디 장르와 41개의 매치된 텍스트로 구성된 액션/범죄 장르로 두 개의 '슈퍼 장르' 코퍼스가 구축되었다.

연구 결과는 부정적이었다. 덴마크와 스웨덴 자막가가 슈퍼 장르에서

ECR을 처리하는 방식은 유의하게 차이나지 않았다. 따라서 본 연구에서 진행한 주된 연구 결과는 장르 차원에서도 확인되었다. 즉 스웨덴 및 덴마크 자막가가 ECR을 처리하는 방식에는 유의한 차이가 없다.

　같은 국가의 자막가들이 두 개의 슈퍼 장르 속 ECR을 처리할 때 사용하는 방식에서도 통계적으로 유의한 차이가 없다는 점은 흥미롭다. 필자는 여기서 국가 간 자막가들 사이에서 나온 결과가 아니라 동일 국가 내의 자막가들 사이에서 나온 결과를 말하는 것이다. 즉 스웨덴(혹은 덴마크) 자막가는 코미디 장르와 액션/범죄 장르의 ECR을 번역할 때 동일한 전략을 균등하게 사용한다. 이 두 장르의 스포코스가 서로 다르기 때문에―비록 두 장르가 모두 즐거움을 주기 위한 것이라고 해도―이는 놀라운 결과이다. 거시적 차원에서 이 두 장르의 스코포스의 차이가 ECR 처리 방식에 영향을 미치지 않는다는 것을 의미한다. 즉 ECR 처리가 이 두 장르의 자막제작 간 차이의 지표는 아니라는 뜻이다. 그러나 ECR 처리가 장르 간의 차이를 전혀 드러내지 않는다는 의미는 아니다. 예를 들어, 코퍼스에 있는 네 개의 다큐멘터리 텍스트에서 단일문화 ECR에 사용된 보존 비율은 코퍼스 전체에서 보존을 사용한 비율의 약 절반 정도이다. 하지만 네 개의 매치된 텍스트는 신뢰할 만한 데이터 제공에 충분하지 않다. 다큐멘터리 장르에서 사용한 보존과 전체 평균적으로 사용한 보존 간에 차이가 있다는 점은 다음과 같은 사실을 보여주기 위해 가져왔다. 즉 비록 코미디와 액션/범죄 간의 차이가 ECR 렌더링에서 드러나지는 않지만 다른 장르 간의 차이는 드러날 수도 있을 것이다. 코퍼스 내 데이터가 너무 제한적이어서―비록 하위 스코포스가 다르더라도 두 장르 모두 공통적으로 즐거움을 주는 스코포스를 가지고 있는―코미디 장르와 액션/범죄 장르에서 도출한 그 이상의 결론을 제안하기 어렵다.

6.6.3 기술 자막 규범: 자막 밀도의 차이

스웨덴 및 덴마크의 자막제작에서 국가 간 차이점을 발견하기가 매우 어렵다는 것이 이제는 명확해졌을 것이다. 모든 면에서 두 국가의 규범은 융합된 듯 보인다. 상기 논의한 바와 같이, 현재에도 진행 중인 유럽의 통신 매체 변화가 막 시작된 1990년대 이전에는 국가 간의 차이가 엄밀히 존재했었다. 이는 여기서 공식화 한 규범의 보편성을 생각할 때 확실히 긍정적으로 비춰지는데, 15년 전에 비해서 현재의 스웨덴 및 덴마크의 규범이 타 지역의 규범과 더 유사할 것이기 때문이다.

스웨덴 공영 방송이 큐잉을 위해 전자 타임코드를 사용하는 관행을 덴마크 공영 방송인 DR보다 늦게 도입했기 때문에 1980년대의 스웨덴 규범과 덴마크의 규범 사이에는 다소 현저한 차이가 있었으며 이는 기술 규범의 양적 차이로 이어졌다. DR이 이러한 관행을 도입하기 전인 1970년대에는 기술 규범이 더 유사했을 가능성이 있지만, 이 가설을 뒷받침할 데이터는 없다. 따라서 이 주제는 추가 연구가 요구된다. 하지만 분명한 사실은 스칸디나비아 자막 규범들 사이에서 나타나는 유일하고 유의한 차이점은 기술 분야의 규범이라는 것이다. 이 조사에서 밝혀진 스웨덴과 덴마크 자막제작 규범 간의 유일한 국가적 차이는 자막 밀도이다. 6.2절에서 보여준 현대 독립 자막의 경우, 덴마크 영화의 자막 밀도가 10.4% 더 높다는 유의한 차이를 보였다. 대다수의 매치된 텍스트(하지만 전부는 아님)에서 덴마크 TT 자막이 더 많았기 때문에 다음과 같이 **자막 밀도 규범**subtitle density norm을 제시한다.

> 만약 다른 요인들이 동일하다면, 독립적으로 자막화된 덴마크어 TT는 독립적으로 자막화된 스웨덴어 TT보다 일반적으로 좀 더 많은 자막을 갖는다.

위의 규범은 다소 진부해 보일지 모르지만, 스칸디나비아의 옛 규범 가운데 유일하게 오늘날까지 사용되고 있다는 점에서 중요하다. 범위를 좀 더 넓혀 보면, 앞서 논의한 바와 같이 대부분의 자막 국가에서도 유사한 기술 규범 개발이 이루어지고 있는 것을 쉽게 예상할 수 있다. 1980년대 이전에는 국영 방송국이 자신만의 규범을 개발하였다. 그 후 1980년대에 새로운 기술이 도입되어 자막 노출 시간이 줄어들었고, 1990년대에 세계화가 주요한 요인이 되면서, 다국적 자막 제작사들이 규모의 경제 즉 마스터 템플릿 파일을 도입하자 국가 간의 규범이 일치하게 되었다. 모든 자막 국가에서 발전 양상이 유사할 가능성이 매우 높아 보이며, 차이점이 있다면 아마도 자막 규범 발전 여부가 아니라 발전의 시작 시기 및 발전 확립 속도일 것이다. 전통적 더빙 국가와 자막 국가 사이에는 어느 정도 확립된 양식이 있다. 전통적 더빙 국가도 주로 DVD와 온라인 영화에서뿐만 아니라 영화관에서 상영하는 영화에는 자막을 넣는다. 예를 들면 독일과 프랑스의 영화관에서 자막 버전을 상영하는 경우를 흔히 볼 수 있다. 전통적 더빙 국가인 독일과 프랑스는 오랜 기간 유지해온 자막제작 관습이 없다고 Georgakopoulou(2009: 32)와 같은 학자들이 지적한 바 있다. 이는 할리우드의 제네시스 파일에 있는 규범을 준수하는 것이 가장 간단한 해결책이라는 것을 의미하며, 규모의 경제성이 주는 이윤 때문에 다국적 자막 제작사들이 이 규범을 준수한다(Georgakopoulou 2009). Sokoli(2009)가 그리스어와 스페인어 자막 비교 연구에서 밝힌 바와 같이 이런 이유로 더빙 국가에서 자막을 만들 때 생략을 많이 하지 않아 시청자는 자막을 더 빨리 읽어야 한다. 이런 이유가 아니라면 이는 직관에 반하는 것인데, 자막에 익숙하지 않은 관객들이 더 긴 노출 시간을 필요로 할 것이라고 가정할 수 있기 때문이다. 영어권 규범의 영향으로, 이러한 시청자들은 더 짧은 노출 시간을 갖게 되고 이로써 그 나라의 자막제작에 대한 열정을 감소시킬 수도 있다. 영어권 국가의 상황도 마찬가지다. 즉 영어권 국가의 시청자도－영화 마니아가 아니라면－자막에 익숙하지 않아서 아마도 자막의 노출 시간이 더 길어야 할 것이다. 그렇지만 영어권 국가의 엔터테인먼트 산업계는 자막을 띄울 영상물을 보유하고 있기 때문에 자국은 물론이고 국제적으로도 어떤 규범을 사용해야 하는지에 영향을 미칠 수 있는 독특한 위치에 있다.

이러한 경향에서 예상할 수 있는 발전 양상은, 제네시스 파일과 마스터 템플릿 파일에 있는 영어권 국가의 자막제작 규범을 사용하면 커다란 경제적 이익이 있다는 것이다. 더빙 국가들은 이미 자막제작에 이를 상당히 적용하고 있다. 스칸디나비아 나라의 사례에서 증명되었듯이 각 국가의 자막제작 규범도 이러한 흐름을 따라가고 있으며, 실상 다른 국가도 마찬가지라는 추가 증거가 있다. 따라서 영향력 있는 영어권 국가의 규범이 대부분 국가의 자막제작 규범을 계속해서 표준화, 일치화 혹은 평준화－마음에 드는 동사를 선택하시오－할 것으로 보인다. 그것이 개별 국가 자막제작 규범을 늦추는 '부담'이 되든 아니든 상관없이 말이다. 이로 인하여 영어권 국가의 규범 수준에 도달할 때까지 자막 국가에서 자막을 읽는 속도가 계속해서 빨라지게 될 것이다. 앞서 지적했듯이 국가의 큐잉 관행을 보여주는 자막 밀도가 여기서 논의한 세 가지 기술 규범 중 가장 늦게 표준화될 것으로 보인다. 물론 이것은 독립적으로 만들어진 자막에만 해당된다.

6.6.4 방향 규범: 이국화 혹은 자국화된 자막

단일문화 ECR로 인한 번역 문제를 비롯해 여러 가지 번역 문제를 처리하기 위해서 번역사는 전략적 행동을 취한다. 따라서 ECR로 인한 번역 문제를 처리할 때 전반적인 번역 전략을 사용한다고 볼 수 있으며 본 절에서 논의된 규범은 전체 TT와 관련 있다고 할 수 있다.

방향 규범orientation norms은 TT가 원천 지향적이어야 하는지 혹은 목표 지향적이어야 하는지에 대한 방향을 제시한다. 다시 말해서 필자의 방향 규범은 Toury의 '기본 규범'에 해당한다. 현재 프로젝트에서 조사한 텍스트는 다중기호적 텍스트이므로, 버전화versioning와 같은 사전 제작 AVT를 사용하지 않는 한 결코 자국화 될 수 없다. 사전 제작은 영화나 TV 프로그램으로 제작하기 전에 스크립트가 번역되고 현지화 된다는 뜻이다. 후반 제작 AVT의 경우, 언어적 채널보다는 기타 기호학적 채널을 통해 외국 텍스트의 타자성을 가로질러 가져오는 정보를 전달한다. 또한 자막은 본질적으로 부수적인 요소이므로 원천 대화는 텍스트의 이국적 특징을 끊임없이 상기시킨다. 이로 인해 자막 처리된 다중기호적 텍스트에 목표 지향적 전략을 제한적으로 사용하게 된다고 볼 수 있다. 이는 6.3에 나타난 결과에서 분명히 알수 있다. 코퍼스에서 추출한 복잡하지 않은 ECR을 처리할 때 주로 원천 지향적 전략을 사용한다. 이런 종류의 ECR에서는 보존만을 사용한 비율이 전체 TT의 약 3분의 2 정도이며, 이는 코퍼스에서 추출한 텍스트만을 살펴봤을 때 나온 수치이다. 보존을 사용한 단순한 ECR 중 코퍼스에서 추출하지 않은 데이터도 많이 남아 있다. 여기에 직접 번역 해결책이 다수 추가되어야 하며, 여기에는 외래어 발음이 그대로 남아 있는 모사를 사용하게 될 것이다. 세 번째이자 마지막 원천 지향적 전략은 구체화로 그리 일반적으로 사용하지는 않지만, 대체로 원천 지향적 전략(보존, 직접 번역 및 구체화)은 ECR 렌더링에 가장 많이 사용한다. 단일문화 ECR의 경우, 해결책을 보다

고르게 사용하고 있으며 TT의 약 절반 정도가 원천 지향적 전략을 사용하는데, 시청자가 ECR을 확실히 이해할 수 있는지 여부가 전략의 방향성에 영향을 미친다. 스칸디나비아 자막 코퍼스에서 나온 모든 결과를 살펴보면, 일반적으로 원천 지향성이 우세하다고 할 수 있다. 토크쇼의 ECR을 살펴본 Orrevall (2004)의 연구와 시트콤의 ECR을 살펴본 Steinholtz(2007)의 연구도 이러한 결론을 뒷받침한다. 이를 뒷받침 하는 추가 근거는 일반적으로 원천 지향성 해결책을 선호하는 처방적 지침에서 찾을 수 있다. 심지어 시청자가 문제의 ECR을 이해할 수 없는 경우에도, ST 지향성을 우선시한 사례도 있다. 이러한 사례는 예시 (6.5) *Manifest Destiny*에서 찾아볼 수 있다.

스웨덴 공영 방송국 SVT의 Åkerberg(저자 조사 2006년 6월)가 증언한 바와 같이, 일반적 성향은 원천 지향적인 방향으로 특히 보존을 사용하는 경향이 강한 것으로 보인다. 또한 원천 지향적인 방향으로 점차 변화해가고 있다는 정황을 보여주는 다른 요인들도 있으며, 이는 일반적으로 사회적 분위기와 연관이 있을 것이다. 예컨대 6.2.2절에서 논의한 바처럼 대부분 국가의 TT 시청자는 몇 십 년 전에 비해 영어와 영미 문화에 대한 지식이 늘었다. 또 다른 요인은 자막제작 상황과도 관련이 있다. 예를 들어 자막제작 시간이 급격히 줄어들게 되면 자막가에게 돌아가는 금전적 보상이 그만큼 줄어든다, 이로써 연구할 시간이 줄어들어 대표적인 ST 지향적 전략인 보존을 선호하게 된다. 앞 절에서 공식화 한 자막 밀도 규범과는 달리, 다음의 **스칸디나비아 자막 방향 규범**Scandinavian subtitling orientation norm은 향후 영향력이 더욱 커질 것이다.

> 스웨덴어와 덴마크어로 자막 처리된 텍스트는 지침 규범[69]과 상충되지 않는 한 일반적으로 원천 지향적인 해결책을 사용한다.

지침 규범과 상충하지 않도록 방향 규범의 수용을 제한하는 이유는 단일문화 ECR에 대한 조사결과 때문이다. 이미 언급한 바와 같이, 단일문화 ECR에 대해 방향성이 거의 50대 50으로 나뉘기 때문에 미시적 수준에서 방향 규범은 지침 규범보다 더 약하게 작용한다. 하지만 방향 규범은 단일문화 ECR이 소수일 경우에 모든 종류의 ECR에 기초하며 또한 ECR 렌더링은 TT 일반에 미치는 영향에 기초하므로, 따라서 방향 규범은 거시적 수준에서 더 강하게 작용한다. 선행 연구로부터 확장해 가는 DTS의 전통에 따라, 영어 차용어 Anglicisms 중재자로서의 자막에 대해 연구한 Gottlieb(2001: 115-159)의 연구 결과도 고려할 수 있다. Gottlieb는 영어 원천 언어의 통사적 구조와 어휘적 항목이 복사되거나 그렇지 않은 경우 TT에 통합되는 경우가 많다는 것을 보여줬다. 따라서 본 연구 결과에 기초하여, 영어 영상 자료의 자막 방향성에 대한 스칸디나비아 국가의 자막제작 방향 규범을 더 영향력 있고 일반화된 **자막제작 방향 규범**subtitling orientation norms으로 재구성할 수 있다.

영어로 된 영화와 TV 프로그램의 자막은 일반적으로 원천 지향적이다.

이 규범은 이미 확립된 번역 법칙, 즉 Toury가 "번역할 때, ST의 언어적 특징이 TT에 그대로 옮겨지는 경향이 있다"라고 한 간섭의 법칙law of interference(1995:275)에 영향을 받았다고 볼 수 있다. Gottlieb가 발견한 바와 같이, 영어 어휘 및 통사적 구조가 자막에서 재현되는 것을 자주 볼 수 있는데, 이것은 간섭이 일어났다는 명백한 증거다(2001: 115-159). 그러나

---

69 지침 규범은 TT 시청자가 ECR을 이해할 수 있도록 중재 전략을 사용할지 여부를 규제한다. 지침 규범은 6.6.5에서 다룬다.

이러한 간섭이 저항적 TT로 이어진다고 가정해서는 안 된다. 왜냐하면 자막은 막힘없이 읽을 수 있어야 하며 언어적 메시지는 다른 기호학적 채널에 도움을 받기 때문이다. 또는 Delabastita가 분명하게 말했듯이, 규범의 표준화는 "우리가 알고 있는 일반적인 자막제작 규범에 부합하는데, 자막은 짧고 튀지 않아야 하고 따라서 쉽게 읽을 수 있어야 하며 가능한 모든 구문에서 무난해야 한다"(2010: 214).

자막제작 방향 규범은 자막제작 매체의 영향으로도 볼 수도 있다. ST가 같이 제시되기 때문에 자막 처리된 텍스트는 진정한 이국적인 텍스트가 될 수 없다. 더욱이 원문의 피드백 효과 때문에 보존과 같은 원천 지향성 해결책이 우세하게 된다. 이런 이유로 다소 단조로운 보존 규범Retention norm을 공식화할 수 있게 되는데, 이 보존 규범은 위에서 공식화한 방향 규범에 힘을 실어준다.

> 보존은 일반적으로 스웨덴 및 덴마크의 자막가가 모든 종류의 ECR을 처리할 때 사용하며, 도량형 규범weights and measures norm 및 공식 등가어 규범official Equivalent norm과 충돌하는 경우에는 사용하지 않는다.[70]

보존이 다른 전략들보다 우세하고 방향 규범에 미치는 영향이 클 수밖에 없는 중요한 이유는 보존을 기본default ECR 전략으로 볼 수 있기 때문이다. ECR의 특성과 ECR이 언어 시스템에서 최소의 통합(3.2.3절의 고유명사에 대한 논의)이라는 특성 때문에, 보존은 도량형을 제외한 영역에서 모든 ECR에 실행 가능한 선택지이자 널리 쓰이는 대안이다. 보존을 사용하는 것이

---

[70] 이러한 규범은 특정 영역에서 **보존 규범에서 비롯된** 예외를 관리한다. 다음 절을 참조.

자막가에게 안전한 방책으로 여겨지는데, 보존을 사용해서 잘못되는 일이 없기 때문이다. 보존을 사용하는 것이 적절하지 않을 때가 있지만 결코 오류로 이어지지는 않는다.

방향성의 반대쪽 끝에는 문화 대체가 있는데, 이는 최대치의 자국화이다. 스웨덴과 덴마크에서 문화 대체 전략 사용을 제한한다는 내용은 6.5절에서 다루었다. 이 전략의 제한된 범위가 정당화됨에 따라 다음과 같이 문화 대체 규범Cultural Substitution norm을 공식화한다.

> 문화 대체는 일반적으로 스웨덴 및 덴마크 자막가가 기관명, 교육, 정부, 직함 및 식음료와 관련된 ECR을 처리할 때만 사용한다.

만일 문화 대체 규범이 깨어지면 신뢰성 격차가 발생하는데, 전술한 바와 같이 이는 스웨덴보다 덴마크에서 좀 더 용인된다. 하지만 문화 대체 규범이 깨어지면 덴마크 시청자들은 '시대에 뒤떨어진' 표현으로 간주하여 선호하지 않을 것인데, 이에 따라 원형적 규범prototypical norm화 된다(2.3절 참조). 덴마크에서는 이 규범의 영향력이 증가하는 듯하며 스웨덴에서는 항상 강력했다. 여기서 강조할 것은 다른 전략을 열거된 영역의 ECR 렌더링에 사용하지 않는다는 점이 아니라, 문화 대체는 타 영역의 ECR 렌더링에 적용하지 않는다는 점이다. 다시 말하자면—이름이 의미하는 대로—문화 대체 규범은 영역이 아니라 전략을 제한한다. 문화 대체는 전략 중에서 유일하게 특정 영역에만 국한된 전략이다.

본 절에서 공식화한 규범의 보편적 수용성이 매우 중요한데, 오늘날 자막제작에서 중요한 경향을 강조하기 위해 사용할 수 있기 때문이다. 보존을 더 많이 사용하고 원천 지향성을 더 추구하는 경향이 강하고, 그래서 자국화 전략인 문화 대체와 같이 목표 지향적인 전략에서 벗어나려는 움직임이 있다. 덴마크 규범이 발전하는 것은 목표 지향적 전략에서 벗어나려는 조짐이라고 할 수 있다. 오늘날은 자국화 해결책을 20년 전 만큼 수용하지 못하는데, 이는 시청자들이 영어권 문화에 대한 지식이 훨씬 많아졌기 때문이다.

기술 규범의 경우와 마찬가지로 전통적 더빙 국가와 자막 국가에서 생산되는 자막 간에 차이가 있는 것으로 보인다.[71] 더빙은 그 자체로 자막보다 목표 지향적이며, 따라서 더빙이 자막보다 목표 지향성 해결책을 더 많이 사용할 가능성이 있다. 이는 더빙 매체가 목표 지향성 해결책을 허용하기 때문인데, 다시 말해 원문이 제시되지 않기 때문이다. 이 또한 프랑스어 더빙이 프랑스어 자막보다 더 자국화 되었다는 사실을 발견한 Pettit(2009)와 스페인어 더빙이 스페인어 자막보다 좀 더 목표 지향적이라는 사실을 발견한 Hurtado de Mendoza Azaola(2009) 등에 의해 사실로 밝혀졌다. 같은 맥락에서 Bucaria(2010)는 이탈리아 더빙이 이탈리아어 자막보다 좀 더 조작이 가해졌다는 것을 발견했다. 그런 점에서 더빙 국가에서는 일부 더빙 규범이 자막 규범에 영향을 미칠 수 있어서 그 국가의 자막이 스칸디나비아 국가의 자막보다 좀 더 목표 지향적일 수도 있다. 하지만 그러한 결론을 내리는 건 다소 위험할 수 있다. 왜냐하면 전통적 더빙 국가에서는 주로 DVD나 주문형 비디오에 자막을 삽입하는데, 이는 매체 변화가 일어나므로 그 영향을 가늠하기 쉽지 않다.

더빙 국가는 자막 국가와 또 다른 중요한 차이점이 있다는 사실을 놓쳐서는 안 된다. 더빙을 사용하는 국가가 더 큰데 이는 단순히 양적인 문제이

---

[71] 본고에서 사용되는 '더빙 국가'와 '자막 국가'는, 비록 다른 형태의 AVT가 존재하고 매체와 장르 등에 관한 상황이 상당히 복잡하더라도, **텔레비전에서 방영되는 대부분** 장르에 대한 전통적 **주요** AVT 모드를 설명하기 위한 약칭으로 사용된다는 것을 유념해야 한다.

다. 전통적 더빙 국가에서 비영어권 자막 국가보다 지역 언어가 들어간 영화를 더 많이 제작한다. 왜냐하면 영어권 국가의 엔터테인먼트 산업이 세계 시장을 장악하고 있기 때문에, 전통적 자막 국가의 시청자는 전통적 더빙 국가 시청자들보다 영어권 국가에서 만든 영화, 특히 영어 대사가 포함된 영화에 더 많이 노출되었다는 것을 의미한다.

따라서 더빙의 특성과 영어권 문화에 노출이 적을수록 목표 지향적인 전략을 선호할 것이며, 이를 뒷받침해주는 사례들을 찾아볼 수 있다. 예를 들어, Ericsson(2009)은 프랑스어 자막이 스웨덴어 자막보다 좀 더 자국화 되었다는 것을 발견하였다.

또한 더빙 국가에서도 규범 변화가 있다는 증거가 있다. Hurtado de Mendoza Azaola는 다음과 같이 이 영향에 대한 증거를 제시했다. "스페인 사회가 미국의 일부 문화 지시체에 빠르게 익숙해지고 있다. 이것이 미국 영화에 나오는 문화적 암시어가 더 이상 스페인어에 맞게 각색되지 않는 이유이다"(2009: 82). 이러한 발전 양상과 전통적인 더빙 국가에서 자막 처리된 영화를 더 많이 볼 수 있는 경향을 비교하는 것은 흥미롭다(미디어 컨설팅그룹 2007: 66 참조).

한 국가의 문화에서 자막이 어느 정도까지 원천 지향성을 추구하는지 여부는 목표 문화 구성원들이 원천 문화를 얼마만큼 접해 보았느냐에 달려 있다. Gottlieb(2001: 115-159)가 지적한 바와 같이, 영어로 된 자막은 매우 목표 지향적이며, 이것은 일반적으로 영어권 사회는 타국 문화에 크게 영향을 받지 않는다는 방증이기도 하다. 이는 크게 놀라운 일이 아닌데, 일반적으로 영어권 문화가 영향권을 행사하기 때문이다.

요약하자면 영어로 된 영상 자료의 자막에서 원천 지향적인 경향이 일반적임을 알 수 있었다. 기술 규범 변화와는 달리, 이러한 변화를 주도하는 것은 영어권 문화를 더 많이 접하는 자막 국가인 듯하다. 더빙 국가에서 만든 자막도 원천 지향적인 방향으로 나아가고 있는 것처럼 보이지만, 더빙국가는 그들이 가지고 있는 더빙에 대한 전통과－적어도 역사적으로－영어권 문화에 영향을 적게 받음으로써 자막 국가의 뒤를 느리게 따라 가고 있다. 영어권 문화의 영향력이 점점 커지고, 차세대 자막가가 기성－주로 원천 지향적인－해결책을 제공하는 마스터 템플릿 파일을 사용하는 관행 때문에, 자막 국가와 더빙 국가 모두 지속적으로 원천 지향성을 추구할 것으로 보인다. 한편 본 절에서 비 스칸디나비아 국가의 자막 변화를 설명하기 위해 사용한 2차 자료의 대다수가 소규모로 진행된 연구－때로는 사례연구－임을 지적하고 싶다. 하지만 스칸디나비아 국가의 발전 양상은 검증이 잘 되었고, 2차적 자료의 증거가 잘못된 방향을 가리키고 있을 가능성이 그리 높아 보이지는 않는다.

6.6.5 지침 규범: 시청자를 도울지 여부

지침 규범guidance norm은 TT 시청자를 안내하고 ECR을 이해할 수 있도록 돕기 위해 자막가가 중재 전략을 언제 어떻게 사용하는지에 대해 다룬다. 따라서 지침 규범은 Chesterman이 "번역사는 상황에 따라 필요하다면 참여자 간의 의사소통을 극대화할 수 있어야 한다"(1997: 69)라고 말한 "소통 규범communication norm과 같은 측면으로 볼 수 있다. 여기에서는 시청자가 특정 ECR을 이해할 수 있는 방법을 자막가에게 보여주므로, 문화횡단성과 외적 텍스트성의 매개변수가 무엇보다 중요하다. 6.3절의 결과는 자막가가 공식화된 용어는 모른다 할지라도 이 두 매개변수를 매우 잘 인지하고 있음을 보여준다. 연구 결과는 자막가가 텍스트 내부 ECR, 기층문화 ECR, 문화횡단 ECR을 단일문화 ECR과 완전히 다르게 취급한다는 사실을 밝혔다. 단일문화 ECR 만이 중재 전략을 자주 사용하며, 이는 아래에서 논의할 예정이다.

중심성Centrality의 매개변수 또한 상당히 중요한데 이는 시청자가 ECR을 이해하는 것이 얼마나 중요한지 또 어떻게 ECR을 이해할 수 있는지를 자막가가 깨닫게 해주는 것이기 때문이다. 자막가가 이 매개변수를 알고 있다고 해서 텍스트 내부나 텍스트 외부 ECR의 상태에 대해 객관적으로 판단 할 수 있다는 뜻이 아니며 또한 텍스트 외부 ECR의 문화횡단성 정도를 현명하게 결정할 수 있다는 의미도 아니다. 자막가가 단일문화 ECR로 취급한 것이 객관적으로는 문화횡단 ECR일 수 있고 또 그 반대의 경우도 자막가의 전략 선택 사례에 드러난다(예시 (6.5)의 *Manifest Destiny*). 여기서 자막가가 ECR 의 상태를 정확하게 알기 위한 연구를 충분히 하지 않는 것에 대해 불평하려는 것이 아니다. 자막가에게는 필자처럼 자막을 분석하여 판단을 내릴만한 시간이 없다. 중요한 것은 자막가는 실제로 그러한 결정을 내리며 자막가의 다수의 결정이 현재 조사의 범주와 일치한다는 것으로, 이는 자막가가 중심성의 매개변수를 인식하고 있다는 것을 말해준다. 그리고 5.1절에서 설명한 바와 같이, 문화횡단성은 연속체의 형태로 작용하기 때문에, 애매한 경우에 대해 결정을 할 때는 자의적이거나 주관적인 요소가 들어가기 마련이다. 그러므로 필자가 제시한 ECR의 범주가 자막가가 판단한 범주와 항상 일치하는 것은 아니라는 사실은 완벽히 이해 가능할 것이다.

외적 텍스트성과 문화횡단성만이 현재 조사(6.3절)에서 적절히 정량화된 매개변수이다. 이는 모든 매개변수가 상호 작용하고 다양한 방식으로 서로 얽혀 있어, 전반적으로 파악하기 위해 매개변수를 분리하는 작업이 매우 힘들기 때문이다. 이러한 문제를 남겨두는 것이 부주의해 보일 수도 있지만, 매개변수를 조사에 포함시키는 것만으로도 이전의 연구에 비해 개선되었다고 할 수 있다. 예를 들어, 4.1절에서 다룬 분류체계를 고안한 대다수의 연구는 매개변수에 대해서는 전혀 논의하지 않았다. 대신 본 연구의 예에서 볼 수 있듯이, 다른 매개변수가 개별 해결책을 설명하는 데 사용되어 왔다.

텍스트 외부 ECR과 텍스트 내부 ECR 사이의 분할에 대해서는 6.3.1절을 보면, 텍스트 내부 ECR이 상당히 정기적으로-모든 경우의 약 1/4 정도-직접 번역을 사용하여 처리된다는 사실을 알 수 있다. 이 수치를 단일문화 및 문화횡단 ECR에 대한 비율인 3-7%와 비교해야 한다. 텍스트 내부 ECR에서 주로 공간 절약 전략으로 사용한 일반화를 제외하고는 중재 전략을 사용한 경우가 거의 없었다. 텍스트 외부 ECR과 텍스트 내부 ECR의 취급에 차이가 있다는 것은 스칸디나비아 자막가에게 이 매개변수가 매우 역동적으로 작용한다는 것을 보여준다. 즉 자막가가 텍스트와 외부 세계 사이의 연결고리에 접근할 수 있어야 하는 텍스트 외부 ECR보다는 번역의 잠재적 대상인 텍스트 내부 ECR을 자유롭게 다룰 수 있다고 느낀다는 것을 직접 번역을 사용한 빈도에서 알 수 있다.

직접 번역을 사용하여 번역한 텍스트 내부 ECR을 살펴보면, 보통 명사로 구성되어 있고 복합적 의미를 지니는 것을 알 수 있다. 이런 방식으로 자막은 시청자들이 중재 전략에 의존하지 않고 ECR을 이해할 수 있도록 돕는다. TL에서 텍스트 내부 ECR 렌더링을 통해, 자막가는 시청자가 자신의 언어적 지식을 통해 이해할 수 있게 하며 ECR의 '변화', 즉 언어적 기호의 범위나 지시어의 변경에 개입하지 않는다. 반면에 보존을 통한 ECR 렌더링은 많은 경우 의미가 모호하며 인명과 지명을 나타내는 고유명사로 구성된다. 그러나 많은 ECR이 복합적 의미를 가지고 있고 여전히 보존을 사용해 처리되기 때문에, 이것은 규범이라기보다는 다음과 같이 외적 텍스트성 관습 Extratextuality convention이라고 부르는 것이 더 적절할 것이다.

> 만일 ECR이 텍스트 내적이고 알기 쉬운 복합적 의미를 가진 경우, 통상적으로 스웨덴 및 덴마크 자막가는 직접 번역을 사용하여 ECR을 처리한다. 만일 그러한 ECR의 의미가 모호하다면 일반적으로 스웨덴 및 덴마크 자막가는 보존을 사용하여 ECR을 처리한다.

이렇게 본다면 외적 텍스트성 관습이 약해지는 것처럼 느껴진다. 앞서 언급된 바와 같이, 사람들의 영어 지식이 늘어남에 따라 보존은 복합적 의미를 지닌 ECR에 더 많이 사용될 것이다. 특히 상기한 관습의 후반부는 더 규범에 가깝고 따라서 매우 안정적일 것이다. 이러한 경향을 코퍼스에서 찾을 수 있다. 〈칵테일〉에서 브라이언 플래니건Brian Flanagan과 더그 코글린Doug Coughlin은 자신들의 술집을 여는 것에 대해 이야기하는데, 술집 이름을 다음과 같이 짓는다.

(6.20) Cocktails and dreams

스웨덴어 자막:

Cocktails . . . and dreams.

덴마크어 자막:

Cocktails . . . and dreams

스웨덴어 자막(A.D. 약 1989)

Cocktail och drömmar . . .   (〈칵테일〉 23.37)

(6.20)은 1980년대에 직접 번역을 사용한 해결책이 2000년에는 어떻게 보존 해결책－두 자막가 모두 보존 해결책을 사용－으로 바뀌었는지 보여준다. (6.20)에 나타난 구두점 차이는 코글린이 말할 때 사용한 운율 때문에 생겼으며, 술집 이름 자체에는 영향을 미치지 않았다. 물론 하나의 예시가 모든 경우를 대변하지는 못하지만, 이 예시는 일반적인 번역 경향을 설명하는 훌륭한 예라고 할 수 있다. 코퍼스에는 이런 사례가 극히 일부에 불과하지만, 이는 오래된 자료가 코퍼스에 많이 없기 때문이다. 1980년대와 1990년대 초반의 다른 자료들을 보면, 그 당시 직접 번역을 더 자주 사용했음을 알 수 있다. 이러한 경향은 다른 국가에서도 찾아볼 수 있다. 예를 들면 Hurtado de Mendoza Azaola(2009: 82)는 요즘 스페인에서 보존이 중재적 해결책을 희생하면서까지 입지를 굳히고 있다고 주장한다. 따라서 앞으로 텍스트 내부 ECR 렌더링에도 보존을 더 많이 사용하는 것을 보게 될 것이다.

본 절의 도입부에서 언급했듯이, 자막가가 문화횡단성을 공식화하지는 못하고 단일문화적인 요소에 대한 객관적 기준을 갖지 못할지라도, 자막가는 문화횡단성을 인식하고 있다. 인식하고 있다는 증거는 단일문화 ECR 렌더링 시 중재 전략을 많이 사용하는 것에서 찾을 수 있다. 그러나 문화횡단성은 다른 영향력 있는 매개변수와 따로 떼어서 볼 수 없다. 이는 보존을 사용하여 단일문화 ECR을 다룬 수많은 사례를－37.8~40.4% 정도를 차지함－통해서 확실히 알 수 있다. 6.3.2.1절에서 설명한 바와 같이, 이러한 번역의 대다수는 문화횡단성의 매개변수와 코텍스트 및 다중기호학의 매개변수를 조합한 결과이다. 다시 말하자면 단일문화 ECR을 지시적으로 이해할 수 있어서 중재 전략이 필요하지 않을 수 있다. 단일문화 ECR의 10% 가량이 생략되었고, 이는 중심성의 매개변수도 고려의 대상이 된다는 것을 의미한다. 즉 몇 가지 ECR은 너무 주변적이어서 자막 공간을 할애할 가치조차 없다. 마지막으로 자막제작 상황Subtitling Situation에서 발생하는 많은 요인들을 각 사례별로 고려해야 하며 특히 TT 관객에 관한 사항도 고려해야 하는데, 이는 ECR의 단일문화 취급 여부에 상당한 영향을 준다. 이러한 모든 결과와 매개변수를 고려하여, 다음과 같은 **단일문화 규범**Monocultural norm을 공식화할 수 있다.

> 만일 ECR이 단일 문화로 간주되어 즉 백과사전적 지식으로 이해할 수 없는 경우, 그리고 만일 이 ECR이 지시적으로 이해할 수 없으며, ECR이 어느 정도 중심적인 경우에, 스웨덴 및 덴마크 자막가는 일반적으로 중재 전략을 사용한다.

위에서 공식화한 규범의 첫 번째 조건절은 단일문화 ECR을 기층문화 및 문화횡단 ECR와 구분한다. 두 번째 조건절은 코텍스트와 다중기호학이 단일문화 ECR을 지시적으로 이해할 수 있도록 만드는 경우를 설명한다. 세 번째 절은 생략을 책임 있게 사용한 경우를 설명한다. 즉 위의 규범은 단일문화 ECR을 처리할 때 자막가의 행위를 90% 이상 설명한다. 따라서 이 규범은 강력하다. 물론, 이해가 불가능한 ECR을 보존을 사용하거나 무책임하게 생략을 사용하는 경우가 있지만, 이러한 일탈은 상대적으로 드물기 때문에 2.3절에서 설명한 바와 같이 이 규범에 의해 용인될 수 있다.

우리는 중재 전략이 기층문화 ECR 처리에 매우 드물게 사용된다는 것을 보아왔고, 이것은 코텍스트와 다중기호학 매개변수의 영향 때문이다. ST 생산자는 관객이 기층문화 ECR을 알고 있다고 기대할 수 없으므로 이는 지시적으로 이해될 것이다. 또한 기층문화 ECR은 생략이 흔하며 상대적으로 빈번히 주변적인데 이는 아마도 기층문화의 지위 때문일 것이다. 단일문화 규범에서 기층문화 ECR 처리에 대해 추정할 수 있으므로 기층문화 ECR에 대한 별도의 규범을 만들 필요는 없다. 대부분의 기층문화 ECR은 지시적으로 이해할 수 있어서 번역 문제를 초래하지 않으며, 따라서 최소 변경 해결책을 이용할 것이다. TT의 4분의 3 정도는 보존 및 직접 번역을 사용했으며 나머지의 절반은 생략을 사용한 것이므로, 단일문화 규범의 첫 번째 두 조건절은 기층문화 ECR 처리에 대해 설명해준다.

단일문화 규범은 영어와 영미 문화에 대한 지식이 높아짐에 따라 보존을 점점 더 많이 사용하는 추세에 큰 영향을 받고 있다 하겠다. 하지만 이는 단일문화 ECR 렌더링보다는 단일문화 ECR로 간주되는 ECR의 개수에 더 많은 영향을 끼칠 것이다. 따라서 단일문화 규범이 앞으로 안정되게 유지될 가능성이 있지만, 아마도 덜 자주 적용될 것이다. 이는 시청자들이 TT를 이해하는 데 영향을 미치지 않을 것이기 때문에 대체로 크게 문제되지 않는다. 그러나 문제가 될 만한 또 다른 잠재적 경향이 있다.

단일문화 규범은 다음과 같이 덜 형식적으로 바꿔 말할 수 있다. 만일 시청자가 이해할 수 없는 중요한 ECR이 있다면, 자막가는 시청자가 이를 이해할 수 있도록 도울 것이다. 이때 당연한 문제는 시청자의 ECR 이해 여부를 자막가가 어떻게 알 수 있는가하는 것이다. 최근 발간된 책(Petersen 2010a)에서, 필자는 자막가가 "문화횡단성 평가Transculturality appraisal"라고 칭하는 것을 어떻게 수행하느냐에 대해 상세히 다루었는데, 이 평가를 통해 기본적으로 시청자가 특정한 ECR에 대해 무엇을 알고 있는지를 밝힌다. 이 평가의 문제점은 시간과 노력이 많이 든다는 것이다. 불행하게도 오늘날의 자막 업계에서는 급여와 가용시간이 줄고 업무량이 증가함에 따라, 자막가는 시간을 들여 ECR의 문화횡단성 정도를 평가하지 않거나 평가는 하더라도 그 후 적절한 해결책을 찾지 않기로 결정할 위험이 있다. 이로 인해 생략을 무책임하게 사용하는 경우나 보존을 부적절하게 사용하는 경우가 늘어날 수 있다. 다시 말해 단일 문화 규범이 힘을 잃을 위험이 있으며, 따라서 자막가는 시청자에게 필요한 만큼의 도움을 주지 못하게 된다. 이것은 자막 품질을 떨어뜨리는 위험요소가 될 수 있다.

문화횡단 ECR은 최소 변화 해결책을 사용하는 경우가 압도적으로 많다. 문화횡단 ECR을 지시적으로 이해할 수 있을지라도 이것은 (i) 소위 말해 우연한 것으로, 텍스트에 포함하기 위한 전제조건으로서가 아니며(이것은 문화횡단 및 단일문화 ECR이 공통적으로 지닌 속성이다) (ii) 별로 중요하지 않은데, 왜냐하면 ST 시청자와 TT 시청자가 문화횡단 ECR을 백과사전적으로 이해할 수 있기 때문이다. 즉 이러한 ECR은 번역 문제를 일으키지 않는다. 문화횡단 ECR은 중재 전략을 사용하는 경우는 매우 드물며, 거의 생략되지도 않는다(전체 TT 렌더링의 약 6.5% 정도만 생략). 대신 최소 변경 해결책 사용 비율은 전체 사례의 약 90% 정도이다. 본 연구에 포함된 모든 사례의 5분의 1에서 공식 등가어를 사용하였다는 점이 TT 관점에서 문화횡단 ECR을 특이하게 만든다. 여기에 보존을 사용한 60% 이상이 공식 등가어를 사용했다는 점을 추가해야 한다. 따라서 Leppihalme가 "사전 형성된 TL 버전preformed TL version"(1994: 94)이라고 부르는 것을 사용할 수 있을 것이다. 만약 매체 특정 제약과 중앙성 매개변수가 허용되고 필요하다면 이 버전이 사용될 것이다. 대략 90% 이상의 데이터가 다음의 **문화횡단 규범**Transcultural norm을 지지하므로, 이는 강력히 인정받는 규범이다.

만일 ECR이 문화횡단적인 것으로 밝혀지면, ECR은 스웨덴 및 덴마크 자막가가 일반적으로 사용하고 공간을 허용하는 사전 형성된 TL 해결책을 갖는다.

문화횡단 규범의 범위가 넓어지고 있는데, 이는 영어화 경향이 점점 더 강해지고 있기 때문이다. 따라서 이 규범은 강력해질 것이다. 문화횡단 규범이 더 자주 적용될 뿐만 아니라 더 많은 ECR이 문화횡단 ECR이 됨에 따라 보존을 사용하는 경향이 늘어날 것이다. 이로 인해 공간 절약을 위해 일반화 전략을 사용할 때를 제외하고는, 코퍼스에서 볼 수 있었던 중재 전략을 사용한 소수의 사례가 점점 더 자리를 잃어가게 될 것이다.

6.6.6 하위 규범

본 절에서 공식화할 규범은 주로 단일문화 ECR에 기초할 것인데 이러한 ECR은 번역 문제를 일으키며 따라서 자막가의 전략적 행위를 요구하기 때문이다. 하위 규범Lower-level norms은 미시적 수준의 해결책에 적용되며, 이 하위 규범 자체로 미시적 수준의 모든 자막제작 행위를 설명하지는 않는데 이는 가능하지 않기 때문이다. 대신 가장 빈번히 발생하는 규범 기반 행위를 설명한다.

추출된 ECR의 분포를 영역별로 정량화하려는 시도는 없을 것이다. 이는 영역 간에 중복이 너무 크기 때문에 실질적으로 실현 가능하지 않다. 한 영역의 ECR이 다른 영역의 ECR과 중첩될 수 있다는 것은 이미 예시 (4.15)의 *NYU*에서 살펴보았다. 이는 매우 일반적인 양상으로 이 과정을 단순화하는 한 가지 방법은 중첩된 ECR을 무시하고 최상위 ECR만 고려하는 것이다. 그러나 이것은 다기능적인 ECR의 문제를 해결하지 못하는 심각한 결점을 갖는다. 또 다른 결점은 이러한 과정이 너무 단순해서 실효성이 없다는 것이다. 예를 들어 (4.15)의 *NYU*에 대한 신뢰성 격차는 중첩된 ECR을 고려하지 않고 설명될 수(혹은 야기될 수) 없었다. 다기능적 ECR과 중첩된 ECR의 결과로 인해 영역 간에 복잡하게 중첩되었기 때문에 정확한 정량화는 가능하지 않으며 영역과 번역 전략 간의 상호 작용의 이해를 돕지 못한다. 대신에 영역과 전략 간의 일반적인 상호 작용 패턴을 보여주는 대략적인 정량화가 본고에서 공식화한 규범의 기초가 될 것이다.

영역별 규범 중 하나는 6.3.1절에서 이미 공식화되었다. 이른 공식화 이유는 이 규범의 무시할 수 없는 영향력 때문이다. 다시 말해 이는 규칙이다. 일관성을 위해 **도량형 규칙**weights and measures rule을 다시 언급하기로 한다.

> 도량형 렌더링에 스웨덴 및 덴마크 자막가는 (일반적으로 미터법) 공식 등가어를 사용한다.

비록 도량형 규칙에서처럼 자주 사용하지는 않지만 공식 등가어를 매우 일반적으로 사용하는 또 다른 영역이 있다. 이들 중 하나가 바로 엔터테인먼트 영역이다. 엔터테인먼트 산업은 세계적이며 일반적으로 공식 결정을 통해 공식 등가어를 만들어낸다. 흔하지는 않지만 문학도 마찬가지다. 문학을 대개 엔터테인먼트의 하위 영역으로 볼 수 있는데 이러한 관행에서 유사성을 설명할 수 있을 것이다. 하지만 많은 경우에 공식 등가어가 보존에 기반하며, 공식 등가어가 없는 경우에는 보존을 대신 사용한다. 공식 등가어 또는 보존을 사용하여 문학 및 엔터테인먼트 영역의 ECR 처리하는 대다수의 경우를 통해 다음의 **엔터테인먼트 규범**entertainment norm을 공식화할 수 있다.

엔터테인먼트 및 문학 관련 ECR 렌더링에 스웨덴 및 덴마크 자막가는 일반적으로 공식 등가어나 보존을 사용한다.

공식 등가어와 보존 사이의 선택 여부는 공식 등가어가 존재 여부에 달려있다. 공식 등가어가 없는 경우 보존을 사용하는 경향이 있다. 만약 보존에 기반하지 않은 공식 등가어가 있으나 자막가가 그래도 보존 전략을 사용한다면, (4.17)의 *E.R*에서 설명한 것처럼 엔터테인먼트 규범은 공식 등가어 규범(아래 참조)과 충돌한다. 공식 등가어 규범이 엔터테인먼트 규범보다 우선하기 때문에 이러한 결과는 많은 경우에 부적절하게 여겨진다. 국가 간의 차이가 존재하는 것으로 보이는데 예컨대 책 제목을 직접 번역을 사용하는 나라들도 많다. 그러므로 스칸디나비아 국가에서만 엔터테인먼트 규범이 적용된다고 말하는 것이 가장 안전할 것이다. 하지만 요즘은 영화나 TV 제목을 번역하지 않는 것이 일반적인 추세다. 예를 들면 TV 시리즈 〈위기의 주부들〉은 독일에서 방영되었을 때 정확히 〈Desperate Housewives〉라고 불렸으며, 이러한 경향을 통해 다음의 두 가지 사항을 알 수 있다. 첫째로 엔터테인먼트 규범은 세계적으로도 영향력을 강하게 행사할 수 있으며 둘째로 독일 시청자의 영어 지식은 특정 TV 시리즈의 제목을 이해할 수 있을 정도로 높지만 동시에 내용을 모국어로 더빙되어야 할 정도로 낮다.

코퍼스에서 추출한 ECR은 대부분 고유명사이며, 고유명사 렌더링에 주로 보존이 쓰이는 것은 그리 놀라운 일이 아니다. 하지만 대안도 존재한다. 사용 가능한 다른 전략을 통해 고유명사 ECR을 처리할 수 있으며, 다양한 전략 및 하위전략을 사용하여 고유명사 ECR을 다룬 사례를 볼 수 있다. 그러나 고유명사 ECR 렌더링에 가장 일반적인 전략은 보존이며, 보존전략이 사용된 고유명사의 수가 압도적으로 많기 때문에 다음과 같이 고유명사 관습 proper name convention을 공식화한다.

고유명사 렌더링에 스웨덴 및 덴마크 자막가는 관습적으로 보존을 사용한다.

유의할 점으로, 상기한 것은 규범이 아닌 관습으로 이 외에도 부정적인 반응을 일으키지 않고 이름을 다루는 또 다른 방법이 있다는 것이다. 어떤 하위 영역은 다른 매개변수의 영향으로 인해 고유명사 관습에 속하지 않는다. 가장 두드러진 것은 아마 텍스트 내부 ECR의 기관명 취급으로, 이는 종종 직접 번역 전략을 사용한다. 앞서 논의한 바와 같이, 이 관습은 규범으로 전환되는 시점까지 계속 유효할 것이다.

화폐단위의 영역에서는 보존을 선호하는 강력한 규범이 있다. 이 규범에는 두 가지 예외−(6.9)의 *Franklin, Grant and Jackson*와 (6.17)의 tenner −만 있었으며, 이 예외는 화폐단위를 지칭하는 은어 표현−ECR라기보다는 언어내적 문화지시체(ICR)−이다. 따라서 다음의 **화폐단위 규범**currency norm 은 강력하여 규칙에 가깝다.

화폐단위 관련 ECR 렌더링에 스웨덴 및 덴마크 자막가는 일반적으로 보존을 사용한다.

스웨덴 TT에서도 1990년대 초까지 문화 대체 해결책이 사용된 사례가 있었지만, 화폐단위 규범은 현재의 규범이다.[72] 심지어 과거에도 화폐단위 ECR 렌더링에 순수하게 문화 대체 해결책만 사용한 경우는 문화 대체 + 일반화 해결책을 사용한 경우만큼 흔하지 않아서, 예시 (6.17)에서 *tenner*를 'en hund'로 표현한 자막이 양산되었으나 어쨌든 이 해결책은 화폐단위의 근사 등가어approximate equivalent이다. 오늘날 스칸디나비아 국가 대부분의 지침에서는 이러한 종류의 해결책을 금지하고 있으며, 화폐단위의 ECR렌더링에 보존을 사용할 것을 요구한다. 달러의 위력과 함께 달러와 파운드 및 유로 간의 환율이 달러와 이탈리아 리라 간의 환율보다 더 비슷하다는 사실을 고려하면, 이 규범의 적용사례는 증가할 것이다.

엔터테인먼트 규범과 보존 규범에 대한 논의할 때, 이 두 규범이 공식 등가어 규범과 충돌할 수 있고, 그럴 경우 공식 등가어가 우선한다고 언급하였다. 이를 다음과 같이 간단히 공식화할 수 있다.

> 만일 ECR이 공식 등가어를 갖는 경우, 스웨덴 및 덴마크 자막가는 일반적으로 공식 등가어를 사용한다.

공식 등가어 규범의 경우 그것이 깨지면 그 결과가 적절하지 않다는 점에서 전형적인 규범이라고 할 수 있다. 이는 다른 전략에 기반한 공식 등가어가 있었음에도 불구하고 보존이 사용된 예시 (4.17)의 *ER*에서 알 수 있다.

공식 등가어 규범은 강하고 오랫동안 인정받아 온 규범이다. "개별 번역사의 주된 임무는 자신의 번역이 아닌 인정받은 번역을 찾는 것이다"(1988: 75)라는 Newmark의 주장과 같이 이는 지침과 권위 있는 규범적 문서에서

---

72 일례로 1980년대에 본 평범한 코미디를 언급할 수 있었는데, 여기서 "달러를 걸겠다"는 말은 "Jag slår vad om åta kronor"(즉, "8 SEK을 걸겠다")는 말로 표현되었다. 이것은 당시 스웨덴 화폐단위와 미국 달러의 환율이 비슷했기 때문에 기술적으로 정확했다. 그러나 드러난 신뢰성 격차가 너무 커서(적어도 스웨덴 상황에서는) 필자에게는 번역 해결책이 영화 제목보다 더 기억에 남아있다.

자주 인용된다. 그러나 이 규범이 다소 약화될 가능성이 있다. 자막가의 마감일이 점점 짧아짐에 따라, (4.17)의 ER에서 볼 수 있듯이, 공식 등가어가 있는지 여부를 알아볼 시간이 모자란다. 또한 영화 제목과 같은 일부 공식 등가어는 보존에 기반하는 경향이 있기 때문에, 보존과 공식 등가어의 경계가 더욱 모호해질 수 있다. 이러한 경향은 올바른 공식 등가어를 찾기보다 보존을 더 많이 사용하는 데 대한 변명이 될 수 있을 것이다.

영역 및 전략에 기초한 규범을 넘어서, 이제 매개변수에 영향을 미치는 규범을 살펴볼 것이다. 지침 규범에 포함되어 있는 일부 매개변수, 즉 다중 기호학, 외적 텍스트성, 문화횡단성 및 코텍스트의 매개변수에 대해서 이미 살펴본 바 있다.

고려해야 할 나머지 매개변수는 중심성, 매체 특정 제약 및 자막제작 상황이다. 하지만 자막제작 상황은 수용 가능한 규범을 공식화하기 위해 사용하기에 너무 다면적이다. 또한 Schröter(2005: 362-363)가 지적한 바와 같이, 자막제작 상황과 관련해서 규범을 공식화할 만큼 정확한 판단을 내리기란 매우 힘들다. 데이터에서 자막제작 상황에 기초한 규칙적인 모습이 일부 관찰되었다. 그중 하나는 ECR을 이해하기 어려운 원인이 문화횡단성 때문인지 혹은 어역 때문인지를 자막가가 판단하기 힘들다는 것이다. 이는 자막가가 ST의 특정 집단 내에서 사용하는 용어-의도적으로 쓴 이해하기 힘든 용어-를 처리함으로써 TT 시청자를 위해 '음식을 씹어주는' 개입을 하는 경우에 볼 수 있으며, Gottlieb(2001: 111)가 설명했듯이, 번역으로 인하여 발생하는 장르에 대한 통합 효과centripetal effect를 가져온다. 자막제작 상황이 초래하는 다른 성향도 있으나, 그것들은 '관습의 문턱convention threshold'을 넘지 못하고 너무 모호하거나 희박해서 자막제작 상황에 근거한 어떠한 규범(혹은 관습)을 공식화하지는 못한다.

남은 건 매체 특정 제약과 중심성인데, 이 둘은 종종 복잡한 방식으로 결합되어 자막가의 의사결정 과정에 영향을 미친다. 이렇게 나타나는 규칙성은 규범을 공식화하는 것을 정당화 해준다. 다시 말하자면 이 두 매개변수가 복합적인 연속체에서 작동하기 때문에, 이러한 규범은 실제로 정량화될 수 없고, 따라서 다음의 규범은 일반적 평가에 기초한다. 만일 연속체를 두 개의 점으로 단순화하면, 이 두 매개변수는 네 가지 방법으로 결합될 수 있다. 즉 매체 특정 제약은 약하거나 강할 수 있고, ECR은 중심적일 수도 혹은 주변적일 수 있다. 데이터에 따르면 ECR이 주변적이고 제약조건이 약한 경우 모든 전략 사용이 가능하다. 여기서 특정 양상은 발견되지 않았다. 이 두 매개변수가 결합할 수 있는 세 가지의 방법 모두에서 규범 또는 관습의 공식화를 보장할 수 있는 패턴이 발견되었다. 중심성은 미시적 수준에서 이 두 매개변수의 기본 요소이기 때문에, 이로 인하여 **중심성 규범**Centrality norm이 다음과 같이 공식화할 수 있다.

> 만일 ECR이 주변적이고 매체 특정 제약이 강한 경우, 스웨덴 및 덴마크 자막가는 일반적으로 생략을 사용하거나, 일반화를 사용하여 이를 단축한다.

이것은 매우 강력한 규범으로서, 모든 종류의 ECR 렌더링 시 생략을 사용한다는 사실뿐만 아니라 기층문화 ECR−종종 주변적인 것−에 생략을 사용하는 빈도가 상대적으로 높다는 것을 설명한다. 이는 복잡하지 않은 ECR 에 사용된 일반화 전략의 높은 빈도수를 설명하는데, 이 설명이 없다면 중재 전략은 거의 사용되지 않는 것으로 예상될 것이다(6.3.1절 참조).

우리는 이 규범을 설명하기 위해 좀 더 광범위하게 비교해 볼 수 있는 좋은 위치에 있다. 〈포레스트 검프〉에서 포레스트가 불구가 된 댄 중위를 찾아가 새우 잡이 배의 선장이 되겠다고 말한다. 시끄러운 술집에서 대화가 이루어지며, 포레스트가 자신의 계획을 실현시킬 수 없을 것이라고 생각하는 댄 중위는 다음과 같이 맹세한다.

(6.21) I tell you what, Gilligan: the day that you are

a shrimp boat captain, I will come and be your first mate.

스웨덴어 자막:

Den dan du blir skeppare

ska jag komma och bli din styrman!

역번역:

The day you become skipper

I will come and be your first mate!

덴마크어 자막:

Jeg lover dig, at den dag,

du bliver kaptajn på en rejebåd—

새로운 자막:

kommer jeg

og bliver din styrmand.

역번역:

I promise you, that the day

you become captain of a shrimp boat—

—I will come and be your first mate　　　　　　(1:16:41)

(6.21)에 나오는 대화의 속도는 빨랐고 ECR *Gilligan*-이미 본 바와 같이 단일문화 ECR-은 미시적 수준에서도 주변적이었다. 이 단어는 단순히 댄 중위가 포레스트를 조롱하기 위해서 사용되었다. 역번역에서도 알 수 있듯이, 두 자막가 모두가 그것을 생략하였다. 그러나 Hurtado de Mendoza Azaola (2009: 78)는 문화횡단 ECR 렌더링에 문화 대체어를 사용한 이 영화를 조사하기 위해 미국에서 제작한 스페인어 DVD 자막을 사용했다.

Mira, Robinson Crusoe, cuando tú seas Capitán, yo sere tu Piloto.

Look, Robinson Crusoe, when you become captain I'll be your pilot.

보시오, 로빈슨 크루소, 네가 선장이 되면, 내가 네 배의 조타수가 될게.

DVD의 자막을 더 빠르게 읽어야 하기 때문에 이런 선택을 했을 가능성도 있다. 하지만 스페인어 문장은 스웨덴어 문장보다 길지 않고 덴마크어 문장보다는 짧기 때문에, 분명히 길이 때문에 한 결정은 아닐 것이다. 자막가는 중심성에 대해 다른 평가를 내렸을 것이고, 이 모욕적인 표현이 미시적인 차원에서 필요하다고 느꼈을 것이다.

중심성 규범이 책임 있게 사용되지 못하고 있다는 증거가 있다. 이것은 중심성이 우선시되는 규범의 조건절 순서에 반영되어 있다. ECR이 주변적이며 필요한 상황이고, 매체 특정 제약이 그리 강하지 않은 경우에도 생략을 무책임하게 사용하는 사례가 있다. 번역 문제를 피하기 위해 생략을 사용하면서 매체 특정 제약을 '비난'하기도 한다. 그러나 대화가 매우 느릴 때 생략을 사용하면 기대 규범에 어긋나고 시청자의 신경을 거슬릴 수 있기 때문에 제약에서 오는 압박감이 있다. 실은 이 반대가 되어야 하고, 따라서 중심성에 초점을 맞춰야 한다. ECR이 매우 중심적인 경우, 매체 특정 제약이 얼마나 강하게 작용하는지는 중요하지 않다. 생략을 사용하면 번역에 손실을 초래할 수밖에 없다. 이러한 상황에서 유일한 선택지는 일반화를 사용하는 것이다. 한편 일반화는 여러 가지 방법으로 여러 가지 목적을 위해 사용될 수 있다. 만일 제약이 강하게 작용하고 ECR은 중심적이고 단일문화인 경우, 일반화는 ECR을 단축할 뿐만 아니라 TT 청중이 ECR을 이해할 수 있도록 해준다. 이 상황은 중심성 규범이 기술하는 상황과 다르며, 이때 전략이 아닌 매개변수에 기초하더라도 이런 경우에는 일반화 규범Generalization norm이라고 부르는 것이 적절할 것이다. 일반화 규범은 ECR이 사소하고marginal 단일문화적일 때 사용하는 행위를 설명하며, 아래 규범에서 괄호 안에 있는 내용이 작용하는 경우이다.

> 만일 (단일문화) ECR이 중심적이고 매체 특정 제약이 강한 경우, 스웨덴 및 덴마크는 ECR을 단축하기 위해 (그리고 이해 가능하도록 만들기 위해) 일반적으로 일반화를 사용한다.

일반화 규범의 괄호 안에 있는 내용은 일반화를 사용하여 단일문화 ECR을 이해 가능하게 만드는 많은 경우를 설명한다. 이처럼 일반화 규범은 단일문화 규범의 특수한 측면이라고 말할 수 있고 중심성 매개변수에 조금 더 중점을 두며 이는 특정한 개입 전략으로 이어질 것이다.

중심성과 일반화 규범은 복합 규범Complex norm의 예시로서, 두 개의 매개변수가 결합되어 자막가가 한 두 개의 특정 전략을 사용하도록 유도한다. 이 두 가지 규범은 중심성과 매체 특정 제약에 의해 야기된 많은 행위를 설명한다. 즉, 매체 특정 제약이 강하고 ECR이 중심적이거나 주변적인 경우 어떤 일이 일어나는지 보여준다. 앞으로 지켜봐야 할 것은 매체 특정 제약이 약할 때 어떻게 되는가 하는 것이다. 이미 논의한 바와 같이, 매체 특정 제약이 매우 약한 경우에는 생략을 사용할 수 없다. 대신에 ECR이 주변적이고 매체 특정 제약이 약한 경우 다른 전략을 사용해야 할 것이다. 이 경우는 잘 사용하지 않은 전략인 상황 대체도 포함하는데, (6.11)의 *Piltdown pence*에서 본 바가 있다. 그러나 독자가 원하는 대로 할 수 있다고 말하는 규범을 만드는 것은 경솔해 보이므로, 중심성과 매체 특정 제약에 의해 야기될 수 있는 마지막 상황, 즉 ECR이 중심적이고 매체 특정 제약이 약한 경우로 넘어가자. 이것은 교육적으로 장황한 전략을 사용하는 곳이다. 필자는 이를 **약한 제약 조건 관습**weak constraints convention이라고 부른다.

> 단일문화 ECR이 중심적이고 매체 특정 제약이 약한 경우, 스웨덴 및 덴마크 자막가는 일반적으로 바꿔쓰기 또는 구체화를 사용하여 ECR을 이해 가능하게 만든다.

일반화 규범처럼 약한 제약 조건 관습은 단일문화 규범의 특수 측면으로 볼 수 있다. 약한 제약 조건 관습을 적용하는 상황은 상당히 드문데, 이는 바꿔쓰기와 구체화 전략을 사용하는 빈도가 낮다는 것을 말해준다. 이러한 상황에서 다른 전략도 사용하고 있다는 증거가 있기 때문에 관습이라고 표현했고, 따라서 예측력이 상당히 약하다. 예측력은 매개변수보다는 전략에 기초할 때 확실히 강해진다. 그러한 상황에서는 다음과 같이 공식화된 규범이 나올 것이다.

단일문화 ECR이 중심적이고 매체 특정 제약이 약할 때, 스웨덴 및 덴마크 자막 가만이 일반적으로 구체화와 바꿔쓰기를 사용한다.

위 규범을 전략에 기반한 규범들 사이에 억지로 포함시키기보다는 여기에 포함시키는 이유는 중심성과 매체 특정 제약 간의 상호 작용에 대한 논의를 완료하기 위해서인데, 그렇지 않았다면 다소 편향되게 보였을 것이다.

중심성과 매체 특정 제약에 기초한 규범은 매체와 번역 문제에 대해서 본질적으로 중요한 측면을 다룬다는 점에서 매우 기본적이기 때문에, 이러한 규범들은 아주 보편적일 가능성이 높다. 모든 자막가는 매체 특정 제약을 다루어야 하며, 위에서 설명한 방식으로 매체 특정 제약을 다루는 경향이 있다. 더욱이 중심성은 ECR이 나타나는 텍스트에서 ECR이 얼마나 중요한지를 다루기 때문에, 자막가는 ECR을 어떻게 다룰지 결정할 때 반드시 중심성을 고려해야 한다. 즉 마지막 네 가지 규범은 아마 스칸디나비아 국가의 자막가에게만 국한되지 않고 상당히 보편적으로―위의 사례 (6.21 *Gilligan*)에서 볼 수 있듯이 때로는 약하게―적용가능하다.

이제 자막제작 행위의 세부 사항을 다루는 지점에 이르렀고, 따라서 이제 우리가 고개를 들고 보편적 자막 규범에 대한 더 큰 그림을 볼 때가 되었다. 이에 대해서는 마지막 장에서 다룰 것이다.

Chapter 7

원형적인 자막제작

이제 이전 장을 요약하고, 그 결과와 논의를 바탕으로 어느 정도의 추정을 해 볼 필요가 있겠다. 다시 말해서 자막제작의 원형적인 규범prototypical norms에 관하여 보다 일반적인 견해를 제시하고자 한다. 원형적 자막제작 Prototypical subtitling의 기본값default value을 공식화하는 과제를 착수하기 전에, 본 연구의 결과와 논의를 아주 간략히 요약한다.

7.1 요약

본 연구의 가장 두드러진 발견은 스웨덴과 덴마크 자막제작 규범 간에 중요한 차이점이 없다는 점임은 의심할 여지가 없다. 이와 관련된 문헌에 따르면 두 국가 간 차이는 존재해 왔다. 그러나 본 연구에서는 유일한 작은 차이가－자막 밀도에서－발견되었을 뿐이므로,[73] 스칸디나비아 자막제작 규범으로 스칸디나비아의 개별 국가적 규범보다는 범스칸디나비아 자막제작 규범에 대해 논하는 것이 적합하다고 결론내릴 수 있겠다. 이는 Nordang (1989: 113)과 1980년대 다른 학자들이 주장했던 차이점이 더 이상 적용되지 않으며, Mortensen & Ivarsson(Lomheim 2000: 114-115)이 규범의 균일화가 일어나고 있다 한 주장이 옳다는 것을 의미한다. 이러한 규범의 수렴은 기술의 유사성과 세계화로 인한 것임이 확실한데, 세계화는 국가적 척도보다는 국제적 척도로 일하는 많은 AVT 기업들의 부상을 가져왔고, 이 기업들은 여러 국가 규범보다 범 스칸디나비아 규범을 적용함으로써 수익을 높일 수 있다. 이런 식으로 스칸디나비아 AVT 장면에 더 많은 작업자들이 작업하여 오히려 자막제작 규범에 대한 변이는 줄이는 아이러니가 발생한다. 이번 연구의 일반적인 결론은, 스칸디나비아의 자막 규범은 통합이 진행되고 있거나 이미 통합되었다는 것이다.

규범이 가장 극적으로 통합된 분야는 기술 데이터라 할 수 있을 것이다. 6.2절에서는 세 개의 주요한 측정치인 예상 읽기 속도, 압축률 및 자막 밀도를 조사하였다. 앞의 두 개의 주요 수치에서는 유의미한 차이는 발견되지 않았으나 자막 밀도에는 작지만 유의한 차이가 있었다. 이는 6.6.3절에서 다음과 같이 자막 밀도 규범으로 공식화 되었다. 만약 다른 요인들이 동일하다면, 독립적으로 자막화된 덴마크어 TT는 독립적으로 자막화된 스웨덴어 TT보다 일반적으로 좀 더 많은 자막을 갖는다. 본 조사에서 이 차이는 10% 전후로 나타났으나 마스터 템플릿 사용이 관행이 되면 차이는 그 이하로 낮아질 것이

---

[73] 구두점에도 국가마다 차이가 있다(6.2.2절 참조). 그러나 이러한 차이는 TT의 내용에는 크게 영향을 미치지 않는다.

다. 스칸디나비아를 넘어서 보면, 기술 규범의 주요 차이는 전통적 자막 국가와 전통적 더빙 국가들 간에 나타난다는 것을 알 수 있다. 더빙 국가에서 수행되는 자막제작은 자막 국가에 비해 더 높은 예상 읽기 속도, 더 적은 압축률, 더 높은 자막 밀도로 표시된다. 그 이유는 자막제작 전통이 강하지 않은 이들 국가가 자막제작 할 AVT 자료와 함께 영어권 자막제작 규범도 수입했기 때문으로 보인다.

이번 연구의 초점은 언어외적 문화지시어(ECR)의 처리였다. 이는 ECR이 이른바 전략적 번역을 요구하는 번역 문제를 일으키기 때문이다. 전략적 행위는 기본적인 번역 규범을 분명히 드러내므로 자막가의 의사결정 과정을 보여준다.

ECR 렌더링을 위해 TT에서 사용한 전략과 사용 전략 빈도수에 있어서 스웨덴과 덴마크 사이에 유의한 차이가 발견되지 않았다. 나아가 전략의 하위 범주, 장르별 및 ST 길이-장편 영화 대 TV 프로그램-에 있어서도 유의한 차이는 발견되지 않았다. ECR 처리에 있어 초기의 차이점은 다수의 코퍼스와 동시대적 자료가 아닌 코퍼스에서 발견되었다. 6.5절에서 질적 논의를 통해 이를 입증하면서, 신뢰성 격차 허용치에 있어서 스웨덴과 덴마크의 기대 규범 간에 차이가 있다고 피력하였다. 신뢰성 격차의 정의는, 문화 대체어가 일반적으로 사용되지 않는 영역에서 SC의 인물이 마치 SC ECR처럼 TC ECR로 처리될 때 발생하는 것이라 하겠다. 이러한 기대 규범의 차이가 사라지고 있다는 징후가 있다. ECR 분야에서도 기술 규범 연구에서 발견된 것과 마찬가지로 규범의 통합이 이루어지고 있다는 간접적 증거가 있다.

전반적으로 다른 출처의 결과와 함께 검토한 본 연구의 결과는, 자막 규범의 균일화가 모든 현장에서 일어나고 있음을 시사한다. 적어도 유럽에서 발견할 수 있는 유일한 실질적 차이는 전통적 자막 국가와 더빙 국가 간의 것으로, 위에서 설명했듯이 전자의 기술 규범이 후자의 것과 차이가 있다는 것이다. 번역 내용에 관한 자막제작 전략 연구 결과로는, 내용면에서도 자막 국가와 더빙 국가 간 자막제작 규범에 차이가 있다는 것을 보여준다. 전통적 더빙 국가의 자막제작은 전통적 자막 국가의 자막보다 TC 지향적인 해결책을 더 선호하는 경향이 있다. 이것은 자막 국가들이 더빙 국가들보다 영어권 문화에 더 오래 노출되어 있었기 때문일 것이다. 이 차이도 사라질 조짐이 나타나고 있으며, 향후 기술면에서나 내용면에서나 자막 규범이 더욱 균일화될 것으로 보인다.

7.2 자막제작의 기본값

선행연구에서 자막제작 특성을 요약하려는 시도가 있었다. 예를 들어 Gottlieb(2001: 3-40)는 일반 번역과 특히 자막제작을 위한 "전환 매개변수 transfer parameter"라고 부르는 인상적인 목록을 작성했다. 이와 유사하게 Bartoll(2004)은 존재하는 다양한 종류의 자막제작을 체계적으로 기술하였다. 이러한 설명들이 훌륭하기는 하나 여기에서는 이를 업데이트하거나 보완하는 것이 타당하지는 않다.

1998년부터 자주 인용된 논문에서, Chesterman은 번역의 유형학Typology of translation을 위한 기초를 구축하는 매우 성공적 시도를 했는데, 이는 "제한된 수의 변수를 조합 구성set up as a configuration of a limited number of variables"(1998: 204)한 것이다. 즉 총 16개의 변수를 네 개의 그룹으로 묶어서, 이 변수 그룹에 따라 번역을 특징짓는 템플릿이라 일컬을 수 있을 만한 것을 고안하였다. Chesterman은 이 템플릿의 기본 값을 제시하며 "번역의 기본값 원형Default prototype은 다수의 번역 의뢰인과 독자의 마음"(208, 원문 강조)에 근거한다고 언급하였다. "이는 전형적인 번역이 무엇인지에 대한 '대중의 관점folk view'를 제시하려는 의도이다"(208).

Chesterman의 "템플릿"은 상당히 포괄적이며, 개별 번역의 전형성을 특징짓는 데 사용할 수 있고—그의 논문에서 수행됨—, 또한 번역의 장르를 특징짓는 데도 매우 효과적인데, Desmidt(2006)은 아동 문학 번역에 이를 적용하였다. 따라서 본고에서 Chesterman의 모델을 사용하여 자막제작을 특징짓고 현대 자막제작이 기본 원형적 번역default prototypical translation과 어떻게 다른지를 보여주는 것은 DTS 정신에 매우 부합할 것이다. 그렇게 함으로써 각 변수를 Chesterman의 기본 값과 비교할 수 있으며 또한 자막제작의 기본 값 세트를 구성할 수 있다. 이런 방식으로, Desmdt가 아동문학번역에 적용한 것과 유사하게 자막제작이 더 광범위한 "번역 가족"에게 어떻게 들어맞는지 확립할 수 있다. 이는 번역학의 퍼즐에 또 하나의 조각을 더해줄 것이며, 또한 이 책의 결과 일부를 요약하는 것이기도 하다. 나아가 자막제작이 번역인지 아닌지에 대한 1.2절의 논의를 중단할 수 있을 것이다. Chesterman은 ST-TT 관계에 중점을 둔 등가 변수 세트로 시작한다. 이 변수는 여섯 개로 기능function, 내용content, 형식form, 문체style, ST 수정ST revision 및 지위status가 그것이다.

기능: TT의 주요 기능이 ST와 동일하도록 의도되었는가? 여기서 기본값은 "동일한 기능"이다. 자막 연구에서 TT는 자막만이 아니라 화면과 대사 등을 포함한 번역된 전체 다중기호 패키지라는 것을 상기시키고자 한다. 자

막화된 TT가 ST와 같은 기능을 가지고 있다는 것에는 의심의 여지가 없다.

내용: TT는 모든 원천 내용을 옮기며 거기에 다른 내용은 없는가? 기본 값은 "모든 내용"이다. 이것은 다소 복잡한 변수로, 어쨌든 자막은 추가적이 므로 ST에 번역을 더하는 한편, 다른 한편으로는 지금껏 살펴본 바와 같이 이 번역은 압축되어 있기 때문이다. Chesterman은 분명히(205) 두 번째 관 점을 취하는데, 만약 언어적인 내용만을 고려한다면 이는 타당성이 있다. 어느 관점에서 보든 일반 번역 기본값인 "모든 내용"은 자막제작에는 해당 되지 않으며, 무언가(ST에 자막)를 추가하거나 무언가를 제거한다(자막의 압축). 그러나 우리가 6.2.1.3에서 보았던 것처럼 모든 자막이 압축으로 이 어지는 것은 아니기 때문에 이것이 자막의 필수적 특징은 아니다. 그러나 압축은 자막제작에서 매우 흔히 볼 수 있는 특징이어서 체스터만의 주장을 받아들여 자막의 기본값은 "축소된 내용"이라고 말하는 것이 타당하다.

형식: 이 변수는 텍스트 형식 및 장르에서부터 입술 움직임(더빙의 경우) 에 이르기까지 여러 가지 형식적 (하위)변수를 갖는다. 여기에서 기본값은 "동일한 텍스트 유형 및 구조"이다. 기본값은 넓은 의미로 해석되어야 할 것 인데, 어떤 번역도 기본적으로 음성하부의 특징-예컨대 립 라운딩(순음화) -을 동일한 구조로 정확하게 유지할 수는 없기 때문이다. 그럼에도 불구하 고 자막제작은 텍스트 유형에 대해서 일반적으로 동일한 기본값을 갖는다 고 할 수 있는데, 이는 자막화된 TT가 텍스트 유형을 전환하지는 않기 때문 이다(유머 효과를 위한 실제 발화와 관계없는 "농담" 자막의 가능성은 예외 로 함). 한편 구두 메시지가 발화에서 문장으로 전환되어 많은 구조적 변화 를 동반하므로 두 번째 기본값은 공유되지 않는다. 자막제작의 기본값은 "동일한 텍스트 유형, 다른 구조"가 될 것이다.

문체: 명백히 "동일" 혹은 "상이"하게 의도되었는가? 여기서 기본값은 "동일한 문체"이다. 자막제작에서는 문체적 특성이 중화되는 것으로 여겨진다. 필자는 현재 이 문제에 대한 연구를 진행 중으로 두운법, 수사학적 어구, 어역과 같은 문체적 특징을 조사하고 있다. 일반적으로 ST의 문체적 특성을 재현하려는 자막가의 노력은 있지만, 많은 경우 목표삼은 문체에는 미치지 못하는 경향이 있는 것 같다. 따라서 여기서의 기본값은 "축소된 문체"일 것이다. 이것은 Gottlieb가 자막제작의 통합 효과(2001: 111)라 일컫는 효과로 볼 수 있다.

원천 텍스트 수정: 오류 수정용. 여기서 기본값은 "최소한의 암묵적 원천 텍스트 수정"이며, 이는 ST 오류가 TT로 전달되지 않음을 의미하나 이에 대해 메모를 달지는 않는다. 본 연구의 일부는 아니지만, 일반적으로 자막제작 지침은 ST가 같이 제시되어 원본으로부터 피드백 효과가 있기 때문에 자막가의 주의가 요구된다. 만약 멜론 가격이 20달러라고 발화되지만 가격표에는 분명히 2달러라고 쓰여 있다면, 자막가는 화면과 발화내용 중 어느 것을 따라야 하는가? 이에 대한 많은 논쟁이 있었지만 여전히 결론은 나지 않은 것으로 보인다. 아무튼 자막제작의 기본값은 "최소한의 ST 수정 혹은 수정 않음"이라는 일반적 진술이 안전할 것이다. 이는 Chesterman의 기본값과는 유사하면서도 다소 상이하다 하겠다.

지위: ST와 비교하여 TT의 지위는 어떠한가? 자율적, 평등한, 병렬적, 파생적, 종속적 지위 등 다섯 개의 선택지가 있다. Chesterman은 여기에 번역의 직접성을 포함하여, 기본값은 "파생적 지위, 직접 번역"이라 하였다. 다시금 이는 TT 전체를 보느냐 아니면 자막만 보느냐에 따라 다소 복잡해진다. 전자의 관점에서는 TT가 ST와 통합되어 있어 동일한 지위를 갖는다─

자막은 추가적 가치를 가지고 있기 때문에 심지어 개선되었다고 주장할 수도 있다. 후자의 관점에서는 원문과 번역문이 동일한 다중기호 텍스트를 공유하기 때문에 번역이 병렬적이라고 볼 수 있겠다. Chesterman은 "주석이나 원전 행간 번역과 같이 원천 텍스트와 함께 존재하는 경우, 목표 텍스트는 기능적으로 병렬이 아니다"(206)라고 종속적 지위를 정의한다. 이것은 확실히 자막제작의 경우로, ST가 공동 표시되며 나머지 다중기호 텍스트의 도움 없이는 자막 파일 자체가 아무 소용이 없기 때문이다. 따라서 기본값의 첫 부분은 관점에 따라 평등하거나 병렬적이거나 종속적일 것이다. 번역의 직접성에 관해서, 본 연구는 마스터 템플릿 파일master template file 사용 증가로 자막의 직접성이 변화하고 있음을 밝힌 바 있다. 따라서 여기서 기본값은 "종속적 지위, 종종 직접 번역"으로 가장 잘 설명될 수 있는데, 이는 이 변수에 관한 한 자막이 기본 번역 형식이 아님을 의미한다.

다음 변수 세트는 TL을 다루며, TT-TL 관계를 도표로 표시한다. TL 변수는 수용성acceptabiltiy, 로컬라이제이션localization 및 매칭matching이다.

수용성: Chesterman은 "좋은 원어 스타일good native style"에서 "난해한 unintelligible"(206)까지 수용성의 척도를 설정하고, 기본값은 이들 중 전자로 정한다. 참고로 기본값은 번역의 "대중의 관점"을 나타내며, 실제 번역이 어떤 것인지에 대한 경험적 연구가 아니다. 따라서 대중의 관점과 개별 번역 사이에는 상당한 차이가 있을 수 있다. 이 점을 염두에 두고 자막의 기본값을 "좋은 원어 스타일"로 설정하겠다. 이는 자막이 때때로 낮은 품질이 되는 것을 방지하는 것이 아니라, 자막이 그렇게 되어서는 안 된다는 것을 의미할 뿐이다. 또한, 번역 품질에 대한 광범위한 연구를 실시하지 않고 번역의 전체 모드를 좋은 원어보다 덜한 것으로 판단하는 것은 부당할 것이다. 이

는 분명 본 연구의 목적이 아니다. 비교 가능한 ST가 공존하기에 발생하는 자막의 취약성(Díaz Cintas & Remael 2007: 55 참조) 때문에, 자막제작의 이 기본값에 동의하지 않는 시청자가 있겠지만, 그러한 견해를 뒷받침할 경험적 증거는 거의 없다.

지역화 여부: 여기서 기본값은 "지역화하지 않음"이며, 6.6.4절에서 길게 논의한 바와 같이 현재 자막의 기본값도 그러하다.

매칭 여부: 이 변수는 EU 번역과 같이 번역이 "이전 텍스트의 규정된 세트defined set of previous texts"(207)에 맞추는 상황을 다룬다. 이 변수는 번역모드를 고려할 때는 크게 의미가 없으며, 개별 텍스트에나 적용이 된다. 따라서 기본값은 "매칭하지 않음"이다. 매체의 제약으로 인해 갖는 자막제작 규범 이외에는, 자막제작의 기본값은 "매칭하지 않음"이라고 할 수밖에 없다.

세 번째 변수 세트는 번역사에 중점을 둔다. 이는 Lambert & van Gorp (1985)가 A1-A2 관계, 즉 텍스트 작성자 간 관계라고 부르는 것에 어느 정도 중점을 둔다 하겠다. 번역사 변수로는 가시성visibility, 개별성individual, 원어민native speaker, 전문가professional 등이 있다.

가시성: 번역사의 가시성은 두 가지 방식으로 나타난다. 번역사가 역자 표기를 하거나 TT에 본인 작품의 흔적과 이데올로기를 남길 수 있으며, 혹은 이 두 가지 모두 실행할 수 있다. Venuti(1995)가 주장했듯이 여기서 기본값은 "보이지 않는 번역사"이다. 필자는 자막제작의 경우는 반드시 그렇지는 않다고 주장하고 싶다. 올바른 자막제작 규약he Code of Good Subtitling Practice은 자막가가 화면에 표시되어야 한다고 규정하고 있으며, DVD 자막에서는 상당히 드문 일이지만 텔레비전에서는 종종 그렇게 시행된다. 다소

다른 문제이긴 하지만, 영상에 자막이 겹쳐져 있으므로 보이지 않는 번역에 대해 말하는 것은 별 의미가 없다. Chesterman은 번역사의 존재가 각주와 논평에서 보일 수 있다고 언급하지만, 이는 자막제작에서는 극히 드물다. 따라서 자막가가 항상 표기되지 않더라도, 자막제작의 기본값은 "보이는 번역사"가 될 것이다.

개별 혹은 팀: 텍스트가 두 명 이상의 번역사에 의해 번역되었는가? 여기서 기본값은 "개별"이다. 비상시에, 필자가 TV쇼의 절반을 자막으로 만들고, 나머지는 동료가 처리했다. 자막제작에서는 그런 일이 일어난다. 또한 한 사람이 큐잉을 하는 동안 또 다른 사람이 자막을 다는 일이 발생한다—마스터 템플릿 파일을 사용할 때는 항상 그러하다. 게다가 일일 TV 시리즈는 많은 경우 자막 팀이 자막을 만드는데, 이들은 대개 용어 사용 등에 관하여 공동 작업을 한다. 하지만 이는 규칙이라기보다는 예외적인 것이다. 개별 텍스트는 일반적으로 한 명의 자막가가 작업하므로, 기본값은 개별 자막가에 의해 수행되는 작업이라 해도 무방하다. 따라서 자막제작의 기본값은 예외가 있더라도 "개별"이 될 것이다.

SL 혹은 TL의 원어민: 여기서 기본값은 "목표 언어 원어민"이 번역하는 것이며, 이것이 자막번역에도 일반적으로 적용된다 하겠다.

전문가 혹은 아마추어: Chesterman은 이것이 복잡한 연속체라는 것을 인정하는데, 자막제작의 경우도 확실히 그러하다. 척도의 한쪽 끝에는 여러 해 동안 일을 해 온 전문가들이 있고, 다른 쪽 끝에는 돈을 받은 적도 없고 ST 번역 작업을 수행할 권한도 없는 팬서버fansubber가 있다. 여기서 기본값은 "전문가"이며, 단서 조항을 두고 이 값이 자막에도 적용된다고 말하고자 한다. 즉 팬서빙과 크라우드소싱crowdsourcing74이 미래에는 이 기본값을 바꿀 수도 있다. 또한 낮은 급여로 인해, 자막가들이 소위 "본업"을 갖는 것은 오늘날 매우 흔한 일이다. 이를 염두에 두고서, 자막제작의 기본값은 그래도 "전문가"가 주가 될 것이다.

마지막으로 Chesterman은 세 가지의 "특별 상황 변수"(207f)를 제시한다. 그는 이것들이 "사실상 무한하다"고 지적하면서 단지 주요 세 가지, 즉 공간, 매체 및 시간만을 열거한다.

공간: TT에 대한 물리적 공간 제약을 의미하며, 여기서의 기본값은 "특별한 공간 제약 없음"이다. 이는 사실상 "제약된 번역"이라 불리는 자막의 기본값이라 할 수 없다. 따라서 자막의 기본값은 "제한된 공간"이다.

매체: ST와 TT에서 매체가 동일한지 여부를 가리킨다. 여기서 기본값은 "동일한, 문어적, 매체"이지만 Chesterman이 지적했듯이 자막의 경우는 명백히 해당되지 않는다. 여기서 기본값은 "상이한, 문어적, 매체"이다.

시간: 이 변수는 "번역 작업이 비정상적으로 서둘러 이루어져야 했다는 사실을 시사하는"(208) 증거의 존재 여부에 관한 것이다. 여기서 기본값은 아마 다소 낙관적이게도 "적절한 시간"이다. 대중의 관점에서 보면 자막제작도 이와 마찬가지로 적용되어야겠지만, 필자는 이를 자막제작의 기본값으로 단정하는 것이 주저된다. AVT에서 제작자가 번역을 후차적인 일로 간주하는 것은 드문 일이 아니며, 아마도 다른 형태의 번역보다 훨씬 정도가 심할 것이다. 텔레비전 자막과 관련 한, 특히 주제 토크쇼와 같은 것은 많은 경우 마감일이 매우 다급하다. 또한 낮은 급여로 인해 오늘날의 자막가들은 높은 생산속도를 유지해야 한다(1.2.1절에 인용된 Lambourne 2006 참조).

---

74 그 한 예로 싱가포르와 미국에 본사를 둔 스타트업 회사인 비키(Viki)가 있는데, 크라우드 소싱을 사용하여 누구에게도 돈을 지불하지 않고 자막을 제작한다(www.npr.org 2011).

더욱이 라이브 자막제작은 많은 국가에서 점점 더 빈번해지고 있는데, 이는 말하자면 마감일이 임박하기 때문에 실제로 자막제작을 실행할 시간이 없다는 것이 자명한 영역이다. 따라서 자막제작의 기본값을 "제한된 시간"으로 함이 정당하다.

이제 자막제작을 위한 변수의 구성을 요약하고, 이 기본값을 Chesterman이 설정하여 몇 가지 번역 유형에 적용한(209) 그의 번역 원형의 기본값과 비교해보자. 이를 통해 자막제작은 원형적 종류의 번역이 아니라는 것이 명백해진다. 특별히 1.2절에서 자막이 번역으로 간주되어야 하는지에 대한 논의를 고려하면 전혀 놀라운 일이 아니다. 하지만 원형적 번역과 완전히 상이하지는 않는데, 16개 변수 중 9개 변수에 대한 기본값이 동일하거나 약간만 다르다. TL과 번역사 변수에 관하여는, 번역사의 가시성을 제외하고는 기본값이 정확히 일치한다. 자막제작의 기본값이 원형적 번역의 기본값과 실제로 다른 경우는 특별 상황 변수에서 발생한다는 것은 예측가능한 일이다. 등가 변수의 기본값은 다소 복잡하다. 즉 기본값은 기능에 대해서는 동일하고, 내용과 지위에서는 다르며, 텍스트 유형, 구조 및 ST 수정에 있어서는 유사하다 할 수 있겠다. 자막제작을 번역으로 취급할 만큼 동일하거나 유사한 기본값이 있는 한편 비원형적 번역이라는 판결을 정당화할 수 있을 만큼 상이한 기본값도 존재한다.

자막제작의 기본값은 상기 논의하였듯이 자막제작의 규범과 마찬가지로 시간이 지남에 따라 변화할 것이 틀림없다. 따라서 이 일시적이고 초문화적이며 다중기호적—원형적이지는 않지만—번역의 형태를 다시 점검하게 될 것이다. 이는 모든 번역 모드 중에서 가장 눈에 잘 띄고 가장 취약하며 가장 일반적이며 가장 제한적인 것이 확실하다. 필자는 이 주제의 다양한 측면에 대해 토론했으며 200페이지가 넘는 분량으로 친애하는 독자 여러분을 지루하게 만들었다. 따라서 이제는 스칸디나비아 자막 코퍼스의 마지막 예를 들며 논의를 마칠 때가 되었다.

(7.1) And that's all I have to say about that.

이로써 그것에 대해 해야 할 말을 모두 마친다.

(〈포레스트 검프〉 1.36.55)

| 참고문헌 |

| 1차 자료

▪ 주 자료

스칸디나비아 자막 코퍼스: 부록 A 참조.

ESIST 코퍼스: 국제 자막제작 비교 프로젝트

　　http://www.esist.org/ESIST%20Projects.htm. (접속일: 2011년 2월 24일)

▪ 보충 자료

<u>지침서</u>

BBC. 1993. *BBC Subtitling Style Guide.*

Broadcast Text. 2004. *Broadcast Text —Undertextning. Handledning* [Subtitling. Manual].

Ivarsson, Jan & Mary Carroll. 1998. *Code of Good Subtitling Practice.* http://www.esist.org/ESIST%20Subtitling%20code_files/Code%20of%20Good%20Subtitling%20Practice_en.pdf. (Date of access: February 24, 2011).

Ivarsson, Jan & Louise Kumlien. 1982. *Handledning för TV-översättare* [Guide for TV Translators] Stockholm: SVT.

LanguageLand/Språkcentrum. N.y. *Subtitling for Subtitlers, LanguageLand: Swedish instruction.*

Lindberg, Ib. 1989. *Nogle regler om TV-teksting* [A few rules about TV subtitling].

NRK. 1999. *Programteksting i NRK Fjernsynet.* [Programme subtitling on NRK Television].

SDI Media Scandinavia. N.y. *Översättarmaterial* [Translation material].

Søndergaard, Niels. N.y. Annotation of Lindberg 1989 on http://www.titlevision.
com/tekstnin.htm. (Date of Access: Febryuary 24, 2011).

SVT. 2003. *Internt arbetsmaterial för SVT Översättning och Programtextning*
[In-house material for SVT translation and programme subtitling].

TitelBild. Mary Carroll et al. 2004. *Introduction to Subtitling for Film, Video and
DVD using DOS.*

정보제공자

Bengtsson, Jörgen. SpråkCentrum/LanguageLand.

Danielsson, Klas. Formerly of West Video.

De Snerck, Erik. Head of VRT, Belgium.

Gottlieb, Henrik. Formerly of Danmarks Radio.

Heide Olsen, Gitte. Danmarks Radio.

Højgaard, Cathrine. SDI Media, Denmark.

Kampmann, Maud. Formerly of Sveriges Television.

Neves, Joselia. Instituto Politécnico de Leiria.

Norberg, Johan. SDI Media, Scandinavia.

Oassfi, Amina. Audio Visual Enterprises, Greece.

Paro, Catrine. FST Översättning och versionering, Finland.

Rönnlid, Magnus. Sveriges Television.

Scheer, Monica. Formerly of Sveriges Television.

Åkerberg, Eva. Sveriges Television.

| 2차 자료

• 단행본, 논문 및 웹사이트

Agar, Michael. 1994. *Language Shock: Understanding the Culture of Conversation.*
New York: Quill.

Armstrong, Stephen, Colm Caffrey & Marian Flanagan. 2007. "Translating DVD subtitles from English—German and English—Japanese Using Example-Based Machine Translation". In Carroll et al. 2007.

Bartoll, Eduard. 2004. "Parameters for the Classification of Subtitles". In Orero (ed.), 53-60.

"Bøfsiden". http://www.titlevision.dk/boeuf.htm. (Date of access: March 3, 2011).

The British National Corpus. http://www.natcorp.ox.ac.uk/. (Date of access: March 3, 2011).

Brunskog, Cecilia. 1989. "Textningspraxis i Sverige" [Subtitling practice in Sweden]. In Nordisk språksekretariat, 31-41.

Bucaria, Chiara. 2010. "Laughing to Death: Dubbed and Subtitled Humour in *Six Feet Under*". In Chiaro, Delia (ed.).

Carp, Ossi. 2006. "Programtextning kan bli sämre" [TV subtitles may deteriorate]. *Dagens Nyheter*, June 25.

Carroll, Mary, Heidrun Gerzymisch-Arbogast & Sandra Nauert (eds.). 2007. *Audiovisual Translation Scenarios. Proceedings of the Marie Curie Euroconferences MuTra: Audiovisual Translation Scenarios —Copenhagen 1 — 5 May 2006.* http://www.euroconferences.info/proceedings/2006Proceedings/ 2006proceedings.html. (Date of access: August 14, 2007).

Chaume Varela, Frederic. 2004a. "Film Studies and Translation Studies: Two Disciplines at Stake in Audiovisual Translation". *Meta* 49 (1). 12-24.

_____. 2004b. "Synchronization in Dubbing: A Translational Approach". In Orero (ed.), 35-52.

Cattrysse Patrick. 2002. "Media Translation: A Plea for an Interdisciplinary Approach". *Versus. Quaderni di studi semiotici* 85. 251-270.

Chesterman, Andrew (ed.) 1989. *Readings in Translation Theory*. Helsinki: Oy Finn Lectura.

_____. 1997. *Memes of Translation. The Spread of Ideas in Translation Theory*. Amsterdam and Philadelphia: John Benjamins.

_____. 1998. "Causes, Translations, Effects." *Target* X, 2. 201-230.

_____. 1999. "The Empirical Status of Prescriptivism". *Folia Translatologica* 6. 9-19.

_____. 2005. "Problems with Strategies". In Krisztina Károly and Ágota Fóris (eds.). *New Trends in Translation Studies: In Honour of Kinga Klaudy.* Budapest: Akadémiai Kiadó. 17-28.

Chiaro, Delia. 2008. 'Where Have All the Varieties Gone? The Vicious Circle of Disappearance Act in Screen Translation' in Irmeli Helin (ed.) *Dialect for all Seasons*, Nodus Publikationen, Münster: 9-25.

Chiaro, Delia (ed.). 2010. *Translation, Humour and the Media: Translation and Humour Volume 2.* London and New York: Continuum.

Chiaro Delia, Christine Heiss & Chiara Bucaria (eds) 2008: *Between Text and Image. Updating research in screen translation.* Amsterdam and Philadelphia: John Benjamins.

"Code of Good Subtitling Practice". http://www.esist.org/subtitling_code.html (Date of access: October 10, 2007).

Coleridge, Samuel Taylor 1817/1985. "Biographia Literaria". In Jackson, H.J (ed.). *Samuel Taylor Coleridge.* Oxford: Oxford University Press.

"Comparative Subtitling Project". http://www.esist.org/projects.html. (Date of access: October 10, 2007).

Cronin, Michael. 2010. *Translation goes to the Movies.* London and New York: Routledge.

"Days of Our Lives" on http://www.tv.com/days-of-our-lives/show/101/episode_listings.html?tag=tabs;episodes. (Date of access: October 8, 2006).

De Cordova, Richard. 1986. "Genre and Performance: An Overview". In Grant (ed.), 129-139.

Delabastita, Dirk. 2010. "Language, Comedy and Translation in the BBC sitcom '*Allo 'Allo!*" In Chiaro, Delia (ed.).

De Linde, Zoé. 1995. "'Read my Lips': Subtitling Principles, Practices and Problems". *Perspectives: Studies in Translatology* 1. 9-20.

De Linde, Zoé & Neil Kay. 1999. *The semiotics of subtitling*. Manchester and Kinderhook: St Jerome.

Desmidt, Isabelle. 2006. "A Prototypical Approach within Descriptive Translation Studies? Colliding Norms in Translated Children's Literature". In Van Coillie, Jan and Walter P Verschueren. 2006. *Children's Literature in Translation: Challenges and Strategies*. Manchester and Kinderhook: St Jerome.

Díaz Cintas, Jorge. 1998. "The Dubbing and Subtitling into Spanish of Woody Allen's *Manhattan Murder Mystery*". *Linguistica Antverpiensia* 32. 55-71.

____. 1999. "Dubbing or Subtitling: The Eternal Dilemma". *Perspectives: Studies in Translatology* 7 (1). 31-40.

____. 2004. "In Search of a Theoretical Framework for the Study of Audiovisual Translation". In Orero (ed.), 21-34.

Díaz Cintas, Jorge (ed.). 2009. *New Trends in Audiovisual Translation*. Bristol and Tonawonda, NY: Multilingual Matters.

Díaz Cintas, Jorge & Gunilla Anderman (eds.). 2009. *Audiovisual Translation: Language Transfer on Screen*. Basingstoke and New York: Palgrave Macmillan.

Díaz Cintas, Jorge & Aline Remael. 2007. *Audiovisual Translation: Subtitling*. Manchester and Kinderhook: St Jerome.

Dries, Josephine. 1995. *Dubbing and Subtitling: Guidelines for Production and Distribution*. Düsseldorf: The European Institute for the Media.

The English Swedish Parallel Corpus. http://www.englund.lu.se/content/view/66/127/. (Date of access: October 8, 2006).

Ericsson, Nanna. 2009. "Domestication Norms in French and Swedish: A Comparative Study of Subtitles". Unpublished BA thesis, Stockholm University: Department of English.

Estrup, Christina. 2002. "Quality and Anglicisms in DVD Subtitling". Unpublished M.A. thesis. Copenhagen University: Department of English.

Even-Zohar, Itamar. 1978/1990. "The Position of Translated Literature within the Literary Polysystem". *Poetics Today* 11. 117-127.

Fiederer, Rebecca & Sharon O'Brien. 2009. "Quality and Machine Translation—A Realistic Objective?". In *Journal Of Specialised Translation*, 11 http://www. jostrans.org/issue11/art_fiederer_obrien.php (Date of access: May 31, 2011).

Florin, Sider. 1993. "Realia in Translation". In Zlateva, Palma (ed.). *Translation as Social Action: Russian and Bulgarian Perspectives*, 122-128. London and New York: Routledge.

Gambier, Yves. 2003. "Introduction: Screen Transadaptation: Perception and Reception". *The Translator* 9 (2). 171-189.

____. 2008a. "Recent Developments and Challenges in Audiovisual Translation Research". In Chiaro Delia, Christine Heiss and Chiara Bucaria (eds.). 11-33.

____. 2008b. "Stratégies et tactiques en traduction et interpretation" in Gyde Hansen, Gyde, Andrew Chesterman and Heidrun Gerzymisch-Arbogast (eds.) *Efforts and Models in Interpreting and Translation Research: A tribute to Daniel Gile*. Amsterdam and Philadelphia: John Benjamins. 63-81.

____. 2010. "Translation Strategies and Tactics". In Gambier, Yves and Luc van Doorslaer (eds.) *Handbook of Translation Studies: Volume 1*. Amsterdam and Philadelphia: John Benjamins. 412-418.

Gardner, James. 2005. "Multilingual DVD: the art of subtitling". http://www.dvd-intelligence.com/main_sections/dvd_primers/2005/gardner_article.pdf#search=%22genesis%20file%20subtitling%22. (Date of access: October 5, 2006).

Genette, Gerard. 1988. *Narrative Discourse Revisited*. Translated by Jane E. Lewin. Ithaca, N.Y.: Cornell University Press.

Georgakopoulou, Panayota. 2009. "Subtitling for the DVD Industry". In Díaz Cintas, Jorge and Gunilla Anderman (eds.).

____. 2010. *Reduction Levels in Subtitling. DVD Subtitling: A Convergence of Trends*. Doctoral dissertation. Saarbrücken: Lambert Academic.

www.Google.com. (Date of access: March 2, 2011).

Gottlieb, Henrik. 1989. "Tekstningspraksis i Danmark" [Subtitling practice in Denmark]. In Nordisk Språksekretariat, 9-17.

____. 1994. *Tekstning —synkron billedmedieoversættelse* [Subtitling —synchronous media translation]. Danske Afhandlinger om Oversættelse (DAO) 5. Copenhagen: Center for Oversættelse, Københavns universitet.

____. 1997. *Subtitles, Translation & Idioms.* Copenhagen: Center for Translation Studies, University of Copenhagen.

____. 1998. "Tekstning af fakta-programmer. Termer, talesprog og troværdighed" [Subtitling non-fiction. Terms, orality and credibility]. In *Rapport fra Fagspråkkonferansen '98 —Fagoversettelse: Språkkunnskap uten fagkunnskap? NHH, Bergen 8. —9. mai 1998.* Instituttserien NHH-Språk no.1, 67-86. Bergen: Norges Handelshøiskole.

____. 2001. *Screen Translation: Six Studies in Subtitling, Dubbing and Voice-Over.* Copenhagen: Center for Translation Studies, University of Copenhagen.

____. 2004. "Subtitles and International Anglification". In Dollerup, Cay (ed.) *Worlds of Words: A tribute to Arne Zettersten. Nordic Journal of English Studies.* (Special issue) 3 (1).

____. 2009. "Subtitling against the Current: Danish Concepts, English Minds". In Díaz Cintas, Jorge. (ed.) 21-43.

Gottlieb, Henrik & Ieva Grigaravičiūtė. 1999. "Danish Voices, Lithuanian Voice-Over. The mechanics of non-synchronous translation". *Perspectives. Studies in Translatology* 7 (1). 41-80.

Grant, Barry Keith (ed.). 1986. *Film Genre Reader.* Austin: University of Texas Press.

____. (ed.). 2003. *Film Genre Reader III.* Austin: University of Texas Press.

Guardini, Paula. 1998. "Decision-Making in Subtitling". *Perspectives: Studies in Translatology* 6 (1). 91-112.

Hatim, Basic & Ian Mason. 1990. *Discourse and the Translator*, Language in Social Life Series. London: Longman.

Hatim, Basil & Ian Mason. 2000. "Politeness in screen translation". In Venuti (ed.), 430-445.

Hermans, Theo. 1988. "On Translating Proper Names, with reference to *De Witte and Max Havelaar*". In Wintle, Michael (ed.). *Modern Dutch Studies: Essays in Honour of Peter King*, 11-24. London and Atlantic Highlands, NJ: The Athlone Press.

____. 1991. "Translational Norms and Correct Translations". In Van Leuven-Zwart, and Naaijkens (eds.), 155-169.

____. 1999. *Translation in Systems: Descriptive and System-oriented Approaches Explained*. Manchester and Kinderhook: St. Jerome.

____. 2003. "Translation, Equivalence and Intertextuality". *Wasafari: The Transnational Journal of International Writing* 40 (Winter). 39-41.

Hervey, Sándor & Ian Higgins. 1992. *Thinking Translation Method: French − English*. London and New York: Routledge.

Hirsch, E.D. 1987. *Cultural Literacy: What Every American Needs to Know*. Boston: Houghton Mifflin.

Holmes, James S. 1972/2004. "The Name and Nature of Translation Studies". In Venuti (ed.), 172-185.

House, Juliane. 1997. *Translation Quality Assessment −a Model Revisited*. Tübingen: Gunter Narr.

Hurtado de Mendoza Azaola, Isabel. 2009. "Translating Proper Names into Spanish: the Case of *Forrest Gump*" in Díaz Cintas, Jorge (ed.). 70-82.

The Illinois Department of Corrections. http://www.idoc.state.il.us/default.shtml. (Date of access: March 3, 2011).

Imhauser, Corinne. 2002. "Breaking New Ground in Subtitling Research: ESIST Gathers Material". *Language International* 14 (2). 22-23.

Internet Movie Database. www.IMDb.com. (Date of access: March 2, 2011).

Ivarsson, Jan. 1989. "Kan vi använda förinprickade disketter?"[Can we use pre-cued disks?]. In Nordisk Språksekretariat, 107-111.

____. 2002. "Subtitling through the Ages: A Technical History of Subtitles in Europe". *Language International* 14 (2). 6-10.

Ivarsson, Jan & Mary Carroll. 1998. *Subtitling*. Simrishamn: TransEdit.

Jakobson, Roman. 1959/2004. "On linguistic aspects of translation". In Venuti, Lawrence. (ed.) 2004. 138-143.

Karamitroglou, Fotios. 1998. "A Proposed Set of Subtitling Standards for Europe". *The Translation Journal* 2 (2). http://accurapid.com/journal/04stndrd.htm. (Date of access: November 14, 2006).

Katan, David. 2004. *Translating Cultures: An Introduction for Translators, Interpreters and Mediators* (2nd edition). Manchester and Kinderhook: St Jerome.

Kilborn, Richard. 1989. "'They Don't Speak Proper English': A New Look at the Dubbing and Subtitling Debate". *Journal of Multilingual and Multicultural Development* 10 (5). 421-434.

_____. 1993. "'Speak my Language': Current Attitudes to Television Subtitling and Dubbing". *Media, Culture & Society* 15 (4). 641-660.

Koolstra, Cees M, Allerd L. Peters & Herman Spinhof. 2002. "The Pros and Cons of Dubbing and Subtitling". In *European Journal of Communication* 17(3): 325-354.

Kovačič, Irena. 1996. "Reinforcing or Changing Norms in Subtitling". In Dollerup, Cay and Vibeke Appel, (eds.). *Teaching Translation and Interpreting 3: New Horizons. Papers from the Third Language International Conference, Elsinore, Denmark 9 – 11 June 1995,* 105-110. Amsterdam and Philadelphia: John Benjamins.

Lambert, José & Hendrik van Gorp, 1985. "On Describing Translations". In Hermans, Theo (ed.). *The Manipulation of Literature. Studies in Literary Translation,* 42-53. London and Sydney: Croom Helm.

Lambourne, Andrew. 2006. "Future Trends in Subtitling". Presentation given at the 6th "Languages and the Media" conference in Berlin, October 25-27.

Leech, Geoffrey. 1980. *Explorations in Semantics and Pragmatics*. Amsterdam and Philadelphia: John Benjamins.

Lemhagen, Gunnar. 1989. "Utbildning av textare på ett nordiskt plan". [Educating subtitlers on a Nordic level]. In Nordisk språksekretariat, 132-137.

Leppihalme, Ritva. 1994. *Culture Bumps: On the Translation of Allusions.* English Department Studies 2. Helsinki: University of Helsinki.

_____. 1996. "Caught in the Frame: a Target-Culture Viewpoint on Allusive Wordplay". *The Translator* (Special issue) 2 (2). 199-218.

_____. 1997. *Culture Bumps: An Empirical Approach to the Translation of Allusions.* Clevedon: Multilingual Matters Ltd.

_____. 2001. "Translation Strategies for Realia". In Kukkonen, Pirjo and Ritva Hartama-Heinonen (eds). *Mission, Vision, Strategies, and Values. A Celebration of Translator Training and Translation Studies in Kouvola,* 139-148. Helsinki: Helsinki University Press.

Levý, Jirí. 1967/2000. "Translation as a Decision Process". In Venuti (ed.), 148-159.

Lomheim, Sylfest. 1995. "L' écriture sur l'écran. Stratégies de sous-tirage à NRK: une étude de cas". In Gambier, Yves (ed.). *Audiovisual Communication and Language Transfer. Translatio. FIT Newsletter (Special Issue)3 −4.* 288-293.

_____. 2000. *Skrifta på skjermen: Korleis skjer teksting av fjernsynsfilm?* [The writing on the screen. How are TV films subtitled?] Kristiansand: Høyskoleforlaget.

Longman Dictionary of English Language and Culture (2nd edition). 1998. Harlow: Longman.

Lörscher, Wolfgang. 1991. *Translation Performance, Translation Process, and Translation Strategies: A Psycholinguistic Investigation.* Tübingen: Gunter Narr.

Luyken, Georg-Michael, Thomas Herbst, Jo Langham-Brown, Helen Reid & Herman Spinhof. 1991. *Overcoming Language Barriers in Television: Dubbing and Subtitling for the European Audience.* Manchester: European Institute for the Media.

Lyons, John. 1981. *Language, Meaning and Context.* London: Fontana.

_____. 1995. *Linguistic Semantics: An Introduction.* Cambridge: Cambridge University Press.

Manini, Luca. 1996. "Meaningful Literary Names: Their Forms and Functions, and their Translations". *The Translator* (Special issue) 2 (2). 161-78.

Marco, Josep. 2007. "The Terminology of Translation: Epistemological, Conceptual and Intercultural Problems and their Social Consequences". *Target* 19 (2). 255-269.

Mathiasson, Hans Åke (ed.). 1984. *Rapport från Nordiskt översättarseminarium anordnat i Stockholm 3 —4 maj 1984.* [Report from the Nordic translators seminar in Stockholm, May 3-4 1984].

Mattsson, Jenny. 2009. *The Subtitling of Discourse Particles: A corpus-based study of* well, you know, I mean, *and* like, *and their Swedish Translations in ten American films.* Doctoral dissertation, Department of Philosophy, Linguistics and Theory of Science, University of Gothenburg.

Media Consulting Group. 2007, *Study on Dubbing and Subtitling Needs and Practices in the European Audiovisual Industry. Final Report.* In association with Peacefulfish. Paris and London. http://ec.europa.eu/information_society/media/overview/evaluation/studies/index_en.htm. (Date of access: June 1, 2011).

Mediamätning i Skandinavien. "TV-tittandet 2004: årsrapport" [TV polls 2004: annual report]. http://www.mms.se/arsrapp/Årsrapport%202004.pdf. (Date of access: January 30, 2007).

Mediearkivet. www.mediearkivet.se. (Date of access: March 3, 2011).

Mossop, Brian. 2000. "The Workplace Procedures of Professional Translators". In Chesterman, Andrew, Natividad Gallardo San Salvador and Yves Gambier (eds.). *Translation in Context: Selected Contributions from the EST Congress, Granada 1998*, 39-48. Amsterdam and Philadelphia: John Benjamins.

Muños Gil, Marta. 2009. "Dubbing *The Simpsons* in Spain: A Case Study". In Díaz Cintas, Jorge (ed.). 142-157.

Neale, Steve. 2000. *Genre and Hollywood.* London and New York: Routledge.

Nedergaard-Larsen, Birgit. 1993. "Culture-Bound Problems in Subtitling". *Perspectives: Studies in Translatology* 2. 207-242.

Neves, Josélia. 2005. *Audiovisual Translation: Subtitling for the Deaf and Hard of Hearing*. Doctoral dissertation from the School of Arts, Roehampton University, University of Surrey.

Newmark, Peter. 1988. *Approaches to Translation*. New York: Prentice Hall.

Nida, Eugene A. 1964. *Toward a Science of Translating*. Leiden: Brill.

Nord, Christiane. 1991. "Scopos, Loyalty, and Translational Conventions". *Target* 3 (1). 91-109.

_____. 1997. *Translating as a Purposeful Activity: Functionalist Approaches Explained*. Manchester and Kinderhook: St. Jerome.

Nordang, Øystein Njaal. 1989. "Kommersiell video- og fjernsynsteksting i Norden". [Commercial video and TV subtitling in the Nordic countries]. In Nordisk språksekretariat, 111-116.

Nordisk språksekretariat. 1989. *Nordisk TV-teksting: Rapport fra en konferense på Schæffergården ved København 25.-27. november 1988* [Nordic TV Subtitling: Report from a Conference at Schæffergården near Copenhagen November 25-27 1988]. Oslo: Nordisk Språksekretariats rapporter 12.

Nørgaard, Peter. 1989. "Hvad en tekster har brug for" [What a subtitler needs]. In Nordisk språksekretariat, 117-131.

Norstedts stora svensk-engelska ordbok (3rd edition). 2000. Stockholm: Norstedts.

www.npr.org. 2011. "Startup Viki Uses Web Volunteers to Subtitle Films" http://www.npr.org/2010/12/09/131928982/startup-viki-uses-web-volunteers-to-subtitle-films (Date of Access: February 25, 2011).

Orero, Pilar (ed.). 2004. *Topics in Audiovisual Translation*. Amsterdam and Philadelphia: John Benjamins.

Orrevall, Agneta. 2004. "Hur hanterar undertextare utomspråkliga kulturrelaterade begrepp?" [How do subtitlers handle extralinguistic cultural concepts?]. D-essay. Stockholm University http://www.tolk.su.se/ (Date of access: March 3, 2011).

O'Shea, Billy. 1996. "Equivalence in Danish News Subtitling from Northern Ireland". *Perspectives: Studies in Translatology* 4 (2). 235-254.

Pageon, Daniel. 2007. *The world of Voice-Over: Writing, Adapting and Translating Scripts, Training the Voice, Building a Studio.* London: Actors World Production.

Pedersen, Jan. 2003a. "A Corpus-Linguistic Investigation into Quantitative and Qualitative Reduction in Subtitles". Unpublished background study. Örebro University.

____. 2003b. "Scandinavian Subtitles: A pilot study based on the ESIST project". Unpublished pilot study. Örebro University.

____. 2005a. "How Is Culture Rendered in Subtitles?". In Nauert, Sandra (ed.). *Challenges of Multidimensional Translation. Proceedings of the Marie Curie Euroconferences MuTra: Challenges of Multidimensional Translation Saarbrücken2 −6 May 2005* http://www.euroconferences.info/proceedings/ 2005_Proceedings/2005_Pedersen_Jan.pdf. (Date of access: March 3, 2011).

____. 2005b. "How We Deal with Culture". Seminar held at TitelBild GmbH, Berlin. August 10.

____. 2006. "On the Interchangeability of Culture in Subtitles". Conference presentation at the EU High Level Scientific Conference: "Multidimensional Translation: Audiovisual Scenarios". Copenhagen, May 1-5.

____. 2007a. *Scandinavian Subtitles: A Comparative Study of Subtitling Norms in Sweden and Denmark with a Focus on Extralinguistic Cultural References.* Doctoral thesis. Department of English, Stockholm University.

____. 2007b. "Cultural interchangeability: The Effects of Substituting Cultural References in Subtitling". *Perspectives: Studies in translatology* 15 (1). 30-48.

____. 2008. "High Felicity: a speech act approach to quality assessment in subtitling". In Chiaro Delia, Christine Heiss and Chiara Bucaria (eds.). 101-116.

____. 2010a. "When do you go for benevolent intervention? How subtitlers determine the need for cultural mediation". In Díaz Cintas, Jorge, Anna Matamala and Josélia Neves (eds) *New Insights into Audiovisual Translation and Media Accessibility.* Amsterdam: Rodopi, 67-80.

____. 2010b. "Audiovisual Translation—In General and in Scandinavia". *Perspectives. Studies in Translatology* 2010: 1, 1-22.

Pelsmaekers, Katja and Fred Van Besien. 2002. "Subtitling Irony: Blackadder in Dutch". *The Translator* 8. 241-266.

Pettit, Zoë. 2009. "Connecting Cultures: Cultural Transfer in Subtitling and Dubbing". In Díaz Cintas, Jorge (ed.). 44-57.

Pisek, Gerhard. 1997. "Wordplay and the Dubber/Subtitler". *AAA, Arbeiten aus Anglistik und Amerikanistik* 22 (1). 37-51.

Pollard, Chris. 2002. "The Art and Science of Subtitling: A Close Look at How It's Done". *Language International* 14 (2). 24-27.

Popper, Karl R. 1979. *Objective Knowledge: An Evolutionary Approach* (2nd edition). Oxford: Oxford University Press.

Remael, Aline. 2003. "Mainstream Narrative Film Dialogue and Subtitling: A Case Study of Mike Leigh's 'Secrets and Lies' (1996)". *The Translator* 9. 225-247.

Remael, Aline and Gert Vercauteren. 2010. "The translation of recorded audio description from English into Dutch". *Perspectives: Studies in Translatology* 18 (3). 155-171.

Reyntjens, Marie-Noëlle. 2005. "A Quantitative Study on Subtitling Rates". Unpublished paper. Brussels: Institut supérieur de traducteurs et interprètes.

Romero Fresco, Pablo. 2006. "The Spanish Dubbese—a Case of (Un)idiomatic Friends". *The Journal of Specialised Translation* 6, available at www.jostrans.org/issue06/art_romero_fresco.php. (Date of access: March 3, 2011).

Rowling, J.K. 1997. *Harry Potter and the Philosopher's Stone*. London: Bloomsbury.

Sahlin, Ingrid. 2001. *Tal och undertexter i textade svenska tv-program: Probleminventering och förslag till analysmodell.* [Speech and intralingual subtitling in Swedish TV programmes. Problems examined and a suggested model for analysis]. Doctoral dissertation. Göteborg: Acta Universitatis Gothoburgensis.

Schleiermacher, Friedrich. 1813/2004. "On the different methods of translating". Translated by Susan Bernofsky. In Venuti, Lawrence (ed.). 43-63.

Schröter, Thorsten. 2003. "Quantity and Quality in Screen Translation". In *Perspectives: Studies in Translatology* 11 (2). 105-124.

____. 2005. *Shun the Pun, Rescue the Rhyme? The Dubbing and Subtitling of Language-Play in Film*. Doctoral dissertation Karlstad: Karlstad University Studies 10.

Séguinot, Candace. 1989. "The translation Process: An Experimental Study". In Séguinot, Candace. 1989. *The translation Process*. Toronto: H G Publications. 21-42.

Shuttleworth, Mark & Moira Cowie. 1997. *Dictionary of Translation Studies*. Manchester and Kinderhook: St. Jerome.

Sobchack, Thomas. 2003. "Genre Film: A Classical Experience". In Grant (ed.), 103-114.

Sokoli, Stavroula. 2009. "Subtitling Norms in Greece and Spain". In Díaz Cintas and Anderman (eds.), 36-48.

SOU 2002. *Ett korrekt och välfungerande språk* [Correct and effective language]. Betänkande från kulturdepartementet. SOU 2002: 27. http://www.sprakradet.se/ servlet/GetDoc?meta_id=2094. (Date of access: March 3, 2011).

Staiger, Janet. 2003. "Hybrid or Inbred: The Purity Hypothesis and Hollywood Genre History". In Grant (ed.), 185-199.

Steinholtz, Mia. 2007. "Källspraksorienterade eller målspråksorienterade undertexter? Återgivning av amerikanska utomspråkliga kulturrelaterade referenser i svenska undertexter" [Source language oriented or target language oriented subtitles? The rendering of American Extralinguistic Cultural References in Swedish subtitles]. D-essay. Stockholm University. http://www.tolk.su.se/ (Date of access: August 14, 2007).

Taylor, Christopher. 2007. "'I Knew He'd Say That!' A Consideration of the Predictability of Language Use in Film". In Carroll et al. 2007. http://www.euroconferences.info/proceedings/2006_Proceedings/2006_Taylor _Christopher.pdf. (Date of access: March 3, 2011).

Titford, Christopher. 1982 "Sub-Titling—Constrained Translation". *Lebende Sprachen: Zeitschrift für fremde Sprachen in Wissenschaft und Praxis* 27 (3). 113-116.

Titlevision. www.titlevision.com. (Date of access: March 3, 2011).

Toury, Gideon. 1980. *In Search of a Theory of Translation*. Tel-Aviv: Porter Institute for Poetics and Semiotics.

____. 1991. "What Are Descriptive Studies into Translation Likely to Yield apart from Isolated Descriptions?". In Van Leuven-Zwart and Naaijkens (eds.), 179-192.

____. 1995. *Descriptive Translation Studies — and Beyond*. Amsterdam and Philadelphia: John Benjamins.

Tveit, Jan Emil. 2004. *Translating for Television: A Handbook in Screen Translation*. Bergen: Kolofon.

____. 2009. "Dubbing versus Subtitling: Old Battleground Revisited". In Díaz Cintas, Jorge and Gunilla Anderman (eds.). 85-96.

Valentini, Cristina. 2006. "A Multimedia Database for the Training of Audiovisual Translators". *The Journal of Specialized Translation*. http://www.jostrans.org/issue06/art_valentini.php. (Date of access: September 16, 2006).

Van Leuven-Zwart, Kitty M. & Ton Naaijkens (eds.). 1991. *Translation Studies: The State of the Art. Proceedings of the First James S. Holmes Symposium on Translation Studies*. Amsterdam and Atlanta, GA: Rodopi.

Venuti, Lawrence. 1995. *The Translator's Invisibility: A History of Translation*. London and New York: Routledge.

____. (ed.). 2000. *The Translation Studies Reader*. London and New York: Routledge.

____. (ed.). 2004. *The Translation Studies Reader* (2nd edition). London and New York: Routledge.

Vermeer, Hans J. 1989/2000. "Skopos and Commission in Translational Action". In Venuti (ed.), 221-231.

"Viasat-kiks" on www.titlevision.com/viaboeuf.htm. (Date of access: March 3, 2011).

Vinay, Jean Paul & Jean Darbelnet. 1958/2000. "A Methodology for Translation". Translated by Sager, Juan C. and M. J Hamel. In Venuti (ed.), 84-93.

Volk, Martin & Harder Søren. 2007. "Evaluating MT with Translations or Translators. What Is the Difference?". In *Proceedings of MT Summit*. Copenhagen. http://ling16.ling.su.se:8080/new_PubDB/doc_repository/239_volk_harder_su btitle_translation.pdf. (Date of access: October 10, 2007).

Welsch, Wolfgang. 1994. "Transculturality−the Puzzling Form of Cultures Today". *California Sociologist*. 17 and 18. 19-39.

Wierzbicka, Anna. 1997. *Understanding cultures through their key words*. Oxford: Oxford University Press.

Wildblood, Alan. 2002. "A Subtitle Is Not a Translation: A Day in the Life of a Subtitler". *Language International* 14 (2). 40-43.

Zabalbeascoa, Patrick. 1996. "Translating Jokes for Dubbed Television Comedies". *The Translator* (Special issue) 2 (2). 235-257.

____. 2000. "From Techniques to Types of Solutions". In Beeby, Allison, Doris Engines and Marisa Presas (eds.) *Investigating Translation*. Amsterdam and Philadelphia: John Benjamins. 117-127.

____. 2003. "Translating Audiovisual Screen Irony" in Pérez González, Luis (ed.) *Speaking in Tongues: Languages across Contexts and Users*. English in the World Series. Valencia: Edicions Universitat de València. 305-322.

____. 2008. "The Nature of the Audiovisual Text and its Parameters". In Dìaz Cintas, Jorge (ed.). *The Didactics of Audiovisual Translation*. Amsterdam and Philadelphia: John Benjamins.

Zilberdik, Nan Jacques. 2004. "Relay Translation in Subtitling". *Perspectives: Studies in Translatology* 12 (1). 31-55.

• 코퍼스에 없는 영상자료

Alas Smith and Jones. 1982-1998. BBC. Smith, Mel and Griff Rhys Jones.
Antiques Roadshow. 1979-?. BBC. Edwards, Lisa.
Beverly Hills 90210. 1990-2000. Fox. Spelling, Aaron and Darren Star.
Days of Our Lives. 1965-?. NBC. Corday, Ted and Betty Corday.

Deliverance. 1972. Boorman, John.

Demolition Man. 1993. Brambilla, Marco.

Desperate Housewives. 2004-?. ABC. Cherry, Marc.

Dirty Dancing. 1987. Ardolino, Emile.

Don't Forget Your Toothbrush. 1994-1995. Channel 4. Evans, Chris.

E.R. 1994-?. NBC. Chrichton, Michael.

Gilligan's Island. 1964-1967. CBS. Schwartz, Sherwood.

Guns of Navarone, The. 1961. Thompson, J.Lee.

Husk lige tandbørsten. 1995. DR. Aaen, Birgit et al.

Jeopardy! 1964-?. NBC. Griffin, Merv.

Life of Brian. 1979. Jones, Terry.

Little Britain. 2003-?. Bendelack, Steve and Matt Lipsey.

Muppet Show, The. 1976-1981. ITV. Henson, Jim.

Next of Kin. 1989. Irvin, John.

Noel's House Party. 1991-1999. BBC. Edmonds, Noel et al.

Not the 9 O'Clock News. 1979-1982. BBC. Lloyd, John.

Pocahontas. 1995. Gabriel, Mike and Eric Goldberg.

Shrek. 2001. Adamson, Andrew and Vicky Jenson.

Simpsons, The. 1989-?. Fox. Groening, Matt.

Telly Addicts. 1985-1998. BBC. Edmonds, Noel et al.

Three Kings. 1999. Russell, David O.

Three Stooges. The. 1930-1969. Healy, Ted et al.

Toy Story. 1995. Lasseter, John.

Ugen der gak. 1995-1998. DR. Dorset, Sebastian and Thomas Hartmann.

Upstairs, Downstairs. 1971-1975. ITV. Shaughnessy, Alfred et al.

West Wing, The 1999. NBC. Series 1; Epsiode 10 "In Excelsis Deo"; Sorkin, Aaron.

Who Wants to Be a Millionaire?. 1998-?. ITV. Briggs, David.

스칸디나비아 자막 코퍼스The Scandinavian Subtitles Corpus

이 부록에는 스칸디나비아 자막 코퍼스에 있는 스웨덴어와 덴마크어로 매치된 텍스트 목록이 수록되어 있다. 우선 영화 목록이 나열되며 이어서 TV 프로그램 목록이 온다. 코퍼스 구성에 대해서는 6.1.3절에서 설명하였으므로 여기서는 이 목록의 이해를 돕기 위한 간단한 소개 글로 대신한다.

"영화" 섹션의 텍스트는 원 ST 제목에 따라 알파벳순으로 나열된다. 왼쪽 열에는 영화 제목, 제작 연도 및 감독 등의 데이터가 수록되어 있다. 가운데에는 스웨덴어 TT 데이터가, 오른쪽에는 덴마크어 TT 데이터가 각각 열거되어 있다. TT 열의 각 항목은 먼저 TT 제목이 제시되는데 ST 제목과 일치할 수도 일치하지 않을 수도 있다. 제목에 이어 TV 채널과 녹화 날짜 데이터가 제시되고, 마지막으로 자막가과 자막 제작사가 온다. 영화의 TT가 두 개 이상 있으면 연대순으로 나열된다.

"TV 프로그램" 섹션의 텍스트는 영화와 거의 같은 방식으로 전개된다. 한 가지 차이점은 감독 대신 TV 프로그램의 제작자가 표시되는데, 이는 TV 시리즈의 감독들이 에피소드 수만큼 많을 수 있기 때문이다. 적절한 경우, 시즌과 에피소드도 제시된다. 동일한 자막가가 한 시리즈의 모든 에피소드를 번역한 경우는 에피소드가 별도로 나열되지 않는다. 코퍼스에 포함된 연재물의 주간 에피소드가 여러 개인 경우, 각 개별 에피소드의 날짜 대신 요일과 시간이 제시된다. 각 에피소드는 해당 시리즈의 에피소드 번호로 열거되며, 이 경우 시리즈 시작부터 번호 매김을 한다.

이 리스트에서 코퍼스의 단점이 몇 가지 보일 것이다. 자막가 및/혹은 자막 제작사가 "찾지 못함Not found"으로 제시된 경우가 이따금 있다. 이는 일부 텍스트의 끝부분이 녹화되지 않아서 자막가 크레딧 부분의 기록이 없거나, 자막가가 여러 가지 이유로 크레딧을 인정받지 못한 경우이다. 어떤 경우는 정확한 녹화 날짜 없이 연도만 제시된다. 이는 TT가 녹화 기간 기점에서 더 오래된 TT이기 때문이거나 일부 TT가 코퍼스에 자막 파일로만 나타나기 때문일 수 있다. 하지만 이 자료는 매치된 TT와 대략적으로 동시대의─방송된 지 일 년 이내─것이다.

이 부록의 나머지 부분은 코퍼스에 사용된 약어 목록과 코퍼스 자료의 목록으로 구성되어 있다.

약어

BT	Broadcast Text
BR	Danmarks Radio
DVT	Dansk Video Tekst
MTG	Medietextgruppen
SDI	Subtitling and Dubbing International; SDI Media
SPC	SpråkCentrum
SVT	Sveriges Television
WV	West Video
TV	Titlevision

영화

영화 (제작연도) 감독	스웨덴어 제목 채널, 녹화일 자막가, 제작사	덴마크어 제목 채널, 녹화일 자막가, 제작사
Anaconda (1997) Luis Llosa	Anaconda TV3; 004-06-24 Katarina Kjellnert; SDI	Anaconda TV3; 2004-01-17 Rosa Reenbjerg; SDI
As Good As It Gets (1997) James L. Brooks	Livet från den ljusa sidan TV3; 2003-12-02 Not credited; SDI	Det bli'r ikke bedre TV3; 2004-03-07 Mette Holm; SDI
Bone Collector, The (1999) Phillip Noyce	I samlarens spår ZTV; 2004-03-25 Pelle Nauclér; SDI	Bone Collector, The TV3; 2004-02-08 Kalle Weinburger; SDI
Bridges of Madison County, The (1995) Clint Eastwood	Broarna i Madison County TV3; 2003-12-27 Olof Andersson; SDI	Broerne i Madison County TV3; 2004-01-06 Lasse Schmidt; SDI
Broken Arrow (1996) John Woo	Broken Arrow TV4; 2000? Samuel Gradin; SDI	Broken Arrow TV2; 2003-12-19 Not found; not found
Cocktail (1988) Roger Donaldson	Cocktail SVT2; 1989? Johan Malm; SVT Cocktail TV3; 2004-06-12 Paula Ekeström; SDI	Cocktail TV3; 2004-02-11 Not credited; not credited
Coyote Ugly (2000) David McNally	Coyote Ugly ZTV; 2004-08-22 Paula Ekeström; SDI	Coyote Ugly TV3; 2004-01-18 Jan Mariager; SDI
Daylight (1996) Rob Cohen	Daylight Kanal 5; 2004-09-23 Miguel Herranz; BT	Daylight DR1; 2000 Jytte Heine; DR Daylight DR1; 2004-01-31 Niels Eriksen; SDI
Days of Thunder (1990) Tony Scott	Days of Thunder TV4; 1995? Anders Frisell; SDI	Days of Thunder TV2; 2004-02-07 Ellen Mygind Kristensen; DVT
Die Hard (III): With a Vengeance (1995) John McTiernan	Die Hard (III)—Hämningslöst TV3; 2004-10-12 Johnny Lundgren; SDI	Die Hard (III)—Mega hard TV3; 2004-02-07 Kai-Asle Sønstabø; SDI

영화 (제작연도) 감독	스웨덴어 제목 채널, 녹화일 자막가, 제작사	덴마크어 제목 채널, 녹화일 자막가, 제작사
Diamonds Are Forever (1971) Guy Hamilton	Diamantfeber TV3; 2001? Leif Dahlgren; SDI	Diamanter varer evigt DR1; 2004-04-17 Peter Nørgaard; DR
Entrapment (1999) John Amiel	Entrapment SVT; 2004-11-12 Harry Nystrand; SVT	Lokkeduen DR1; 2004-01-23 Peter Nørgaard; DR
For Love of the Game (1999) Sam Riami	For Love of the Game Kanal 5; 2004-06-25 Carina Bergman; BT	For Love of the Game DR1; 2003-12-12 Lasse Schmidt; DVT
Forrest Gump (1994) Robert Zemeckis	Forrest Gump TV4?; 2000? Not found; BT	Forrest Gump TV2; 2004-02-08 Niels Søndergaard; TV
Frantic (1988) Roman Polanski	Frantic SVT; 1995 Malin Bylund; SVT	Frantic DR1; 2004-04-10 Jan Grodin; DR
Fugitive, The (1993) Andrew Davis	Jagad TV3; 2004-02-14 Louise Berg-Pouron; SDI	Flygtningen TV3; 2004-03-28 Lasse Schmidt; DVT
Godzilla (1998) Roland Emmerich	Godzilla TV3; 2004-01-11 Not credited; SDI?	Godzilla TV3; 2003-12-27 Not found; SDI?
GoldenEye (1995) Martin Campbell	GoldenEye TV3; 2000? Agneta Malmberg; not found	GoldenEye DR1; 2003-12-27 Peter Bjarkov; DR
Goldfinger (1964) Guy Hamilton	Goldfinger TV3; 2000? Lars-Olov Skeppholm; SDI	Goldfinger DR1; 2004-01-17 Merete Nordbo; DR
Hi-Lo Country, The (1998) Stephen Frears	Hi-Lo Country SVT; 2004-04-04 Lillemor Bark; SVT	Hi-Lo Country DR1; 2003-12-08 Peter Nørgaard; DR
I Know What You Did Last Summer (1997) Jim Gillespie	Jag vet vad du gjorde förra sommaren TV3; 2004-07-01 A-K Blombergsson; SDI	I Know What You Did Last Summer TV3; 2004-03-19 A Michelsen; SDI
Indiana Jones and the Last Crusade (1989) Steven Spielberg	Indiana Jones och det sista korståget TV3; 2000? Mikael Fröling; SDI	Indiana Jones og det sidste korstog Video; 1991? Not credited; Esselte

영화 (제작연도) 감독	스웨덴어 제목 채널, 녹화일 자막가, 제작사	덴마크어 제목 채널, 녹화일 자막가, 제작사
Jurassic Park (1993) Steven Spielberg	Jurassic Park TV3; 2004-09-17 Not credited; SDI	Jurassic Park TV3; 2004-04-08 Not credited; SDI
Karate Kid (1984) John G. Avildsen	Sanningens ögonblick — Karate Kid SVT; 1990? Ulf Andersson; SVT	Karate Kid TV3; 2004-02-06 Not found; SDI
L.A. Confidential (1997) Curtis Hanson	L.A. konfidentiellt SVT1; 2004-01-30 Helen Sonehag; SVT	L.A. Confidential DR1; 2004-01-30 Asbjørn Skytte; DVT
Last Boy Scout, The (1991) Tony Scott	Den siste scouten FilmNet; 1992? Lennart Nyberg; not credited Den siste scouten Kanal 5; 2004-03-19 Hans Olsson; BT	Last Boy scout TV2; 2004-01-01 Not found; not found
Mask, The (1994) Chuck Russell	Mask, The SVT; 1998 Madeleine Midenstrand; SVT	Mask, The TV2; 2003-11-15 Niels Søndergaard; TV
Meet Joe Black (1998) Martin Brest	Möt Joe Black SVT1; 2004-06-30 Agneta Malmberg; SVT	Meet Joe Black DR1; 2004 Lasse Schmidt; DVT
Meet the Parents (2000) Jay Roach	Släkten är värst Kanal 5; 2004-10-15 Christina Nilsson; BT	Meet the Parents DR1; 2004-04-09 Lasse Schmidt; DVT
Mercury Rising (1998) Harold Becker	Kod Mercury Kanal 5; 2004-03-20 Patrik Hammarsten; BT	Kodenavn Mercury DR1; 2004-01-17 Lasse Schmidt; DVT
Midnight Run (1988) Martin Brest	Midnight Run SVT?; 1990? Anna Haste; SVT?	Midnight Run DR1; 2004-02-07 Jørgen Christiansen; DR
Moonstruck (1987) Norman Jewison	Mångalen Kanal 5; 2004-08-08 Stina Hedin; BT	Lunefulde måne TV2; 2003-12-29 Not credited; not credited
Muriel's Wedding (1994) Paul J. Hogan	Muriels bröllop TV4; 2004-09-17 Paula Ekström; SDI	Muriels bröllop TV4; 2004-09-17 Paula Ekström; SDI

영화 (제작연도) 감독	스웨덴어 제목 채널, 녹화일 자막가, 제작사	덴마크어 제목 채널, 녹화일 자막가, 제작사
My Best Friend's Wedding (1997) Paul J. Hogan	Min bäste väns bröllop TV3; 2004-01-05 Per Ewald; SDI	Min bedste vens bryllup TV3; 2004-01-11 Kristian Hansen; SDI
Notting Hill (1999) Roger Michell	Notting Hill SVT1; 2004-01-16 Lasse Thorsell; SVT	Notting Hill TV2; 2004-02-27 Lisbeth Beierholm; SDI
Piano, The (1993) Jane Campion	Pianot TV4; 2004-01-18 Katinka Evers; SDI	Piano, The DR1; 2003-12-17 Peter N ø rgaard; DR
Police Academy (1984) Hugh Wilson	Polisskolan SVT2; 1992? Anders Simonsson; SVT Polisskolan Kanal 5; 2004-04-16 Not credited; BT	Politiskolen TV3; 2004-02-27 Karl Wagner; DVT
Sleepless in Seattle (1993) Nora Ephron	Sömnlös i Seattle TV3; 2004-05-23 Per Nauclér; SDI	Søvnløs i Seattle TV3; 2004-03-19 Not credited; SDI?
Sliver (1993) Phillip Noyce	Sliver TV4; 2004-03-13 Not found; not found	Sliver TV2; 2004-03-27 Jesper Dannow; not found
Spy Hard (1996) Rick Friedberg	Spy Hard Video?; 1999? Katinka Evers; SDI?	Spy Hard TV3; 2004-01-24 Lasse Schmidt; DVT
Stigmata (1999) Rupert Wainwright	Stigmata ZTV; 2004-10-16 Fredrik Nord; SDI	Stigmata TV3; 2004-02-06 Søren Andersen; SDI
Striking Distance (1993) Rowdy Herrington	Striking Distance TV3; 2004-03-11 Anne-Li Lindqvist; SDI	På skudhold TV3; 2004-03-05 Asger Jorsal; DVT
Tango & Cash (1989) Andrei Konchalovsky	Tango & Cash ZTV; 2004-05-24 Kajsa von Hofsten; SDI	Tango & Cash TV3; 2004-01-26 Not found; SDI?
Tomorrow Never Dies (1997) Roger Spottiswoode	Tomorrow Never Dies TV3; 2003? Not found; not found	Tomorrow Never Dies DR1; 2004-04-08 Merete Nordbo; DR

영화 (제작연도) 감독	스웨덴어 제목 채널, 녹화일 자막가, 제작사	덴마크어 제목 채널, 녹화일 자막가, 제작사
Truman Show, The (1998) Peter Weir	Truman Show TV4; 2004-01-03 Not credited; not credited	Truman Show TV2; 2004-03-07 Lasse Schmidt; DVT
Two Mules for Sister Sara (1970) Don Siegel	Sierra Torrida SVT; 1990? Ulf Andersson; SVT	Han kom, han så, han skød DRI; 2003-12-23 Jan Grodin; DR
Vertical Limit (2000) Martin Campbell	Vertical Limit TV3; 2004-05-18 Per Sellius; SDI	Vertical Limit TV3; 2004-02-15 Claus D. Jarløv; SDI
Watcher, The (2000) Joe Charbanic	Watcher TV4; 2004-02-28 Not credited; not credited	Watcher TV2; 2003-11-07 Ulrik Christoffersen; Subline
What Women Want (2000) Nancy Meyers	Vad kvinnor vill ha TV3; 2004-02-10 Björn Hessle; SDI	What Women Want TV3 2004-02-01 Not found; SDI?
You Only Live Twice (1967) Lewis Gilbert	Man lever bara två gånger TV3; 2003? Katarina Evers; SDI	Du lever kun to gange DRI; 2004-02-21 Merete Nordbo; DR

TV 프로그램

TV 프로그램 제작사, (시리즈), 연도, 에피소드	스웨덴어 제목 채널, 방영 시간 자막가, 제작사	덴마크어 제목 채널, 방영 시간 자막가, 제작사
24	24	24 timer
Joel Surnow & Robert Cochran Series 3 (2003) Episodes 9; 11; 12; 15	TV4; Thursdays 21.00–21.55 Weekly from 2004-12-05	TV2; Tuesdays 20.35–21.25 Weekly from 2004-03-17
All episodes subtitled by:	John Åhlén; BT	Ulrik Christoffersen; Subline
60 Minutes	60 Minutes	60 Minutes
Don Hewitt Series 36 (2003) Episode 37 Episode 42 Episode 47	TV4; 2003? Petter Lampinen; SpC Zakarias Jacobson; SpC Not credited; SpC	TV2; Weekly from 2003-12-04 Not found; DVT? Inger Drachmann; DVT Inger Drachmann; DVT
Band of Brothers (2001)	Band of Brothers	Kammerater i krig
Steven Spielberg & Tom Hanks Episodes 1; 2; 3; 5; 6; 8; 9	TV4; Fridays 22.25–23.35 Weekly fr. 2004-04-16 (Reruns)	DR2; 2003?
All episodes subtitled by:	Kristina Valinger; MTG	Peter Bjarkov; DR
Fawlty Towers	Pang i bygget	Halløj på badehotellet
John Cleese & Connie Booth Series 1 (1975) & 2 (1979) Episodes 1–12 (running)	Kanal 5; Saturdays 18.30–19.05 (approx.) Weekly from 2004-03-13	TV2; Sundays 14.00–14.35 (approx.) Weekly from 2004-02-08
All episodes subtitled by:	Klas Danielsson; WV	Niels Søndergaard; TV
Friends	Vänner	Venner
David Crane & Martha Kauffman Series 9 (2002–2003) Episode 9 Episode 10 Episode 14 Episode 15 Episode 16 Episode 17 Episode 18	Kanal 5; Wednesdays 21.00–21.30 Weekly from 2004-04-07 Christer Lyck; BT Christer Lyck; BT Christer Lyck; BT John Åhlén; BT John Åhlén; BT Christer Lyck; BT Christer Lyck; BT	TV2 Tuesdays 21.30–22.00 Weekly from 2004-02-03 Charlotte Armstrong; DVT Charlotte Armstrong; DVT Helle Høgsbro; DVT Ole Vejp-Olsen; DVT Charlotte Armstrong; DVT Charlotte Armstrong; DVT Charlotte Armstrong; DVT

TV 프로그램 제작사, (시리즈), 연도, 에피소드	스웨덴어 제목 채널, 방영 시간 자막가, 제작사	덴마크어 제목 채널, 방영 시간 자막가, 제작사
M*A*S*H	M*A*S*H	M*A*S*H
Larry Gelbart		
Series 5 (1976–1977)	TV4; 1992?	DR; 1990?
Episode 4	Ulf Andersson; Svensk Text	Not found; DR
Episode 5	Ulf Andersson; Svensk Text	Jørgen Christiansen; DR
Episode 6	Not found; Svensk Text?	Jørgen Christiansen; DR
Episode 24	Not found; Svensk Text?	Not found; DR
Midsomer Murders	Morden i Midsomer	Kriminalkommissær
Caroline Graham (novels)	SVT; 2001–2003?	Barnaby
Anthony Horowitz (TV)		DR1; Saturdays 22.00–23.40
Series 4 (2000) & 6 (2003)		Weekly from 2003-12-02
Episode 17 (running no.)	Anna Mårtensson Bjerned; SVT	Peter Bjarkov; DR
Episode 18 (running no.)	Ann Högman; SVT	Peter Bjarkov; DR
Episode 24 (running no.)	Sigrid Hedlund Körlinge; SVT	Jytte Heine; DR
Office, The	Office, The	Office, The
Ricky Gervais	SVT2; Mondays 19.30–20.00	TV2; Sundays 23.45–00.20
& Stephen Merchant		
Series 2 (2002)	Weekly from 2004-02-23	Weekly from 2004-01-04
Episode 8 (running no.)	Marie-Louise Skeppholm; SVT	Inger Drachmann; DVT
Episode 9 (running no.)	Marie-Louise Skeppholm; SVT	Kirstine C. Baloti; DVT
Episode 10 (running no.)	Marie-Louise Skeppholm; SVT	Inger Drachmann; DVT
Episode 11 (running no.)	Marie-Louise Skeppholm; SVT	Kirstine C. Baloti; DVT
Episode 12 (running no.)	Marie-Louise Skeppholm; SVT	Inger Drachmann; DVT
Sahara with Michael Palin (2002)	Michael Palin i Sahara	Sahara rundt med Michael Palin
Michael Palin	SVT; 2003	DR1; 2003-11-24
Episode 4	Suzanne Täng; SVT	Hans Palle Mortensen; DR
Simple Life, The	Simple Life	Simple Life
Brian Caldirola et al.	TV3; Wednesdays 21.30–22.00	TV3; Mondays 22.25–22.55
Series 1 (2003–2004)	Weekly from 2004-02-04	Weekly from 2004-02-23
Episode 4	Pontus Janhunen; SDI	Inger Drachmann; DVT
Episode 5	Pontus Janhunen; SDI	Inger Drachmann; DVT
Episode 6	Gudrun Lindvall; SDI	Inger Drachmann; DVT
Episode 8	Olle Öfverberg; SDI	Jørgen Schiøtt; DVT

용어 풀이

중심성Centrality
거시적 차원(전체 텍스트) 혹은 미시적 차원(예: 개별 표현)에서 ECR이 해당 텍스트에서 얼마나 중심된 혹은 중요한 내용인지를 결정하는 매개 변수. (5.3. 참조)

환상 계약
Contract of illusion
자막이 대화 내용과 같다는 암묵적 이해. (1.2.3 참조)

신뢰성 격차
Credibility gap
자막에서 ST의 등장인물이 TC ECR을 SC ECR인 것처럼 취급함으로써 발생하는 환상 계약 위반. (6.5 참조)

큐잉Cueing
자막이 화면에 나타나거나 사라지는 시기를 결정하는 것으로, 전자 타임코드에 자막의 인·아웃 시간으로 표시. 스파팅spotting 및 타임 코딩time coding이라고도 한다. (1.2.1 참조)

압축률Condensation rate
ST와 TT 간의 양적 차이로, ST에서 TT로 전환 시 축소 비율로 표시. (6.2 참조)

예상 읽기 속도
Expected reading speed
시청자가 자막을 읽을 때 예상되는 속도로서, 노출 시간의 초당 평균 문자수로 측정. (6.2 참조)

노출 시간Exposure time
자막이 화면에 표시되는 시간(초). (1.2.2 참조)

외적 텍스트성
Extratextuality
ECR이 해당 텍스트에 대해 독립적으로 존재하는지 여부를 결정하는 매개 변수. (5.2 참조)

언어외적 문화지시어 Extralinguistic Cultural Reference (ECR)	문화적 언어 표현을 사용한 지시어로서 언어외적 실체나 과정을 가리킨다. 언급된 표현의 지시체는 해당 시청자의 백과사전 지식 내에 있기 때문에 시청자들이 원형적으로 식별 가능하다고 가정할 수 있다. (3.2 참조)
1세대 번역 First-generation translation	원 텍스트original text를 사용한 번역. (1.2.1 참조)
제네시스 파일 Genesis file	(주로 DVD 자막제작에서) 언어 내 자막과 큐잉된 타임코드가 포함된 파일. (1.2.1 참조)
기층문화 ECR Infracultural ECR	SC나 TC에서 잘 알려지지 않은 ECR. (5.1 참조)
마스터 템플릿 파일 Master template file	1세대 번역과 큐잉된 타임코드를 포함하는 파일. (1.2.1 참조)
단일문화 ECR Monocultural ECR	SC에는 잘 알려져 있지만 TC에는 잘 알려져 있지 않은 ECR. (5.1 참조)
공식 등가어 Official Equivalent	공식적인 결정이나 확립을 통해 인증되어 번역 해결책에 부여된 특별한 지위. (4.2.7 참조)
자막제작 상황 Subtitling Situation	방송사, 마감일 및 TT 시청자와 같은 전체 텍스트에 대한 고려 사항을 처리하기 위한 매개 변수. (5.7 참조)
피벗 번역 Pivot translation	원 텍스트가 아닌 2세대 번역을 사용하는 번역. (6.4 참조)
다중기호성 Polysemiotics	다중기호 텍스트에서 기호학적 채널 간의 상호 작용. (5.4 참조)

다중기호 텍스트 Polysemiotic text	정보가 두 개 이상의 기호학적 채널을 통해 전달되는 텍스트(예: 영화). (1.2 참조)
2세대 번역 Second-generation translation	다른 번역본을 사용한 번역. (1.2.1 참조)
자막 밀도 Subtitle density	TT의 평균 자막 개수로, 방송 시간의 분당 자막 수로 측정. (6.2 참조)
자막 양 Subtitle quantity	TT의 총 자막 개수 (6.2 참조)
텍스트 외부 ECR Text External ECR	해당 텍스트와는 독립적으로 존재하는 ECR. (5.2 참조)
텍스트 내부 ECR Text Internal ECR	해당 텍스트를 위해 구성된 ECR. (5.2 참조)
번역 문제 Translation problem	전략적 행위가 요구되는 ST 요소, 즉 문제를 해결하 기 위해 어떤 전략을 사용할 것인지 번역사가 적극적 으로 결정해야 하는 ST 요소. (3.1 참조)
문화횡단성 Transculturality	SC 및 TC에 ECR이 얼마나 잘 알려져 있는지 결정하는 매개 변수. (5.1 참조)
문화횡단 ECR Transcultural ECR	SC와 TC 모두에 잘 알려진 ECR. (5.1 참조)

| 찾아보기 |

ㅍ

ㅎ

| 역자 소개 |

이성화

부산대학교 영어영문학과 BK 교수
York University(요크대학, 캐나다) 언어학 석사
The University of Victoria(빅토리아대학, 캐나다) 언어학 박사
제22~23회 부산국제영화제 영한 자막 번역 감수
논문 「영상번역에 나타난 2인칭 대명사 번역양상: 코퍼스 기반 연구」
　　　「A Corpus-Based Comparative Analysis on Lexical Bundles in English Subtitles of Korean
　　　　Films and American Film Scripts」 외

권유진

부산대학교 영어영문학과 번역학 석사
부산대학교 영어영문학과 번역학 박사수료
제21~23회 부산국제영화제 영한 자막 공동 번역
제7회 부산국제코미디페스티벌 한영 공동 번역
번역학총서 13 『영상번역연구』(도서출판 동인) 공동 번역
온라인 사전 〈PNU 영화제목 번역사전(파트1. 영미편)〉 공동 편찬

김세현

부산대학교 영어영문학과 번역학 석사
부산대학교 영어영문학과 번역학 박사수료
제19회 부산국제영화제 영한 자막 공동 번역
제7회 DMZ국제다큐영화제 자막 번역
제5~7회 부산국제코미디페스티벌 한영 공동 번역
한국형 온라인 공개강좌(K-MOOC) 자막 번역 외
역서 『번역과 젠더』(도서출판 동인)
논문 「젠더 편향적인 자막번역에 대한 수용자 인식 연구」
　　　「감탄사 oh의 자막과 더빙 번역 비교 연구」 외

김예은

부산대학교 영어영문학과 번역학 석사수료
제23회 부산국제영화제 영한 자막 공동 번역
제7회 부산국제코미디페스티벌 한영 공동 번역

이지현

부산외국어대학교 통역번역대학원 한영과 석사
부산대학교 영어영문학과 번역학 박사과정

최원선

경희대학교 영어영문학과 석사
부산대학교 영어영문학과 번역학 박사과정
제23회 부산국제영화제 영한 자막 공동 번역
논문 「영한번역에서의 부사 하위 유형에 따른 품사 대응과 변환에 관한 연구」

텔레비전 자막제작 규범
언어외적 문화지시어를 중심으로

초판 1쇄 발행일 2020년 5월 15일
Jan Pedersen 지음
이성화·권유진·김세현·김예은·이지현·최원선 옮김

발행인 이성모
발행처 도서출판 동인
주 소 서울시 종로구 혜화로3길 5, 118호
등 록 제1-1599호
TEL   (02) 765-7145 / FAX (02) 765-7165
E-mail dongin60@chol.com
I S B N 978-89-5506-824-5
정 가 26,000원